Gramática dos Direitos Fundamentais

coordenação

Norma Sueli Padilha
Thereza Christina Nahas
Edinilson Donisete Machado

Gramática dos Direitos Fundamentais

A Constituição Federal de 1988 – 20 anos depois

Fechamento desta edição: 10 de setembro de 2009

ELSEVIER

CAMPUS
JURÍDICO

Copidesque: Renato Mello Medeiros
Revisão Gráfica: Emidia Maria de Brito
Editoração Eletrônica: Tony Rodrigues

Elsevier Editora Ltda.
Conhecimento sem Fronteiras
Rua Sete de Setembro, 111 — 16º andar
20050-006 — Rio de Janeiro — RJ

Rua Quintana, 753 - 8º andar
04569-011 - Brooklin - São Paulo - SP

Serviço de Atendimento ao Cliente
0800 026 53 40
sac@elsevier.com.br

ISBN: 978-85-352-3705-4

Cip-Brasil. Catalogação-na-fonte
Sindicato Nacional dos Editores de Livros, RJ

G771

Gramática dos direitos fundamentais : a Constituição Federal de 1988, 20 anos depois / Edinilson Donisete Machado, Norma Sueli Padilha, Thereza Christina Nahas (coordenadores).– Rio de Janeiro :

Inclui bibliografia
ISBN 978-85-352-3705-4

1. Direitos fundamentais - Brasil. 2. Brasil. [Constituição (1988)]. I. Padilha, Norma Sueli. II. Nahas, Thereza Christina.

09-4076. CDU: 342.7(81)

Os autores

CARLOS AURÉLIO MOTA DE SOUZA

Consultor jurídico e acadêmico. Professor e Orientador de Cursos de Pós-Graduação em Direito na Unesp (Franca/SP), Mackenzie, Centro Universitário Eurípedes de Marília – Univem, Unib – Universidade Ibirapuera (São Paulo/SP). Livre-docente em Teoria Geral e Filosofia do Direito pela Unesp, Mestre e Doutor pela USP. Membro do Tribunal de Ética da OAB – Seccional de São Paulo (1993-2007); do Instituto Jacques Maritain do Brasil (IJMB). Magistrado aposentado. Autor de *Segurança Jurídica e Jurisprudência*, LTr, 1996; *Poderes Éticos do Juiz*, Sérgio Antonio Fabris, 1987; *Direitos Humanos, Urgente!*, Oliveira Mendes, 1998 e *Ética Profissional da Advocacia. 10 Anos de Pareceres no Tribunal de Ética da OAB/SP*, Juarez de Oliveira, 2006. Administrador do Portal Jurídico "www.academus.pro.br".

EDINILSON DONISETE MACHADO

Professor da Graduação e do Programa de Mestrado em Direito do Centro Universitário Eurípides de Marília – Univem, do Centro Universitário Toledo – Unitoledo/Araçatuba, pesquisador do Grupo de Pesquisa CNPq: Gramática dos Direitos Fundamentais; O Processo na Dimensão Constitucional e Teoria dos Direitos Fundamentais. Ex-Procurador Seccional da União em Marília. Procurador-Geral do Daem – Autarquia Municipal.

EDUARDO HENRIQUE LOPES FIGUEIREDO

Mestre em direito das Relações Sociais pela UFPR e doutor em direito do Estado, também pela UFPR. É professor da graduação e do PPGD do Centro Universitário Eurípedes de Marília – Univem, bem como professor adjunto do departamento de Direito Público da Universidade Estadual Londrina. Desenvolve, também, estudos de teoria do Direito junto à Pós-Graduação da Faculdade de Direito do Sul de Minas.

JAIRO JOSÉ GÊNOVA

Promotor de Justiça do Estado de São Paulo, Mestre e Doutor em Direito Penal pela Pontifícia Universidade Católica de São Paulo (PUC/SP) e Professor dos cursos de Graduação e Pós-Graduação "Stricto Sensu" do Centro Universitário Eurípides de Marília - Univem.

JOSÉ GERALDO A. B. POKER

Doutor em Sociologia pela FFLCH-USP. Professor Assistente-doutor do Departamento de Sociologia e Antropologia da Faculdade de Filosofia e Ciências - Unesp/Campus de Marília.

LAFAYETTE POZZOLI

Advogado, Pós-doutorado em Filosofia do Direito e do Estado pela Università "La Sapienza", Itália. Doutor e Mestre em Filosofia do Direito e do Estado pela PUC/SP. Pró-Reitor de Pós-Graduação, Pesquisa e Extensão do Centro Universitário Eurípides de Marília - Univem, Coordenador e professor no Programa de Pós-Graduação em Direito - Mestrado - e na Graduação do Univem. Professor na Faculdade de Direito da PUC/SP. Consultor Internacional em Legislação para pessoa com deficiência pela OIT - Organização Internacional do Trabalho. Consultor avaliador do INEP (MEC) para Cursos Jurídicos. Foi membro do Tribunal de Ética da OAB/SP - TED-1. Sócio efetivo do IASP - Instituto dos Advogados de São Paulo. Secretário-Geral do Instituto Jacques Maritain do Brasil. Foi Professor Assistente no Curso de TGD, ministrado pelo saudoso Professor André Franco Montoro - Pós-Graduação PUC/SP. Publicou diversas obras, dentre elas: *Pessoa Portadora de deficiência - direitos e garantias*, 1. ed. 1992 (Edipro), 2. ed., 2005 (Editora Damásio de Jesus); *Justiça dos Tribunais ou da Cidadania*, 1996 (Cidade Nova); "Maritain e o Direito" (Loyola), 2001; *Defesa dos Direitos das Pessoas com Deficiência*, 2006 (RT), Coletânea organizada por Luiz Alberto David Araujo.

LUÍS HENRIQUE BARBANTE FRANZÉ

Pós-Doutorando pela Faculdade de Direito de Lisboa. Doutor em Processo Civil pela PUC/SP. Mestre em processo civil. Professor no curso de mestrado do Centro Universitário Eurípides de Marília - Univem. Professor na Universidade Metodista de Piracicaba (Unimep). Advogado.

MARISA ROSSINHOLI

Graduada em Ciências Econômicas pela UNESP-Araraquara, Mestre em Economia Política pela PUC/SP e Doutora em Educação pela Unimep, a autora é docente dos cursos de Graduação de Administração, Ciências Contábeis e Direito e do Programa de Pós-Graduação em Direito do Centro Universitário Eurípides de Marília - Univem.

NELSON FINOTTI SILVA

Procurador do Estado de São Paulo, Doutor em Processo Civil pela Pontifícia Universidade Católica de São Paulo (PUC/SP), professor no Mestrado (área Direito) do Centro Universitário Eurípides de Marília - Univem e da graduação da Fafica - Catanduva/SP.

NORMA SUELI PADILHA

Doutora pela PUC/SP. Professora do Programa de Mestrado em Direito do Centro Universitário Eurípedes de Marília - Univem, Professora Adjunta da Universidade Federal do Mato Grosso do Sul - UFMS, pesquisadora líder do Grupo de Pesquisa do CNPq: Gramática dos Direitos Fundamentais, autora de livros *Do meio ambiente do trabalho equilibrado*, Ed. LTr, e *Colisão dos Direitos Metaindividuais e a Decisão Judicial*, Sérgio Antonio Fabris Editor.

OSCAR VILHENA VIEIRA

Doutor em Ciência Política pela Universidade de São Paulo; Master of Laws pela Faculdade de Direito da Universidade de Columbia, Nova York; Coordenador do Programa de Mestrado em Direito da Fundação Getulio Vargas/SP; Professor da Pontifícia Universidade Católica de São Paulo e do Programa de Mestrado em Direito do Centro Universitário Eurípedes de Marília - Univem (2002-2007); Advogado e Diretor Executivo da ONG Conectas Direitos Humanos; autor de vários livros, dentre eles, *Supremo Tribunal Federal*: jurisprudência política, *A Constituição e sua reserva de Justiça, Direitos Fundamentais*: uma leitura da jurisprudência do STF.

OSWALDO GIACOIA JUNIOR

Professor Livre Docente do Departamento de Filosofia da Unicamp. Professor Colaborador do Centro Universitário Eurípides de Marília - Univem. Doutor em Filosofia pela Universidade Livre de Berlim. Pós-doutorado pela Universidade Livre de Berlim, Universidade de Viena e Universidade de Lecce. Mestre em Filosofia pela PUC-SP. Bacharel em Direito pela Faculdade de Direito da Universidade de São Paulo. Bacharel em Filosofia pela PUC-SP. Formação especial em Filosofia do Direito e Ética. Pesquisador 1B do CNPq. Assessor da Capes, CNPq, Fapesp e Funcamp. Membro de vários comitês editoriais de periódicos especializados. Chefe do Departamento de Filosofia da Unicamp. Ex-coordenador da área de Filosofia e Teologia da Capes. Autor de vários artigos e traduções nos campos da Ética, Filosofia do Direito e História da Filosofia Contemporânea. Principais livros publicados: *Os Labirintos da Alma* (1997); *Folha Explica Nietzsche* (2000); *Pequeno Dicionário de Filosofia Contemporânea* (2002); *Nietzsche como Psicólogo* (2004); *Nietzsche e Para Além de Bem e Mal* (2005); *Sonhos e Pesadelos da Razão Esclarecida* (2005).

RAQUEL CRISTINA FERRARONI SANCHES

Mestre e Doutora em Educação pela Universidade Estadual Paulista – Unesp, Pró-reitora de Graduação e Docente do Programa de Mestrado em Direito do Centro Universitário Eurípides de Marília – Univem.

THEREZA CHRISTINA NAHAS

Juíza do Trabalho Titular da 61ª Vara do Trabalho de São Paulo, Mestra e Doutoranda pela PUC/SP. Máster e doutora em Direito Social pela Universidade de Castilla La-Mancha (Espanha). Especialista em Direito do Trabalho pela Universidade de Lisboa (Portugal). Professora universitária em Prática Trabalhista na Fundação Álvares Penteado, Professora de cursos de Pós-Graduação no COGEAE/PUC e FGV*Law*-SP. Professora no curso de Mestrado do Centro Universitário Eurípides de Marília – Univem. Autora de livros, entre eles, *Desconsideração da Pessoa Jurídica* – Reflexos Civis e Empresariais nas Relações de Trabalho; e *Direito Processual do Trabalho* – Tomo I – Processo de Conhecimento e Tutelas de Urgência (antecipada e cautelar), da Série Direito Ponto a Ponto, ambos publicados pela Editora Campus-Elsevier.

WILSON DONIZETI LIBERATI

Doutor em Direito Civil (USP); Mestre em Direito das Relações Sociais (PUC/SP); Professor do Programa de Mestrado em Direito do Centro Universitário Eurípedes de Marília – Univem.

Prefácio

Como compreender o alcance dos direitos fundamentais na Constituição Federal de 1988? Qual é o balanço da afirmação desses direitos, considerando vinte anos de experiência constitucional? Quais são os desafios e as perspectivas dos direitos fundamentais no constitucionalismo brasileiro?

Estas são as questões centrais que inspiram a presente obra coletiva, que conjuga, de um lado, a análise crítica da dogmática jurídica afeta a direitos fundamentais e, por outro, a construção do saber jurídico à luz das demandas contemporâneas.

A obra, que tenho a honra e a alegria de prefaciar, tem o mérito de reunir instigantes e estimulantes reflexões desenvolvidas pelos professores do Mestrado em Direito do Univem (Centro Universitário Eurípides de Marília) em torno do debate acerca da gramática dos direitos fundamentais na Constituição Federal de 1988, tendo em vista o balanço de vinte anos de sua adoção.

Estruturado em duas partes, o livro fomenta inicialmente uma análise crítica da dogmática jurídica, compreendendo a gramática dos direitos fundamentais; casos difíceis e a discricionariedade judicial; o direito ao meio ambiente; a crise do Direito do Trabalho; o processo civil como instrumento dos direitos fundamentais; a prova ilícita frente à dignidade humana; o consenso e a reparação do dano como soluções de conflitos penais; e a revolução paradigmática dos direitos de crianças e adolescentes. Já na segunda parte, o livro transita para o enfoque da construção do saber jurídico, destacando como temas a inclusão da pessoa com deficiência; as fronteiras da racionalidade jurídica; os movimentos sociais e a luta pela igualdade; as demandas contemporâneas do ensino jurídico; o direito à educação; a preservação ambiental na modernidade; e o bem comum na ordem constitucional brasileira.

Os direitos humanos refletem um construído axiológico, a partir de um espaço simbólico de luta e ação social. No dizer de Joaquin Herrera Flores[1], compõem uma racionalidade de resistência, na medida em que traduzem processos que abrem e consolidam espaços de luta pela dignidade humana. Invocam uma plataforma emancipatória voltada à proteção da dignidade humana. No mesmo sentido, Celso Lafer[2], lembrando Danièle Lochak, realça que os direitos humanos não traduzem uma história linear, não compõem a história de uma marcha triunfal, nem a história de uma causa perdida de antemão, mas a história de um combate.

A partir dessa perspectiva histórica, sustenta-se que a Constituição Brasileira de 1988 simboliza o marco jurídico da transição democrática e da institucionalização dos direitos humanos no país. O texto constitucional demarca a ruptura com o regime autoritário militar instalado em 1964, refletindo o consenso democrático pós-ditadura. Após vinte e um anos de regime autoritário, objetiva a Constituição resgatar o Estado de Direito, a separação dos poderes, a Federação, a Democracia e os direitos fundamentais, à luz do princípio da dignidade humana. O valor da dignidade da pessoa humana, como fundamento do Estado Democrático de Direito (art. 1º, III da Constituição), impõe-se como núcleo básico e informador de todo ordenamento jurídico, como critério e parâmetro de valoração a orientar a interpretação do sistema constitucional.

Introduz a Carta de 1988 um avanço extraordinário na consolidação dos direitos e garantias fundamentais, situando-se como o documento mais avançado, abrangente e pormenorizado sobre a matéria, na história constitucional do país. É a primeira Constituição brasileira a iniciar com capítulos dedicados aos direitos e garantias, para, então, tratar do Estado, de sua organização e do exercício dos poderes. Ineditamente, os direitos e garantias individuais são elevados a cláusulas pétreas, passando a compor o núcleo material intangível da Constituição (art. 60, § 4º). Há a previsão de novos direitos e garantias constitucionais, bem como o reconhecimento da titularidade coletiva de direitos, com alusão à legitimidade de sindicatos, associações e entidades de classe para a defesa de direitos.

De todas as Constituições brasileiras, foi a Carta de 1988 a que mais assegurou a participação popular em seu processo de elaboração, a partir do recebimento de elevado número de emendas populares. É, assim, a Constituição que apresenta o maior grau de legitimidade popular.

A Constituição de 1988 acolhe a ideia da universalidade dos direitos humanos, na medida em que consagra o valor da dignidade humana como princípio fundamental do constitucionalismo inaugurado em 1988. O texto constitucional ainda realça que os direitos humanos são tema de legítimo interesse da comunidade internacional, ao

1. Joaquin Herrera Flores, *Direitos Humanos, Interculturalidade e Racionalidade de Resistência*, mimeo, p.7.
2. Celso Lafer, prefácio ao livro *Direitos Humanos e Justiça Internacional*, Flávia Piovesan. São Paulo: Saraiva, 2006, p.XXII.

ineditamente prever, dentre os princípios a reger o Brasil nas relações internacionais, o princípio da prevalência dos direitos humanos. Trata-se, ademais, da primeira Constituição Brasileira a incluir os direitos internacionais no elenco dos direitos constitucionalmente garantidos, conferindo aos tratados de proteção de direitos humanos o privilegiado status de norma constitucional, nos termos do artigo 5º, §§ 2º e 3º do texto[3].

Quanto à indivisibilidade dos direitos humanos, há que se enfatizar que a Carta de 1988 é a primeira Constituição que integra ao elenco dos direitos fundamentais, os direitos sociais, que nas Cartas anteriores restavam pulverizados no capítulo pertinente à ordem econômica e social. Observe-se que, no Direito brasileiro, desde 1934, as Constituições passaram a incorporar os direitos sociais. Contudo, a Constituição de 1988 é a primeira a afirmar que os direitos sociais são direitos fundamentais, tendo aplicabilidade imediata.

Desde o processo de democratização do país e em particular a partir da Constituição Federal de 1988, os mais importantes tratados internacionais de proteção dos direitos humanos foram ratificados pelo Brasil. Além dos significativos avanços decorrentes da incorporação da normatividade internacional de proteção dos direitos humanos pelo Estado Brasileiro, o pós-1988 apresenta a mais vasta produção normativa de direitos humanos de toda a história legislativa brasileira. A maior parte das normas de proteção aos direitos humanos foi elaborada após a Constituição de 1988, em sua decorrência e sob a sua inspiração.

A Constituição Federal de 1988 celebra, desse modo, a reinvenção do marco jurídico normativo brasileiro no campo da proteção dos direitos humanos. Encontra-se em absoluta harmonia com a concepção inaugurada pela Declaração Universal de 1948. O texto de 1988 fomenta a reinvenção do marco jurídico normativo afeto aos direitos humanos, havendo uma ordem pré e pós 1988 relativamente à proteção dos direitos humanos no Direito Brasileiro.

É neste contexto que a presente obra coletiva oferece uma extraordinária contribuição ao debate público, seja sob o enfoque retrospectivo (avaliando o balanço do passado), seja pelo enfoque prospectivo (enfocando a transformação da realidade presente e as expectativas do futuro). A diversidade de perspectivas, experiências e acúmulos permite uma rica e plural abordagem da experiência constitucional no processo de afirmação de direitos, convergindo na importância de vivificar e fortalecer o sentimento constitucional e a gramática de direitos por ele assegurada.

A obra comunga da urgência na mudança da cultura jurídica, capaz de permitir a consolidação da cultura de direitos humanos no Brasil em sua profunda capilaridade.

3. Sobre o tema da hierarquia, incorporação e impacto dos tratados de direitos humanos na ordem jurídica brasileira, ver Flávia Piovesan, *Direitos Humanos e o Direito Constitucional Internacional*, 11 ed. São Paulo: Saraiva, 2009.

Resgatar e recuperar no aparato jurídico seu potencial ético e transformador, realizando a Constituição e a sua gramática de direitos fundamentais é o desafio emancipatório que esta obra coletiva tem a ousadia de lançar.

São Paulo, 08 de setembro de 2009.

Flávia Piovesan

Professora doutora em Direito Constitucional e Direitos Humanos da Pontifícia Universidade Católica de São Paulo, Professora de Direitos Humanos dos Programas de Pós-Graduação da Pontifícia Universidade Católica de São Paulo, da Pontifícia Universidade Católica do Paraná e da Universidade Pablo de Olavide (Sevilha, Espanha); *visiting fellow* do *Human Rights Program da Harvard Law School* (1995 e 2000), *visiting fellow* do *Centre for Brazilian Studies da University of Oxford* (2005), *visiting fellow* do *Max Planck Institute for Comparative Public Law and International Law* (Heidelberg – 2007 e 2008) e *Humboldt Foundation Georg Forster Research Fellow* (Heidelberg – 2009); membro do CLADEM (Comitê Latino-Americano e do Caribe para a Defesa dos Direitos da Mulher), membro do Conselho Nacional de Defesa dos Direitos da Pessoa Humana e membro da SUR – *Human Rights University Network*.

Apresentação

A hora das palavras contra a lenta voz dos sinos

Os sons do discurso e da práxis jurídica podem ser fontes de vida ou registro de fenecimento. A literatura na poesia bem captou essa ambivalência na refinada palavra de Manuel Bandeira quando escreveu que "à lenta voz dos sinos" a luz do dia desmaia com o fim da tarde (no livro *As meninas e o poeta*. Rio de Janeiro: Nova Fronteira, 2008, p. 74). E contra essa inércia de esgotamento, as luzes brilham frutificando a necessária esperança diante das noites que se avizinham.

Eis aí o sentimento que emerge ao ver o ideário que norteia uma obra que se propõe a traduzir no palco contemporâneo uma possível *gramática dos direitos fundamentais*, transcorridas duas décadas de Constituição. Ali percebo, com nitidez, as duas vias de uma ponte que une a margem da seara da análise crítica da dogmática à costa da construção do saber jurídico.

Vivifica, nas mãos do leitor deste livro, a letra que explicita ideias e promove movimentos no pensamento, e que na concretude da vida faz sua eleição de caminho. O campo do *logos* que essa travessia elegeu como fio condutor principia com o estudo de Oscar Vilhena Vieira e alcança, entre outros importantes textos, a reflexão de Eduardo Henrique Lopes Figueiredo sobre a preservação ambiental na modernidade.

Temas e dilemas arrostam *pensamentos diretores* sobre políticas públicas e judicialização; crise, direito e trabalho; processo e direitos fundamentais; dano e conflitos penais; novos paradigmas nascentes dos direitos de crianças e adolescentes; fraternidade, pessoa humana e inclusão; racionalidade jurídica e seus limites; igualdade e os movimentos sociais; ensino jurídico e suas demandas do presente; educação e fomento; e o bem comum na ordem constitucional sob o projeto parental da família, da empresa e do Estado.

Grado e força marcam autores e textos que não sucumbiram à "lenta voz dos sinos", almejando encontrar luz para o *caso concreto e a solução justa.*

Encontram-se nessa obra coletiva olhos que iluminam caminhos por meio de uma problematização fundante, eis que são compromissos não com as generalidades e abstrações, mas sim com o *direito vivente*, a que se referiu Paolo Grossi (à página 46 do estudo "Il diritto civile tra rigidità di ieri e le mobilità di oggi", publicado na "Scienza Giuridica Privatistica e Fonte del Diritto", *Quaderni di DirittoPrivao Europeo, Atti 1, Incontro di Studio*, Bari, dezembro de 2007).

Impende registrar o tecido de tais preocupações, que não se arcaram ao simples soar dos sinos da *lex mercatoria*, hasteando, com razão e sensibilidade, o lugar de cimo do *prius* constitucional, evitando argumentos fáceis tão visíveis na redução da complexidade.

Mais não precisa ser dito diante do todo que dito está nas páginas que seguem a esta singela nota. Aqui, linhas com algum ousio buscam se projetar nessa comunhão, para evitar que o pensamento jurídico deste tempo termine este século como proclamou o poeta: "trôpego, reumático, surdo", juntando "as últimas forças", como escreveu Manuel Bandeira para Maria da Glória (no livro citado *As meninas e o poeta*, p. 74).

Antes, na mão contrária da voz lenta sinos, que intentam espargir o depauperamento do direito, da história e da justiça, urge enaltecer vozes e letras que, sem receio, tremeluzem, mesmo quando *desmaia a tarde*, firmes e intimoratas.

Curitiba, setembro à espera da primavera, 2009.

Luiz Edson Fachin
Professor da UFPR e da PUC-PR.

Sumário

Parte I – ANÁLISE CRÍTICA DA DOGMÁTICA JURÍDICA

1 **Gramática dos Direitos Fundamentais** ... 3
OSCAR VILHENA VIEIRA

2 **Casos difíceis e a discricionariedade judicial: judicialização das políticas públicas?** ... 21
EDINILSON DONISETE MACHADO

3 **O direito ao meio ambiente ecologicamente equilibrado: a contribuição de sua constitucionalização frente aos desafios de sua efetividade** ... 45
NORMA SUELI PADILHA

4 **A crise do Direito do Trabalho** ... 63
THEREZA CHRISTINA NAHAS

5 **O Processo Civil como instrumento dos Direitos Fundamentais – coisa julgada e o substituto processual na tutela individual** ... 77
NELSON FINOTTI SILVA

6 **Prova ilícita frente à dignidade da pessoa humana** ... 91
LUÍS HENRIQUE BARBANTE FRANZÉ

7 O consenso e a reparação do dano como soluções de conflitos penais 107
JAIRO JOSÉ GÊNOVA

8 A revolução constitucional paradigmática dos direitos de crianças e adolescentes 123
WILSON DONIZETI LIBERATI

Parte II – CONSTRUÇÃO DO SABER JURÍDICO

9 Direito como função promocional da pessoa humana: inclusão da pessoa com deficiência – fraternidade 137
LAFAYETTE POZZOLI

10 Entre a regra e a exceção: fronteiras da racionalidade jurídica 155
OSWALDO GIACOIA JUNIOR

11 Movimentos sociais e luta pela igualdade nos 20 anos da Constituição Federal Brasileira 175
JOSÉ GERALDO A. B. POKER

12 Ensino jurídico: demandas contemporâneas 191
RAQUEL CRISTINA FERRARONI SANCHES

13 Financiamento e direito à educação: as Emendas Constitucionais nº 14/1996 e nº 53/2006 207
MARISA ROSSINHOLI

14 Uma proposta de reflexão histórico-jurídica sobre a preservação ambiental na modernidade 219
EDUARDO HENRIQUE LOPES FIGUEIREDO

15 O Bem comum na ordem constitucional brasileira: a Família, a Empresa e o Estado 233
CARLOS AURÉLIO MOTA DE SOUZA

Parte I
Análise crítica da dogmática jurídica

1

Gramática dos Direitos Fundamentais

OSCAR VILHENA VIEIRA[*]

Sumário: 1. O que significa ter um direito? 2. Prevalência dos direitos. 3. O papel dos direitos. 4. Fundamentos morais dos direitos da pessoa humana. 5. Crítica à ideia de direitos da pessoa humana. 6. Teoria dos direitos fundamentais. 7. A grámatica dos direitos fundamentais na Constituição Federal de 1988.

A abordagem dos direitos fundamentais a partir da gramática básica dos direitos[1] objetiva discutir os diversos significados do termo "direitos", a relação dos direitos entre si e com os deveres, a capacidade para ser titular de direitos, e a relação dos direitos com outros direitos. A finalidade é buscar uma resposta consistente às diversas dificuldades que envolvem a interpretação e a aplicação dos direitos fundamentais e estabelecer uma teoria voltada à adequada concretização desses direitos, ou seja, conceber uma teoria dos direitos fundamentais que atenda as exigências da Constituição de 1988.

* Doutor em Ciência Política pela Universidade de São Paulo; Master of Laws pela Faculdade de Direito da Universidade de Columbia, Nova York; Coordenador do Programa de Mestrado em Direito da Fundação Getulio Vargas/SP; Professor da Pontifícia Universidade Católica de São Paulo e do Programa de Mestrado em Direito do Centro Universitário Eurípedes de Marília – Univem (2002-2007); Advogado e Diretor Executivo da ONG Conectas Direitos Humanos; autor de vários livros, dentre eles, *Supremo Tribunal Federal*: jurisprudência política, *A Constituição e sua reserva de Justiça, Direitos Fundamentais*: uma leitura da jurisprudência do STF.

1. O autor é pesquisador do Grupo de Pesquisa "Gramática dos Direitos Fundamentais" do Diretório de Grupo de pesquisa do CNPq, mantido pelo Centro Universitário Eurípedes de Marília – Univem, desde 2003.

1. O QUE SIGNIFICA TER UM DIREITO?[2]

Embora todos os dias falemos sobre direitos, parece ser mais fácil compreender o que é ter um objeto ou poder criticar o governo livremente, do que entender o significado de ter direito à propriedade ou à liberdade de expressão. O objeto nós podemos ver ou pegar; quanto a criticar o governo, nós simplesmente criticamos, mas o direito é algo mais abstrato.

Por outro lado, sabemos que as pessoas não podem pegar o que é nosso ou impedir a nossa crítica. Ou seja, as demais pessoas têm o dever de respeitar a nossa propriedade ou a nossa liberdade, porque estes são nossos direitos. **Daí se dizer que ter um direito é ser beneficiário de deveres de outras pessoas ou do Estado**[3]. Assim, se eu tenho o direito de andar pelas ruas, conclui-se que as demais pessoas têm, por esta razão, o dever de respeitar esse meu direito, não podendo restringir a minha liberdade. Se eu sou um deficiente físico, por exemplo, e as calçadas não têm rampas que permitam que me locomova com cadeira de rodas, alguém está deixando de cumprir o seu dever e, portanto, restringindo ou violando o meu direito. Se tenho direito à educação, isto justifica que alguém tem uma obrigação para comigo, de estabelecer escolas e bibliotecas, treinar e pagar professores, para que eu possa aprender. Se cada um de nós tem o direito de votar, estes votos devem ser levados em consideração na escolha dos que irão nos governar e, mais do que isso, significa que aqueles que foram eleitos têm uma obrigação de nos representar.

Temos direitos a coisas distintas, como educação, saúde, propriedade, liberdade de expressão, voto ou prestação jurisdicional. Para cada um desses direitos existirão distintas formas de deveres. Nesse sentido é muito difícil falar em direito sem imediatamente pensar em uma ou várias obrigações.

Destaque-se, ainda, que para cada um desses direitos há distintas pessoas ou instituições que estarão obrigadas a respeitá-los ou garanti-los. Há direitos que obrigam apenas uma pessoa, como os derivados de um contrato. Outros obrigam o Estado, como o direito à educação básica, expresso em nossa Constituição. Há direitos, por sua vez, que criam obrigações universais, ou seja, que obrigam todas as pessoas e instituições. O direito a não ser torturado, como reconhecido por diversos instrumentos entre os quais a Convenção Contra a Tortura, é um bom candidato a essa categoria.

Como se pode perceber, pelos exemplos acima, empregamos indistintamente o termo "direitos" para designar realidades e situações muito diferentes, o que pode gerar uma certa confusão. Assim, um passo essencial para aqueles que buscam compreender

2. Vieira, Oscar Vilhena. *Direitos Fundamentais:* uma leitura da jurisprudência do STF, São Paulo: Malheiros, 2006.
3. Esta é a formulação básica de David Lyons, a partir da obra de J. Bentham, *Rights, Claimants and Beneficiaries*, American Philosophical Quartely, v. 6, n. 3, 1969, p. 173.

os direitos em geral e os direitos da pessoa humana, em particular, é analisar as diversas formas como esse termo é comumente empregado por advogados e juizes.

De acordo com uma formulação já clássica de Hohfeld, o termo "direitos" tende a ser empregado ora como uma reivindicação legal, outras vezes como poder, imunidade ou privilégio[4].

Assim como Bentham, Hohfeld também identifica a ideia de direitos com a de deveres, ou seja, em qualquer uma de suas manifestações apenas teríamos autênticos direitos quando houvesse deveres a eles correlatos, bem como um responsável por estes deveres. Os direitos se organizariam, assim, pela relação de três elementos básicos: o sujeito ou titular do direito; o interesse ou valor protegido; e o responsável ou titular da obrigação.

2. PREVALÊNCIA DOS DIREITOS

As pessoas que têm um direito encontram-se numa posição mais confortável do que as que são sujeitos de obrigações. Isto não apenas porque os direitos constituam razões para o estabelecimento de obrigações em terceiros, mas também porque os direitos normalmente estabelecem uma prevalência dos valores e interesses por eles protegidos em relação a outros valores e interesses que não se constituem em direitos. Em quase todas as línguas modernas a expressão *direitos*, *rights* em inglês, *droits* em francês ou *rechte* em alemão, designa que determinados interesses e valores devem ser protegidos por intermédio de uma ação ou omissão dos demais membros da comunidade, ou mesmo do Estado.

Para alguns autores, como Robert Nozick, ícone do pensamento neoliberal, os direitos não apenas estabelecem uma prioridade relativa em favor dos valores e interesses por eles protegidos, senão uma prioridade absoluta desses valores e interesses. Para esse autor o estabelecimento de direitos absolutos (como a liberdade ou propriedade) é a única forma de se dar devida proteção à pessoa, entendida como ser individual, que deve ser sempre considerada como fim em si mesmo, como postulava Kant. Os direitos são instrumentos voltados a destacar cada pessoa e seus interesses na sociedade. Se não forem capazes de designar e estabelecer uma fortíssima trincheira aos interesses de um único indivíduo, face ao agregado de interesses da sociedade, os direitos perdem todo o seu sentido, para Nozick. Se não houvesse direitos capazes de excluir (impedir) determinadas ações em relação às pessoas, o único critério para avaliar a validade moral das ações seria o princípio utilitário. Assim, todas as ações

4. Hohfeld (In: *Fundamental Legal Concepts*. Yale University Press, New Haven, p. 36 e s.) detecta quatro relações entre direitos e deveres que são mais comumente encontradas no dia a dia dos tribunais. Refazendo seu argumento, poderíamos dizer que: • A tem um direito-reivindicação a X, em relação a B, se, e somente se, B tem um dever X em relação a A; • A tem um direito-liberdade a X, em relação a B, se, e somente se, B tem um não direito-reivindicação de que A deva X; • A tem um direito-poder a X, em relação a B, se, e somente se, B está sujeito a que sua posição jurídica possa ser alterada por A, ao realizar X; • A tem uma imunidade a X, em relação a B, se, e somente se, B tem um não poder (uma incompetência) para alterar a posição jurídica de A em relação a X.

que ampliassem a felicidade do maior número deveriam ser consideradas válidas, ainda que em detrimento de direitos[5].

Esta forma de hiperindividualismo proposto por Nozick compreende os direitos como esferas de proteção absoluta de cada indivíduo frente aos demais e ao Estado. Qualquer limitação desses direitos por interesses coletivos é vista como uma forma de usurpação e violação da pessoa. A tributação, por exemplo, é vista como equivalente ao "trabalho forçado", pois a pessoa estaria sendo expropriada de parte dos frutos do seu trabalho em favor do bem-estar de outras pessoas, que receberiam benefícios como educação, saúde etc.

Mesmo entre os autores liberais, que partilham da ideia de que os direitos não devem ceder a demandas utilitárias, poucos aceitam a proposta da existência de direitos absolutos, tal como formulada por Nozick. De acordo com uma famosa passagem de Ronald Dworkin:

> Os direitos são melhores entendidos como trunfos sobre alguma justificativa de fundo para decisões políticas que estabeleçam uma meta para a comunidade como um todo. Se alguém tiver o direito (*a right*) de publicar pornografia, isto significa que por alguma razão é errado para as autoridades agir em violação àquele direito, mesmo que elas (corretamente) acreditem que a comunidade como um todo se encontrará numa melhor posição se elas o fizerem[6].

Assim, quando numa discussão reivindicamos um interesse ou um valor que nos diz respeito, como a integridade física, que é protegida por um direito, esta reivindicação deve prevalecer sobre outros valores ou interesses que não são protegidos por direitos. Por exemplo: reduzir os gastos do Estado pode ser um objetivo ou um interesse legítimo do governo, mas isto não pode ser feito fechando escolas ou deixando de pagar professores, pois o governo tem um dever de prestar este serviço, que decorre do direito que todas as crianças e jovens têm à educação. O mesmo exemplo poderia ser dado quanto ao objetivo de reduzir a criminalidade, que é uma meta mais do que desejável, mas isto não pode ser feito por intermédio da tortura ou da eliminação de suspeitos, pois todas as pessoas têm direito a sua integridade física e moral, portanto, o Estado deve respeitá-las. Os direitos servem, assim, para estabelecer prioridades entre interesses, recursos, oportunidades ou liberdades. Aqueles interesses que forem protegidos como direitos devem ter prevalência sobre os que não tiverem recebido a

5. "Os direitos dos outros determinam constrangimentos sobre as suas ações [...] Constrangimentos colaterais expressam a inviolabilidade dos outros, na forma por eles especificada. Essas formas de inviolabilidade são expressas pela seguinte injunção: 'não use as pessoas pelas formas especificadas'[...] Os constrangimentos colaterais [...] refletem o fato da individualidade de nossa existência. Eles refletem o fato de que nenhum ato de ponderação moral deve existir entre as pessoas... não existe sacrifício justificado de um em benefício dos demais. Essa ideia [...] de que existem diferentes indivíduos com vidas separadas e que ninguém deve ser sacrificado pelos outros [...] leva a um constrangimento colateral libertário que proíbe a agressão contra os outros". (Nozick, Robert. *Anarchy State and Utopia*. New York: Basic Books, 1974, p. 28-33).

6. Dworkin, Ronald. *Rights as Trumps*. In: Waldron, Jeremy. *Theory of Rights*. Oxford: Oxford University Press, 1984, p. 153.

mesma proteção. Essa prevalência, no entanto, não é absoluta, senão *a priori*, ou seja, ela pode ser objeto de ponderação, conforme propõe Joseph Raz:

> Dizer que um indivíduo tem um direito é indicar um fundamento a exigir uma ação de certo tipo, i.e., que um aspecto de seu bem-estar é um fundamento para um dever de outra pessoa. O papel específico dos direitos no pensamento prático é, portanto, fundamentar obrigações a partir do interesse de outras pessoas [...][7].

Neste sentido,

> X tem um direito se e somente se X pode ter um direito, e, outras coisas sendo iguais, algum aspecto do bem-estar de X (seu interesse) é uma razão suficiente para manter uma outra pessoa a ela obrigada[8].

Para Raz, portanto, os direitos precedem os deveres, são razões pelas quais outras pessoas se tornam sujeitas de obrigações. Surge, assim, uma relação mais dinâmica entre direitos e deveres, posto que o dever não decorre diretamente da existência do direito, mas os direitos criam razões para que obrigações sejam impostas em terceiros. Conforme nos propõe Raz, ter um direito significa ter uma boa justificativa, uma razão suficiente, para que outras pessoas estejam obrigadas, e, portanto, tenham deveres em relação àquela pessoa que tem um direito. Os direitos não geram obrigações diretas nas outras pessoas, mas razões para que as outras pessoas se encontrem obrigadas.

Neste sentido um direito não se confunde com uma presunção absoluta, ou com a ideia de uma esfera intransponível e incompatível com o interesse da coletividade e mesmo com liberdades e direitos alheios, pois antes de se realizar no mundo prático, os direitos terão que ser ponderados em face de interesses e valores da sociedade, muitos deles também protegidos como direitos. Somente a partir de uma ponderação num caso concreto é que poderemos vislumbrar com segurança a dimensão de um direito. Antes disso ele é apenas uma razão *a priori*, ou seja, uma sinalização de que o valor ou interesse deverá ter um peso maior quando em confronto com outros valores e interesses não protegidos por direitos. Este peso maior, porém, pode ser relativizado, especialmente quando o confronto se dá entre diversos valores e interesses, todos protegidos por direitos.

3. O PAPEL DOS DIREITOS

Os direitos da pessoa humana constituem uma formidável construção da modernidade, que está diretamente associada ao sentimento de que as pessoas não podem dispor de uma esfera de proteção, que lhes assegure determinados valores ou interesses fundamentais.

---

7. Raz, Joseph. *On the Nature of Rights*, v. XCLLL. Mind, 1984, p. 207-208.
8. De acordo com: Raz, Joseph. *The Morality of Freedom*. Oxford: Clarendon Press, 1986, p. 166.

A principal distinção entre a moderna linguagem dos direitos, que surge com as declarações e constituições do final do século XVIII, e os privilégios existentes no período medieval, é a ideia de universalidade e reciprocidade intrinsecamente ligada aos direitos. Enquanto os privilégios constituem proteção de interesses de determinado grupo ou classe, os direitos da pessoa humana se apresentam como algo que deve a todos proteger. No mais, os direitos tendem a estabelecer relações horizontais e de reciprocidade, em contrapartida com as relações verticais e hierarquizadas decorrentes de um universo regulado por privilégios. Evidente que essas características da gramática dos direitos se colocam num plano ideal, e muitas vezes o que chamamos de direitos funciona na realidade como privilégios. No entanto, ainda no plano ideal, a adoção de um sistema de direitos da pessoa humana permite o estabelecimento de relações de reciprocidade entre os diversos sujeitos, ou seja, permite a construção de um mundo fundado na igualdade entre os seres humanos.

A ideia kantiana de que "toda a ação que por si mesma ou por sua máxima permite que a liberdade de cada indivíduo possa coexistir com a liberdade de todos os demais de acordo com uma lei universal é direito"[9] encontra na gramática dos direitos um instrumento indispensável a sua realização. O papel formal dos direitos de harmonizar e preservar uma esfera de interesses da pessoa, também pode ser aceita, com ponderações, por alguns utilitaristas. A distinção básica se dará mais em função do fundamento último do sistema de direitos, do que em relação a sua função de mediação de relações de reciprocidade. Enquanto para Kant os direitos servem para preservar e realizar a autonomia, para Stuart Mill os direitos devem harmonizar interesses e não valores pretensamente intrínsecos. Mill renuncia à "[...] ideia de direito abstrato, como algo independente da utilidade. Eu encaro a utilidade como última instância em todas as questões éticas; utilidade baseada nos interesses permanentes do homem"[10]. Nesse sentido os direitos são instrumentos de realização de interesses e não de valores como a dignidade ou autonomia.

A leitura kantiana somente é possível quando admitimos os direitos e o Direito (o chamado sistema jurídico), em si, são criações voltadas a organizar ou a mediar relações entre pessoas. Neste sentido não seria incorreto dizer que os direitos são uma consequência do fato das pessoas atribuírem umas às outras uma esfera de valores e decidirem, ainda que implicitamente, que isto deve ser respeitado, seja por uma razão ética ou utilitária. A diferença aqui é que o respeito ao direito por razões utilitárias desaparece, quando cessam os benefícios para o sujeito. Trata-se, assim, de um fundamento muito fraco para sustentar um sistema de direitos. De toda forma apenas as relações de reciprocidade decorrentes de razões éticas, onde nos vemos como pessoas dignas de direitos na mesma medida que reconhecemos essa condição

9. Kant, I. The Metaphysics of Morals. In: Reiss, H. *Kant Political Writings*. Cambridge: Cambridge University Press, 1970, p. 133.
10. Mill, John Stuart. *Sobre a Liberdade*. Petrópolis: Vozes, 1991, p. 54.

às outras pessoas, são capazes de gerar um sistema de direitos da pessoa humana, no sentido contemporâneo. Para alguns, é dessa mesma relação de reciprocidade moral que surge o próprio Direito, enquanto sistema[11].

Assim, o papel dos direitos é assegurar esferas de autonomia ou dignidade, para os kantianos, ou de interesses, para os utilitaristas, que permitam aos seres humanos se relacionarem e conviverem sem que essa liberdade ou esses interesses se encontrem constantemente ameaçados pelas liberdades e interesses dos demais. Invocar valores ou interesses a partir da linguagem dos direitos significa reivindicar uma situação especial para esses valores ou interesses.

4. FUNDAMENTOS MORAIS DOS DIREITOS DA PESSOA HUMANA

Quando associamos as expressões "humanos", "fundamentais" ou "da pessoa humana" à ideia de "direitos", a presunção de superioridade, inerente aos direitos em geral, torna-se ainda mais peremptória, uma vez que esses direitos buscam proteger valores e interesses indispensáveis à realização da condição de humanidade de todas as pessoas. Agrega-se, aqui, valoração moral à ideia de direitos, passando estes últimos a servir de veículos aos princípios de justiça de uma determinada sociedade.

Numa definição preliminar *os direitos da pessoa humana poderiam ser compreendidos como razões peremptórias, pois eticamente fundadas, para que outras pessoas ou instituições estejam obrigadas, e portanto tenham deveres em relação àquelas pessoas que reivindicam a proteção ou realização de valores, interesses e necessidades essenciais à realização da dignidade, reconhecidos como direitos da pessoa humana.*

Alguns destes valores, interesses e necessidades, protegidos como direitos da pessoa humana, são tão relevantes que não seria incorreto afirmar que se sobrepõem às demais ordens de valores, interesses e necessidades. O direito de não ser torturado, por exemplo, se coloca como um obstáculo absoluto em face dos interesses do Estado de descobrir um crime. A liberdade de religião também é uma vedação a que o Estado determine uma religião oficial. Porém, o exercício da liberdade religiosa não pode ser utilizado de forma a infringir a liberdade das outras pessoas. Daí a necessidade de conciliação entre direitos.

A grande dificuldade que tem monopolizado os debates entre filósofos e teóricos do direito é saber que moralidade é essa a fundar direitos que se sobrepõem aos demais interesses e valores. De onde ela vem e se precisa de alguma forma de reconhecimento positivo para que possa efetivamente se transformar em direitos legais.

Exemplo desta discussão sobre o fundamento dos direitos humanos pode ser encontrado desde a Grécia antiga, como na tragédia Antígona, de Sófocles. Morto Polícines, irmão de Antígona, numa batalha contra o reino de Tebas, o rei Creonte

11. Para esta inversão na proposição tradicionalmente reconhecida pela doutrina jurídica positivista, do qual os direitos subjetivos derivam do direito objetivo, ver Fuller, Lon. *The morality of Law.* Yale University Press, 1969.

baixa um édito determinando que o corpo do traidor fique insepulto, para ser devorado pelos cães e abutres. Revoltada, Antígona enterra o irmão. É presa pelos soldados do rei e levada a sua presença, que indaga: "sabias que um édito proibia aquilo?" Antígona responde que "sabia. Como ignoraria? Era notório". O rei então a questiona "Como ousastes desobedecer às leis?", ao que Antígona por fim responde:

> Mas Zeus não foi o arauto delas para mim, nem essas leis são as ditadas entre os homens pela Justiça [...] e nem me pareceu que tuas determinações tivessem força para impor aos mortais até a obrigação de transgredir normas divinas, não escritas, inevitáveis; não é de hoje, não é de ontem, é desde os tempos mais remotos que elas vigem, sem que ninguém possa dizer quando surgiram [...].

A resposta de Antígona, além de corajosa, tem um profundo sentido crítico, pois questiona, de forma veemente, a ideia de que é direito tudo aquilo que é colocado pelo poder constituído, limitando o fenômeno jurídico a uma mera expressão do poder, a uma questão de fato. Na linguagem de Kant "uma teoria empírica pura do direito", que reduza o direito ao fato social, "como a cabeça de madeira na fábula de Fedrus, pode ter uma bela aparência, mas não irá infelizmente conter cérebro"[12].

Porém, ao buscar dar outro fundamento de validade ao direito, que não o poder, Antígona vacila entre a transcendência divina e a Justiça, que também é uma deusa. Ao fundar os direitos na autoridade divina e colocá-los como entidades atemporais, Antígona pressupõe a crença e a própria existência de deuses. Muito embora este tipo de argumento tenha sido aceito por um longo período da história, principalmente durante aquele período em que prevaleceu no ocidente o domínio quase que absoluto do cristianismo, este direito de origem divina perde o seu principal suporte numa sociedade dominada pelo racionalismo.

Com o fim da hegemonia cristã, há uma ruptura dos paradigmas de verdade impostos pelo pensamento dogmático. E com isto a ideia de direitos naturais, decorrentes de deus, perde a sua sustentação. Já no Renascimento o pensamento de base cristã começa a ser desafiado. Os fundamentos do poder e da própria arte, que estavam diretamente submetidos ao domínio cultural da Igreja, começam a se esgarçar. Basta para isto ter em mente as figuras e as obras de Michelangelo e Maquiavel. O que une o gênio da arte ao criador da ciência política moderna é a capacidade destes dois homens, não apenas de se libertar dos paradigmas dominantes nas suas esferas de ação, mas de reencontrar o humano, separando-o do religioso. Se compararmos a arte pré-renascentista com as pinturas e esculturas produzidas por Michelangelo, podemos perceber que seus personagens são homens e mulheres que não são feitos à imagem e semelhança de um deus idealizado, mas são o resultado da sobreposição de tecidos, músculos e veias e que têm movimentos que resultam de uma vontade

12. Kant, ob. cit., p. 132.

estritamente humana. Era o homem de carne e osso que o interessava. Basta pensar em seu Moisés, na escultura do escravo em fuga, ou mesmo no deus da capela Sistina, para reencontrarmos o humano, mesmo nas figuras divinas.

Da mesma forma Maquiavel, em *O Príncipe*, nada mais fez do que desvendar o poder. Assim como Michelangelo, ao descrever o modo como o príncipe conquista e se mantém no poder, Maquiavel está dissecando o seu objeto de análise. Afastando as visões religiosas que fundamentavam o poder e buscando demonstrar a forma pela qual esse poder é efetivamente exercido. Como salientou o insuspeito Rousseau, ao dar lições ao príncipe, sobre como alcançar o poder, Maquiavel estava na realidade demonstrando ao povo a forma pela qual o poder é sobre ele exercido. Qualquer que tenha sido a intenção de Maquiavel o fato é que ele nos demonstrou que o poder do Estado e a legitimidade dos reis não decorrem da vontade divina ou mesmo da tradição, senão da ação humana[13].

Neste contexto, os jusnaturalistas modernos, como Hobbes e Locke, irão fundar o direito não mais numa entidade transcendente, mas na razão humana. Utilizando-se da abstração do contrato, especialmente Locke, aponta que se seres racionais fossem submetidos a uma situação de natureza, ou seja, a ausência do Estado, certamente eles acordariam em criar uma entidade voltada a regular a vida em sociedade, desde que limitada pelo direito[14]. A criação do Estado e do direito, assim, passa a ser compreendida como resultante da vontade humana. Evidente que nenhum destes autores seria ingênuo o suficiente para acreditar que o estado de natureza tenha realmente existido. Mas a utilização desta abstração serve para demonstrar como a razão funcionaria caso ela fosse consultada, no vazio de instituições e outras condições que limitam a sua liberdade.

A grande diferença entre Hobbes e Locke é o modo como cada um destes autores descreve o ser humano. Dotados de menos qualidades morais, os indivíduos hobbesianos viveriam num estado de guerra de todos contra todos, que para ser pacificado exigiria um Estado forte. Já os indivíduos descritos por Locke, que no estado de natureza sabem diferenciar o justo do injusto, mas não têm quem resolva um conflito de modo imparcial quando este aparecer, vivendo num mundo precário, optariam pelo seu aperfeiçoamento, através da criação de uma entidade imparcial, que auxiliasse no bom relacionamento entre os indivíduos[15].

O que importa, para efeito dessa introdução, é que para os jusnaturalistas modernos será a razão que ditará qual o fundamento último do direito. Como explicita Locke:

> O estado de natureza tem uma lei de natureza para governá-lo, que a todos obriga; e a razão, que é essa lei, ensina a todos os homens que a consultem, sendo todos iguais e independentes, que nenhum deles deve prejudicar a outrem na vida [...][16].

13. Moravia, Alberto. *L'uomo come fine*. Bompiani, 1980, p. 45 e s.
14. Locke, John. *Segundo Tratado sobre o Governo*, São Paulo: Nova Cultural, 1991, § 95 e s.
15. Idem, § 6.
16. Idem, ibidem.

Da mesma forma Kant colocará a razão como ponto central na sua reflexão sobre direitos. Para ele as leis da natureza não constituem algo inerente à natureza, "mas construções da mente utilizadas para o propósito de entender a natureza"[17]. O estabelecimento de regras éticas não deriva da experiência, mas de proposições lógicas *a priori*, que possam ser adotadas como lei universal. Esses imperativos categóricos, na linguagem de Kant, são juizos formais, que não estipulam o conteúdo dos direitos, mas a fórmula pela qual a razão humana pode descrever esferas recíprocas de autonomia para os indivíduos.

O que importa para Kant é o estabelecimento de uma lei necessária para todos os seres racionais, para que estes possam julgar as suas ações "segundo máximas tais que possam os mesmos querer que elas devam servir como leis universais"[18]. Tomando os "homens com fins em si mesmos" e obedecendo às máximas concluídas livremente e que possam ser universalizáveis, estaremos construindo racionalmente a esfera ética, na qual se insere o direito. Conforme Kant, o "direito é portanto a soma total dessas condições dentro das quais a vontade de uma pessoa possa ser reconciliada com a vontade de outra pessoa de acordo com a lei universal da liberdade"[19]. No sentido kantiano, os direitos são fruto dessa razão ética, daí não deverem ser confundidos com direitos transcendentes no sentido religioso, mas como construção humana, como uma decorrência do processo de emancipação da humanidade, em que os homens se utilizam do direito como instrumento de realização da liberdade ao mesmo tempo em que serve de autolimitação dos interesses.

Esse racionalismo levado à prática impõe necessariamente que o direito seja fruto da vontade humana, como pretendia Rousseau. "Já que nenhum homem tem autoridade sobre seu semelhante, e uma vez que a força não produz direito algum, restam então as convenções como base de toda a autoridade legítima entre os homens"[20]. Sendo todos os homens iguais, ou seja, tendo o mesmo valor moral, para que se justifique uma regra que vincule a conduta de todos, é fundamental que todos participem de sua formulação. Desta forma passamos de um jusnaturalismo substantivo, comprometido com os conteúdos dos direitos que deveriam ser protegidos, para um jusnaturalismo racional ou formal, que se concentra na construção de procedimentos racionais que favoreçam a produção de decisões justas. Deve-se destacar, no entanto, que em nenhum momento esses autores abrem mão da ideia de dignidade humana. Pois é a igualdade e o valor moral atribuído a todos que justifica a ideia de contrato social ou o estabelecimento de leis universais.

A Revolução Francesa e Americana, assim como as declarações e constituições que delas derivam, são fruto dessa ideia de um homem racional, emancipado e livre

17. Reiss, ob. cit., p. 17.
18. Kant, I. *Fundamentos da metafísica dos Costumes*, Rio de Janeiro: Ediouro, 1996, p. 76.
19. Kant. In: Reiss, ob. cit., p. 133.
20. Rousseau, J. *O contrato social*, São Paulo: Martins Fontes, 1996, L. I, Cap. IV.

para decidir seu próprio destino. Ao redigir a Declaração de Direitos de Virgínia, de 1776, logo após a ruptura dos laços com a metrópole, Jefferson acolhe a argumentação dos jusnaturalistas ao afirmar que:

> [...] todos os homens são por natureza igualmente livres e independentes e têm certos direitos inatos de que, quando entram no estado de sociedade não podem, por nenhuma forma, privar ou despojar a sua posteridade, nomeadamente o gozo da vida e da liberdade, com os meios de adquirir e possuir a propriedade e procurar e obter felicidade e segurança[21].

Da mesma forma os franceses ao redigirem a Declaração dos Direitos do Homem e do Cidadão, de 1789, estabeleceram que todos "os homens nascem e são livres e iguais" e que o fim de toda "associação política é a conservação dos direitos naturais e imprescritíveis do homem"[22], numa clara sintonia com a ideia de direitos como fruto da razão, declarada por intermédio da lei, expressão da vontade geral rousseauniana.

O Estado e os direitos são, portanto, obras humanas que têm por única finalidade a preservação da esfera de dignidade das pessoas. Apesar de Jefferson se utilizar da ideia de direitos inatos, que se encontram em estado de natureza, trata-se de uma utilização retórica, que esconde uma construção ética. Evidente que os homens não são iguais (como afirmado por Jefferson) do ponto de vista de sua riqueza, poder, compleição física, inteligência etc., mas sim do ponto de vista moral. Como destaca Habermas, os direitos básicos não são uma dádiva transcendente, mas uma consequência da decisão recíproca dos cidadãos iguais e livres de "legitimamente regular suas vidas em comum por intermédio do direito positivo"[23]. O Contrato social é uma metáfora dessa decisão, assim como os momentos constituintes, em que se declaram direitos, são tentativas de dar concretude aos ideais de autonomia; do livre estabelecimento das leis sob as quais a comunidade pretende viver.

5. CRÍTICA À IDEIA DE DIREITOS DA PESSOA HUMANA

Essa razão abstrata será, no entanto, intensamente criticada por autores conservadores, como Edmund Burke, e por escritores progressistas, como Hume, Bentham e Marx. Para Burke as instituições decorriam de um longo processo de sedimentação histórica. O direito era algo que se herdava das gerações anteriores, a partir de um processo de erro e acertos que iria apurando a lei e o governo. Pretender que todas as instituições fossem recriadas de um só ato, como o poder constituinte, que é a materialização da vontade geral rousseauniana, é pretender que a razão de um grupo de homens, num determinado momento histórico, se sobreponha a séculos de experimentação[24]. Como dizia um de seus seguidores, fazer uma constituição não é como

21. Apud Miranda, Jorge. *Textos Constitucionais Estrangeiros*. Lisboa, 1974, p. 31.
22. Idem, p. 68.
23. Habermas, J. *Between Facts and Norms*. Cambridge: MIT Press, 1996, p. 119.
24. Burke, Edmund. *Reflexões sobre a Revolução em França*. Brasília: Editora UnB, 1982, p. 88 e s.

fazer um pudim, não basta que se siga uma receita para que o resultado seja bom[25]. Por fim, afirma que a Declaração poderia levar as pessoas a crer que eles realmente tinham aqueles direitos, o que provocaria uma grande desordem se viessem a exigi-los.

A crítica progressista ou radical, embora tenha uma finalidade distinta, também desconfia desta razão abstrata, da qual os jusnaturalistas derivam direitos. Hume critica Locke e os demais contratualistas tanto em relação ao uso que fazem da racionalidade, ao dela derivarem o direito natural, quanto à ideia de contrato, que além de não ter existido, tem por única função mistificar o verdadeiro exercício do poder. Não há para Hume como derivar obrigações morais e políticas da razão abstrata proposta pelos contratualistas, pois os valores que dela derivam e que apontam como obrigatórios, não passam de justificação a uma determinada forma de organização da sociedade e exercício do poder[26], como um dia esses mesmos direitos naturais serviram para justificar o poder absoluto dos reis.

Bentham, por sua vez, descreve os direitos, tais como expressos na Declaração Francesa, como "falácias anárquicas". A seu ver, a natureza colocou a humanidade sob o governo de dois princípios soberanos, que são a dor e o prazer. Nesse sentido as decisões morais são aquelas que derivam da maior felicidade, ou maior prazer. Os sistemas jurídicos, ao invés de darem atenção aos "caprichos" de uma falsa razão, deveriam fundar-se no princípio da utilidade, único derivado da verdadeira razão[27]. Para Bentham, o bem-estar da sociedade só pode ser alcançado a partir do sacrifício de todos e não pelo fortalecimento do egoísmo de cada um, como assegurado pela Declaração de 1789.

Este também será o ponto básico da crítica de Marx, ao fazer uma análise da declaração Francesa, em sua obra *Questão Judaica*. Ao garantir direitos que separam a esfera pública da privada, a Declaração estaria apenas mantendo uma situação de natureza dentro da nova esfera privada, assegurada pelo Estado, que deve preservá-la, sem intervir. A esfera cercada por direitos burgueses tem por função básica garantir o mercado, que nada mais é do que uma extensão do estado de natureza, onde deve prevalecer o mais forte, aquele que tenha domínio sobre os meios de produção. Ao vender a sua força de trabalho, ou seja, ao realizar um contrato que é protegido pela Declaração de Direitos, como parte intrínseca do direito de propriedade, as pessoas estão indiretamente alienando também seus demais direitos.

> O direito humano à propriedade privada, portanto, é o direito de desfrutar o seu patrimônio e dele dispor arbitrariamente, sem atender aos demais homens, independentemente da sociedade [...] (sendo) a segurança o conceito social supremo da sociedade burguesa[28].

25. Mcllwain, Charles H. *Constitucionalismo Antiguo y Moderno*. Buenos Aires: Editora Nova, p. 11 e s.
26. Hume, David. Da Origem do Governo. In: *Escritos Políticos*. São Paulo: Abril Cultural, 1979, p. 228.
27. Bentham, Jeremy. An introduction to the principles of morals and legislation. In: Henkin et al. *Human Rights*. New York: Foundation Press, 1999, p. 52.
28. Marx, Karl. *A Questão Judaica*, São Paulo: Ed. Moraes, 1991, p. 43-4.

Estas críticas à direita e à esquerda da Declaração, somadas a uma reação historicista no pensamento jurídico alemão, retiraram credibilidade desse direito racional, com pretensões universalistas. Assim, para esses autores, a legitimidade do direito deve derivar ou de sua sincronia com os valores e a herança cultural de uma determinada comunidade, do princípio da utilidade – ou felicidade para o maior número – ou de uma total reformulação da sociedade, a partir da igualização material.

Nesse contexto de diversos princípios e ideologias com pretensão de validade, mas que, no entanto são autoexcludentes, surge uma espécie de descrença em verdades superiores e absolutas. O mundo que se abre com o século XX é cético, daí a força do positivismo como método interpretativo do direito. Nesse sentido, não mais se deve indagar sobre a legitimidade ou justiça do direito, mas sobre a sua eficácia, sobre a sua fonte de produção. O que nos recoloca na posição de Antígona, ou seja, de nos vermos obrigados a um direito que tem como único título de legitimidade o fato de ser posto por aqueles que se encontram no poder.

O holocausto e a erosão da ideia de direitos da pessoa humana, na primeira parte do século XX, geraram uma forte reação, tanto no plano político como filosófico, em favor de uma nova gramática dos direitos da pessoa humana. A comunidade internacional estabeleceu a Declaração Universal dos Direitos Humanos de 1948, como novo parâmetro moral para mediar a relação entre os Estados e as pessoas. Novas constituições foram elaboradas, com fundamento na ideia de prevalência, inalienabilidade e fundamentalidade dos direitos da pessoa humana.

A fundamentalidade dos direitos, reconhecida pelo constitucionalismo democrático, que se sucedeu a diversas ondas totalitárias e autoritárias em quase todos os continentes, e o sistema internacional de proteção aos direitos humanos, que se forma após a Segunda Guerra, constituem o maior exemplo dessa reação.

No plano filosófico, autores como Rawls e Habermas têm efetuado um enorme esforço para justificar a ideia de direitos como princípios fundamentais de organização de uma sociedade justa[29].

6. TEORIA DOS DIREITOS FUNDAMENTAIS

A ideia de que as pessoas têm um conjunto de direitos voltados à proteção de sua dignidade constitui uma das mais importantes características do mundo moderno. Ao se "levar os direitos a sério", na expressão de Dworkin, a irredutibilidade moral do indivíduo é colocada como princípio que deve reger os sistemas políticos[30]. Mais do que isto o reconhecimento de direitos pressupõe a existência de relações de reciprocidade entre os diversos sujeitos de direito, onde cada um reconhece ao outro os

29. Rawls, John. *Uma teoria da Justiça*. São Paulo: Martins Fontes, 2002; Habermas, Jürgen, ob. cit., 1996.
30. Dworkin, Ronald. *Taking Rights Seriously*. Cambridge: Harvard University Press, 1977, p. 184 e s.

mesmos direitos que exige para si. Logo, a aceitação do universo dos direitos funda-se no reconhecimento da igualdade moral entre as pessoas[31].

Desenhados com o objetivo de assegurar uma maior esfera de autonomia pública e privada aos indivíduos[32], os direitos passam a constituir razões prioritárias, estabelecendo deveres e obrigações em outras pessoas e instituições, e devendo conduzir nossas razões[33]. Ao serem constitucionalizados os direitos se tornam fundamentais também no sentido jurídico, sendo colocados acima do alcance do Estado e de maiorias eventuais. Passam então a ter um peso ainda maior sobre as nossas ações, devendo prevalecer sobre outros interesses ainda que legítimos e mesmo sobre outros direitos, ainda que reconhecidos pela comunidade.

A Constituição brasileira de 1988 é um excelente modelo dessa expansão, detalhamento e entrincheiramento dos direitos, assim como do caráter cosmopolita que assume este universo no final do milênio. Ela reage não apenas a um passado específico do autoritarismo militar de 1964, como a um legado de desigualdade, arbítrio, omissão e violência, que marcam a história do Brasil. Por outro lado, nossa Constituição volta-se ainda contra violações que tiveram lugar fora de nossas fronteiras. Sob a influência de instrumentos internacionais de direitos humanos e da experiência constitucional comparada, incorpora novas demandas. Nesse contexto, traz uma ampla carta de direitos, que abriga não apenas os direitos tradicionalmente incorporados por textos liberais e sociais anteriores, como reconhece a nova gramática dos direitos humanos. Constitucionaliza direitos civis, políticos, econômicos, sociais e culturais; direitos de grupos vulneráveis, tais como crianças, idosos, deficientes e índios, além de direitos difusos. No que concerne aos direitos sociais, destaque-se, os direitos humanos, garantindo-lhes aplicabilidade imediata (CF, art. 5º, § 1º) e não um efeito meramente programático ou uma implementação progressiva[34].

Além do reconhecimento de uma grande quantidade de direitos e da sua detalhada especificação, a Constituição abre suas portas para outros direitos, que embora não incorporados expressamente pelo Texto, decorrem do regime e dos princípios por ele adotados, ou de tratados de direitos humanos dos quais o Brasil seja parte (CF, art. 5º, § 2º). Desta forma, estende sua proteção, tanto a direitos decorrentes da ordem de valores incorporados pela Constituição, como permite a integração de direitos reconhecidos por instrumentos internacionais aos quais o Brasil tenha aderido. Demonstra, dessa forma, uma abertura ao mesmo tempo ética e cosmopolita.

Por fim, a Constituição confere caráter superconstitucional, ou pétreo, como se diz tradicionalmente, aos direitos fundamentais. Por força do art. 60, § 4º, IV, transforma os direitos constitucionais em metanormas de nosso sistema jurídico-político,

31. Habermas, Jürgen. Ob. cit., p. 84 e s.
32. Kant, I. *Political Writings*. Cambridge: Cambridge Un. Press, 1996, p. 133.
33. Raz, Joseph. Ob. cit., 1986, p. 164 e s.
34. Pacto Internacional de Direitos Econômicos, Sociais e Culturais, 1966, arts. 2, 3.

que não podem ser abolidos, ainda que pela vontade de maiorias qualificadas do eleitorado. Como parte fundamental da reserva de justiça da Constituição, os direitos fundamentais são garantias da dignidade humana que não podem ser suprimidas pelo processo político[35].

7. A GRAMÁTICA DOS DIREITOS FUNDAMENTAIS NA CONSTITUIÇÃO FEDERAL DE 1988

A constitucionalização de um amplo espectro de direitos, articulados por um conjunto de regras e princípios, traz para dentro do texto constitucional uma forte carga ética. Isto impõe à interpretação constitucional uma série de problemas inexistentes nas demais esferas do direito, marcadas por um maior consenso dogmático. Como salienta Robert Alexy:

> [...] a vigência das normas jusfundamentais significa que o sistema jurídico é um sistema aberto frente à moral. Isto se aprecia de maneira sumamente clara nos conceitos jusfundamentais materiais básicos, como dignidade, liberdade e igualdade. Estes são, ao mesmo tempo, conceitos da filosofia prática. Como eles forma incorporados à Constituição e, assim, ao direito positivo, os princípios mais importantes do direito raciona moderno[36].

Além de carregadas moralmente, as normas veiculadoras dos direitos fundamentais, são necessariamente mais abstratas, moldadas a partir de uma linguagem de textura aberta, ampliando o grau de discricionariedade do magistrado. Ao lado dessas questões relativas à forma e ao conteúdo das normas de direitos fundamentais, as constituições pós-liberais e compromissárias, como a brasileira, articulam direitos oriundos de distintas correntes do pensamento político e muitas vezes contraditórios entre si.

Esta moralização do direito constitucional, somada a dificuldades linguísticas e a tensão entre as diversas correntes de direito, faz com que os métodos interpretativos tradicionais sejam insuficientes para uma adequada compreensão e concretização dos direitos fundamentais.

Constituições compromissárias[37], como a brasileira, impõem dificuldades adicionais ao Judiciário. Além da obrigação de trabalhar com normas de textura aberta, que abrigam conceitos políticos e princípios morais, os juizes são obrigados a arbitrar uma competição de valores e diretivas normativas, muitas vezes contraditórias. Na ausência de um grupo hegemônico que dê ao documento constitucional uma identidade, seja ideológica, política ou econômica, o que se tem é a fragmentação do texto em pequenos acordos tópicos. Muitos desses acordos são meramente estratégicos, pois sabe-se que não terão eficácia imediata[38], mas também não caracterizam uma derrota

35. Vieira, Oscar Vilhena. *A Constituição e sua reserva de Justiça*, São Paulo: Malheiros, 1999, p. 222.
36. Alexy, Robert. *Teoría de los Derechos Fundamentales*. Madrid: Centro de Estudios Constitucionales, 1993, p. 525.
37. Vilhena, Oscar Vieira. *O Supremo Tribunal Federal*, São Paulo: Malheiros, 1994, p. 35 e s.
38. Para Marcelo Neves esta é uma das características do que denomina legislação simbólica, não se fundando o

na arena constituinte, o que ocorreria pela adoção de determinados interesses pelo texto constitucional, em detrimento de outros valores dele excluídos. O compromisso, configurado pela adoção de valores e princípios antagônicos, ao menos sinaliza com a possibilidade de disputas futuras, por intermédio da legislação ordinária, da ação administrativa e da batalha nos tribunais. Essas Constituições são resultado de um processo constituinte marcado por forte pluralismo e corporativismo, como foi o brasileiro, em que os interesses de cada grupo organizado da sociedade encontrava eco junto a um corpo político incapaz de decisões que excluíssem interesses, que pudessem levar à fragilização das bases eleitorais dos constituintes[39].

Sendo as Constituições documentos que se colocam entre os mundos político, ético, social, econômico e o mundo jurídico, esses documentos, como visto, têm a tendência natural de ser estruturados a partir de um grande número de termos, que segundo a teoria de Hart, são considerados de textura aberta. Por outro lado, Constituições como a brasileira, marcadamente compromissárias, forradas de antinomias de valores e princípios, também impõem aos tribunais a difícil missão de decidir a partir de normas que não apontam de forma clara o caminho a ser seguido. Em função de todos esses aspectos, a interpretação estaria mais sujeita à pré-compreensões e preconceitos dos magistrados, do que à interpretação de normas mais dogmáticas, que têm o conteúdo determinado por séculos de trabalho dos tribunais e pela ação da dogmática levada a cabo pelos doutrinadores.

Sem uma adequada teoria dos direitos fundamentais a interpretação e aplicação desses direitos se torna mais arbitrária e inconsistente. Aqueles que acompanham a jurisprudência dos tribunais superiores constatam como os direitos fundamentais têm sido aplicados de forma errática e contraditória, isto quando não têm sido simplesmente desprezados pelas cortes brasileiras, como ocorre com determinados direitos sociais, bem como com remédios destinados a assegurar a eficácia dos direitos fundamentais, como é o caso do mandado de injunção e da ação direta de inconstitucionalidade por omissão. Por outro lado, poucos esforços têm sido empreendidos pela doutrina com o objetivo de estabelecer parâmetros mais seguros para a interpretação e aplicação dos direitos fundamentais. No mais das vezes esses trabalhos se limitam à esfera dogmática dos direitos fundamentais. Excepcionalmente faz-se uma colação jurisprudencial. Salvo engano pouco se trabalha com a conjugação das esferas da filosofia política (ética), dogmática, jurisprudência e experiência comparada.

Apesar da Constituição de 1988 abrigar um amplo leque de direitos indispensáveis à dignidade humana, vivemos no Brasil uma situação de sistemática violação desses direitos das camadas e grupos menos favorecidos da população. Exclusão social,

---

acordo no "conteúdo do diploma normativo, mas sim na transferência da solução do conflito para futuro indeterminado". (*A constitucionalização simbólica*, São Paulo: Nova Acadêmica, 1994, p. 41)

39. Para uma análise do processo constituinte, ver Cristovam Buarque, A perfeição inacabada, in *O Processo Constituinte: 1987-1988*, coord. Milton Guran, Brasília: UnB, 1988.

racismo, discriminação de gênero, tortura, arbítrio e violência contra crianças e adolescentes, constituem a face mais visível dessas violações.

Para que os direitos fundamentais, no sentido forte aqui defendido, sejam sistematicamente respeitados, algumas condições sociais e políticas são indispensáveis. Em primeiro lugar, um ambiente de reciprocidade entre os diversos membros de uma determinada sociedade. Sem que se reconheça o outro como um sujeito de direitos, que requer o mesmo grau de respeito e consideração que se exige para si, dificilmente prevalecerá a lógica dos direitos. Nesse sentido, entendo que um padrão mínimo de igualdade (substantiva) seja fundamental para o estabelecimento de relações de reciprocidade, tanto na esfera doméstica, como global.

Além disso, as sociedades contemporâneas não podem dispensar um *rule of Law*, organizado por intermédio de regras preestabelecidas, genéricas e universais, que devem reconhecer esses direitos. O governo das leis deve prever ainda instituições imparciais voltadas à defesa dos direitos, capazes de impor, ainda que coercitivamente, o respeito aos direitos fundamentais. Sem que as instituições responsáveis pela aplicação da lei cumpram a sua tarefa de forma congruente com o legalmente previsto, os direitos não serão respeitados.

Minha hipótese é que em face da grande e duradoura desigualdade que marca a história da sociedade brasileira, nas esferas social, econômica, regional, racial, de gênero etc., a reciprocidade não se tornou o padrão determinante pelo qual as pessoas se relacionam em nossa sociedade. Antes o contrário. A desigualdade faz com que aqueles que se encontram numa posição superior tendam a não enxergar os demais como sujeitos de direitos. A desigualdade duradoura, por outro lado, reforça-nos que se encontram numa posição menos favorável, e o sentimento de que efetivamente não são sujeitos plenos de direitos, ou de que os direitos que lhes são nominalmente conferidos, em nada lhes servem. Nesta situação, os direitos deixam de ser um importante código de referência, ou uma razão peremptória a guiar as nossas ações, permanecendo uma mera formalidade.

Isto não significa, entretanto, que os direitos fundamentais sejam destituídos de sentido em sociedades marcadas pela desigualdade como a nossa. Pois ao estabelecer a esfera de autonomia pública e privada, ainda que formalmente, a Constituição lança as pré-condições para a realização da democracia e da dignidade humana. Desta forma, os direitos precariamente assegurados se transformam em plataforma para sua própria expansão. Será a prática social, a luta pelos direitos, que transformará essas garantias formais em efetivos instrumentos de promoção e proteção da dignidade humana.

E ao se aceitar a ideia da Constituição como "reserva de justiça", como ponto de encontro entre a moralidade política e o direito positivo, então os seus intérpretes e aplicadores serão obrigados a utilizar métodos jurídicos e argumentativos de interpretação, toda vez que se virem frente a um caso regido por princípios não plenamente densificados pelo processo de positivação constituinte. Assim, sem abrir mão da literalidade da Constituição, das indicações que o próprio texto fornece para o preenchimento do conteúdo aberto das cláusulas que formam o cerne de justiça da Constituição, deve o interprete constitucional recorrer aos princípios da argumentação racional para ter a devida compreensão do conteúdo dos direitos fundamentais, pois constituem aspirações a uma ordem justa, incorporadas pela própria Constituição.

É através da racionalização e da argumentação contida na motivação da decisão judicial que os tribunais assumem o papel de discutir, publicamente, o alcance dos princípios e direitos que constituem a reserva de justiça do sistema constitucional.

Têm-se assim quatro momentos distintos no processo de implementação dos preceitos de justiça. À filosofia ou teoria política cumpre formular princípios como paradigmas para a construção de uma ordem justa. Ao legislador constitucional, por sua vez, cabe a função de decidir politicamente, por intermédio do procedimento democrático, a positivação dos princípios de justiça que julgar adequados, ou seja, transformar princípios morais em preceitos jurídicos vinculantes. Esta positivação, no entanto, não reduz por completo a abstração e abertura desses princípios à argumentação moral. Cabe à doutrina e à dogmática jurídica agirem argumentativamente no sentido de racionalizar e viabilizar a aplicação desses princípios. Trata-se, portanto, de uma atividade argumentativa e não decisória, porém mais limitada do que a do filósofo e do teórico político, pois o jurista age sob os parâmetros estabelecidos pelo legislador. A dogmática estabelece, pois, num campo de batalha ideologicamente impregnado, distintas consequências do direito posto, que limitam ainda mais a possibilidade de escolha do magistrado. Finalmente, ao magistrado cabe decidir, numa situação concreta, a aplicação desses princípios, positivados pelo legislador e racionalizados pela doutrina. Porém, por mais que tenha havido essas etapas de redução de complexidade, os princípios constitucionais e os direitos fundamentais continuam a possuir um caráter muito abstrato e aberto à argumentação moral, à qual o magistrado responsável por decidir casos constitucionais difíceis não pode fugir[40].

Assim, ao buscar dar a melhor interpretação possível aos direitos fundamentais, subsidiado por um processo de argumentação racional em que os componentes da corte se encontrem em posição de igualdade e liberdade argumentativa, o tribunal constitucional poderá decidir quais mudanças ferem e quais não ferem as cláusulas veiculadoras de direitos. Isto não significa que a corte não esteja engajada num processo antimajoritário. Porém, ao impedir a abolição ou erosão dos princípios fundantes da reserva constitucional de justiça e de seus elementos habilitadores da perpetuação do processo político democrático, o Tribunal estará, paradoxalmente, favorecendo a democracia.

40. Perelman, Chaïm, ob. cit., p. 531.

2

Casos difíceis e a discricionariedade judicial: judicialização das políticas públicas?

EDINILSON DONISETE MACHADO*

Sumário: 1. Os casos judiciais difíceis e as decisões sobre políticas públicas. 1.1. Casos difíceis para a teoria pura do direito de Hans Kelsen. 1.2. Casos difíceis na teoria do ordenamento jurídico de Norberto Bobbio. 1.3. Casos difíceis na doutrina de Ronald Dworkin. 2. Análise de decisões judiciais brasileiras sobre políticas públicas. 2.1. Caso da concessão de remédios não constantes das políticas públicas governamentais – em sede de liminar. 3. O papel da função jurisdicional: nos casos difíceis. 4. Considerações finais.

1. OS CASOS JUDICIAIS DIFÍCEIS E AS DECISÕES SOBRE POLÍTICAS PÚBLICAS

A abordagem do tema "decisão judicial" comporta várias interpretações diante do referencial teórico que se busca enfrentar. Neste contexto, há que se discutir a doutrina positivista e a pós-positivista, com vistas a conformar a discricionariedade e por conseguinte verificar se o ordenamento possuiu ou não completude e incompletude.

Como a decisão judicial é a exteriorização da Função Jurisdicional, há que se perguntar se é ou não possível que a decisão ultrapasse o referencial positivista e, se afirmativo, só então discutir uma ampliação da participação judicial na efetivação dos Direitos veiculados por princípios que abrangem as decisões de políticas públicas.

* Professor da Graduação e do Programa de Mestrado em Direito do Centro Universitário Eurípides de Marília – Univem, do Centro Universitário Toledo – Unitoledo/Araçatuba, pesquisador do Grupo de Pesquisa CNPq: Gramática dos Direitos Fundamentais; O Processo na Dimensão Constitucional e Teoria dos Direitos Fundamentais. Ex-Procurador Seccional da União em Marília. Procurador-Geral do Daem – Autarquia Municipal.

1.1. Casos difíceis para a teoria pura do direito de Hans Kelsen

O positivismo, no qual se pode dizer que se fundamenta toda a teoria do ordenamento jurídico, descreve o direito como composto a partir de regras, onde se resolvem todos os conflitos dentro do próprio sistema normativo, cujos fundamentos não se abriam a questionamentos filosóficos ou mesmo políticos.

Deste modo, a teoria kelseniana foi o ápice e a que melhor expressou o pensamento jurídico positivo, consolidando, na teoria pura do direito, a tentativa de apresentar respostas a todas as questões relativas ao Direito, dentro do sistema.

O positivismo promoveu, ainda, a ruptura entre o Direito e a metafísica, uma vez que o mesmo rompe com a doutrina do direito natural que o envolvia, sendo essa a maior crítica ao pensamento jurídico dos séculos anteriores.

O próprio Kelsen apresenta a linha divisória pela qual separa o direito da moral:

> A necessidade de distinguir o Direito da Moral e a ciência jurídica da Ética significa que, do ponto de vista de um conhecimento científico do Direito positivo, a legitimação deste por uma ordem moral distinta da ordem jurídica é irrelevante, pois a ciência jurídica não tem de aprovar ou desaprovar o seu objeto, mas apenas tem de o conhecer e descrever. Embora as normas jurídicas, como prescrições de dever-ser, constituam valores, a tarefa da ciência jurídica não é de forma alguma uma valoração ou apreciação do seu objeto, mas uma descrição do mesmo alheia a valores. O jurista científico não se identifica com qualquer valor, nem mesmo com o valor jurídico por ele descrito[1].

Para tanto, Kelsen[2] concebe o fundamento de validade das normas de forma escalonada, onde a Constituição extrai a sua validade da norma fundamental; as normas gerais extraem validade da Constituição, as normas específicas das gerais, e assim por diante, encerrando-se na sanção.

Neste processo, parte-se do geral (ou abstrato) para o individual (ou concreto), onde o tribunal tem de responder a *questio facti* (questão de fato), como também, a *questio juris* (questão jurídica). A descoberta do Direito consiste apenas na determinação da norma geral a ser aplicada ao caso concreto, sendo a decisão judicial tão somente a continuação do processo de criação jurídica[3].

De toda a construção positivista, especialmente na lição de Kelsen, o aspecto mais relevante para a presente abordagem é o que diz respeito à completude do ordenamento jurídico, que, de acordo com este pensamento, contém conceitos e instrumentos suficientes e adequados para a solução de quaisquer casos, inclusive os difíceis, inexistindo lacunas.

Na abordagem de Kelsen, a teoria que argumenta a existência de lacunas é um erro, posto que não há como se admitir a possibilidade de um Tribunal preencher esta

1. Kelsen, Hans. *Teoria Pura do Direito*. Tradução João Baptista Machado, 5. tir. São Paulo: Martins Fontes, 2003, p. 77.
2. Idem, 2003, p. 77.
3. Ibid., 2003, p. 264.

lacuna pela criação de uma correspondente norma jurídica, por lhe faltar a premissa necessária, a norma geral. E, ainda, "tais argumentos fundam-se na ignorância do fato de que, quando a ordem jurídica não estatui qualquer dever de um indivíduo realizar determinada conduta, permite esta conduta"[4].

A ordem jurídica, assim, contempla todas as hipóteses necessárias à decisão judicial, uma vez que todo e qualquer comportamento pode ser regulado positivamente ou negativamente, posto que, se não proíbe, permite o comportamento do indivíduo.

A decisão judicial, para Kelsen[5], quase sempre comporta duas possibilidades por parte do tribunal, quais sejam, verificado que o demandado ou acusado cometeu o delito alegado previsto na norma jurídica geral e constatado que foi violada a conduta imposta na norma geral, dá provimento à demanda; ou verificado que não cometeu o demandado ou acusado o delito alegado, quer por não infringir a norma geral, quer por não possuir na norma jurídica geral vigente algo que ligue ao fato uma sanção, indefere a demanda.

É categórico ao afirmar, ante dois interesses controvertidos não regulados pela norma geral, ou seja, não proibidos, que a demanda seja julgada improcedente contra aquele postulante do direito não previsto positivamente, sendo perfeitamente possível que a ordem jurídica não preveja todos os conflitos de interesses. O exemplo utilizado por Kelsen que demonstra claramente sua concepção é este:

> Mas é inteiramente possível que à conduta de um indivíduo não proibida e, neste sentido, permitida, se oponha uma conduta de outro indivíduo que, não consistindo no emprego da força física, também não seja proibida e, nestes termos, seja permitida[6]...

Nesta linha de abordagem, Kelsen[7] apresenta, ainda, a hipótese em que se atribua ao tribunal o poder de, no caso de não poder determinar qualquer norma jurídica geral, impor ao demandado a violação alegada e, por conseguinte, não rejeitar a demanda pelos fundamentos de não ser equitativa e injusta à rejeição, por falta de norma geral.

Essa atribuição de competência para o tribunal criar a norma individual não é, conforme o tribunal, um legislador, justamente pelo fato de não criar uma norma geral, mas sim individual, quando se tem por injusta ou não equitativa a não condenação na inexistência de norma geral.

Além disso, a atribuição de competência para o tribunal fundamenta a diferença entre a aplicação, pelo tribunal, da norma geral e a norma criada para o caso individual, que eventualmente não tenha o legislador logrado positivar.

4. Kelsen, Hans. Ob. cit., p. 273.
5. Idem, 2003, p. 269.
6. Ibid., 2003, p. 270.
7. Kelsen, Hans. Ob. cit., p. 271.

No caso da inexistência de norma geral, o tribunal aplica sim a norma individual que decorre da análise da equidade e dos princípios gerais do Direito. Tanto nessa hipótese, bem como na aplicação da norma geral positivada, ocorre a decisão para casos individuais, ou seja, há a subsunção do caso concreto ao ordenamento positivado. A distinção é que, no caso de inexistência da norma geral, a discricionariedade do tribunal é maior e, na norma geral, é menor. Contudo, a norma geral é apenas uma moldura dentro da qual há que se produzir a norma individual[8].

Kelsen[9] não admite, ainda, a existência de lacunas quando se estiver diante de condutas não proibidas, onde a decisão deverá afastar a controvérsia, por não estar regulada negativamente pela norma geral.

Ao prosseguir sua explicação, diz que a existência de "lacunas" apenas é presumida, quando, "olhando mais de perto", constata-se, pelo órgão aplicador do Direito, que sua decisão não será equitativa ou desacertada e que assim a inexistência de uma norma jurídica provoque uma decisão indesejável do ponto de vista político-jurídico.

Dessa forma, esse argumento de que haveria lacunas, na decisão que não for equitativa e indesejável, também seria possível para a norma geral positivada, sendo que, justifica-se, por sua teoria, a inexistência de lacunas.

Kelsen apresenta enunciados de situações práticas, que, a seu juizo, demonstram a pertinência de seu argumento de que não há lacunas no Direito vigente, no sentido de sua aplicabilidade lógica, e que seria pelo menos inconsistente ver em um caso, e não no outro, uma lacuna:

> O fato da ordem jurídica não conter qualquer norma que estabeleça uma pena para o furto de energia elétrica pode ser considerado tão iníquo ou desacertado como o fato de uma ordem jurídica conter uma norma que é de aplicar tanto ao roubo acompanhado de homicídio como à hipótese de um filho matar o pai que sofre de doença incurável, a pedido deste[10].

Kelsen[11] justifica que, quando o julgador enfrenta o caso concreto, não há que se falar em positivação de norma geral que faculte ao mesmo a utilização do direito consuetudinário. Na falta deste, nos moldes do código suíço, a norma elaborada pelo juiz, como legislador, é considerada uma ficção, quer julgando improcedente ou procedente a pretensão postulada, posto que a ordem jurídica é sempre aplicável.

O autor levanta a hipótese contrária à ficção, que repudia, inserida no código suíço, ou seja, de o juiz legislar, com a proposição de que: "quando a aplicação da ordem jurídica vigente é, segundo a concepção ético-política do tribunal, insatisfatória no caso *sub judice*, o tribunal pode decidir o caso segundo a sua livre apreciação"[12].

8. Idem, 2003, p. 272.
9. Ibid., 2003, p. 273.
10. Ibid., 2003, p. 274.
11. Ibid., 2003, p. 275.
12. Kelsen, Hans. Ob. cit., p. 275-6.

Salientando que referida disposição outorgaria ao tribunal demasiado poder, uma vez que o juiz, quando entendesse a ordem jurídica vigente insatisfatória, ou mesmo a norma jurídica geral, poderia à sua livre convicção impor sua vontade ao demandado ou acusado. A teoria kelseniana não admite, portanto, a existência de lacunas, diante da compreensão do sistema como sendo o de aplicação do Direito vigente.

O ponto central do pensamento kelseniano diz respeito à completude da ordem jurídica, que promoverá sempre a resposta aos casos individuais, quer regulando as condutas positiva ou negativamente, restando ao juiz, com sua decisão, a continuação, não o começo, do processo de criação jurídica.

1.2. Casos difíceis na teoria do ordenamento jurídico de Norberto Bobbio

Após delinear as questões relativas à unidade e à coerência do ordenamento jurídico, Bobbio[13] promove a análise da completude ou incompletude do ordenamento, que, na primeira abordagem, será a capacidade ou não de o ordenamento promover as respostas necessárias aos casos concretos.

O dogma da completude do ordenamento jurídico para os positivistas passa pela resposta que o juiz sempre encontrará, para as eventuais lacunas que a lei possa oferecer, métodos de integração e interpretação que solucionariam o caso concreto.

Segundo Bobbio, o dogma da completude, para o jurista tradicional, é fundado em três pressupostos: "1) a proposição maior de cada raciocínio jurídico deve ser uma norma jurídica; 2) essa norma deve ser sempre uma lei do Estado; 3) todas essas normas devem formar no seu conjunto uma unidade"[14].

Na lição de Bobbio o ordenamento possui, por característica, além da unidade e coerência, a completude, que permite dizer que "o ordenamento é completo quando jamais se verifica o caso de que a ele não se podem demonstrar pertencentes nem uma certa norma nem a norma contraditória"[15], e em faltando uma norma, haverá o que se convencionou chamar *lacuna*.

Na visão positivista do ordenamento, tal característica é decorrente do princípio de que toda atividade legiferante pertence ao Estado. Por certo, ainda com Bobbio[16], "o sistema é incompleto e o ordenamento jurídico tem lacuna", a qual nos levará ao problema da incompletude, que se resolverá por duas regras: "1) o juiz é obrigado a julgar todas as controvérsias que se apresentarem a seu exame; 2) deve julgá-las com base em uma norma pertencente ao sistema".

13. Bobbio, Norberto. *Teoria do Ordenamento jurídico*. Tradução de Maria Celeste Cordeiro Leite dos Santos, 10. ed. Brasília: UnB, 1999, p. 115.
14. Idem, 1999, p. 122.
15. Ibid., 1999, p. 115.
16. Bobbio, Norberto. *Teoria do Ordenamento jurídico*, cit., p. 115.

Pode-se, a guisa de delimitação do tema, apresentar a conclusão de que a incompletude do ordenamento será resolvida pelas regras da heterointegração e autointegração[17]. O próprio sistema normativo resolverá a questão da lacuna, por meio da analogia e os princípios gerais do Direito.

Desta forma, diferentemente da posição kelseniana, Bobbio[18] admite a existência de lacunas que terão sua resposta extraída do ordenamento e apresenta os métodos necessários à compreensão de sua teoria, mas admite somente a leitura em um sistema normativo positivado, ou seja, não aceita a existência de normas que não sejam as regradas pelo Estado.

O positivismo jurídico ganha uma visão de sistema diante do ordenamento e métodos de preenchimento das eventuais lacunas existentes dentro do ordenamento, mas ainda assim, não admite a leitura das pautas morais, apresentadas pela filosofia.

Neste contexto, podem-se apontar as características do positivismo jurídico, quais sejam: a) Direito e norma são, em linhas gerais, a mesma coisa; b) a ordem jurídica é emanada única e exclusivamente pelo Estado; c) a validade da norma depende do procedimento seguido para sua criação e deve, para aplicação ao caso concreto, subsumir à norma geral; e d) por possuir o ordenamento jurídico o dogma da completude, sempre oferecerá respostas aos casos concretos.

1.3. Casos difíceis na doutrina de Ronald Dworkin

Com a chamada corrente doutrinária do pós-positivismo, em contraposição ao chamado positivismo, reacende-se a discussão sobre a existência ou não de limites à discricionariedade depositada em mãos da Função Jurisdicional, questão relativamente contornada no positivismo, permitindo-a, na existência de lacunas, dentro do próprio sistema, mas nada além dele.

A questão que se põe na ordem do dia é a da inclusão dos princípios como espécie de norma que promove a abertura para a inclusão das pautas morais, anteriormente excluídas pela doutrina positivista. Interessante notar que o próprio Bobbio nos apresenta uma indagação (sem resposta), quando discorre sobre os princípios gerais de direito e sustenta ser possível somente a utilização dos não expressos, a saber: "no que diz respeito aos princípios gerais expressos, seria bem curioso que houvesse uma norma que autorizasse sua aplicação"[19]. É esta a nossa realidade hoje, os princípios são normas e, portanto, cogentes.

---

17. Terminologia dada por Carnelutti, citada por Norberto Bobbio (pág. 146), de que heterointegração é a integração pelo método: a) recurso a ordenamentos diversos; b) recurso a fontes diversas daquela que é dominante (identificada, nos ordenamentos que temos sob os olhos com a Lei) e autointegração, consiste em integração através do mesmo ordenamento, no âmbito da mesma fonte dominante, sem recorrência a outros ordenamentos e com o mínimo recurso a fontes diversas da dominante.
18. Bobbio, Norberto. *Teoria do Ordenamento jurídico*. Tradução de Maria Celeste Cordeiro Leite dos Santos, 10. ed. Brasília: UnB, 1999.
19. Idem, 1999, p. 160.

Este é o marco inicial para a indagação sobre a existência ou não da discricionariedade, que obrigatoriamente passará pelo pensamento de Dworkin[20] que é um dos doutrinadores que propõe a inserção dos princípios como norma.

A questão da decisão do juiz é um ponto central na teoria do direito de Dworkin, por promover a revisão dos conceitos dogmatizados pelo positivismo e revistos em sua teoria normativa moral. A distinção básica que se faz é justamente nos conceitos que definem questão de princípio e questão de política, assegurando que a decisão judicial deva ser aquela que se fundamente na questão de princípio.

Nas palavras do próprio Dworkin:

> Denomino "política" que será "aquele tipo de padrão que estabelece um objetivo a ser alcançado, em geral uma melhoria em algum aspecto econômico, político ou social da comunidade. Denomino "princípio" um padrão que deve ser observado, não porque vá promover ou assegurar uma situação econômica, política ou social considerada desejável, mas porque é uma exigência de justiça ou equidade ou alguma outra dimensão da moralidade[21].

Quando da formulação de sua tese, Dworkin[22] apresentou três distinções para o termo "discricionariedade". A primeira é quanto à aplicação, por funcionários, de critérios estabelecidos por uma autoridade superior, ou, na escolha, pelo juiz, entre critérios "que um homem razoável poderia interpretar de diferentes maneiras". A segunda acepção é relacionada à ausência de revisão da decisão tomada por uma autoridade superior. Essas duas primeiras distinções são, para Dworkin, discricionariedades em sentido fraco.

Por não ser objeto de embate entre a doutrina positivista e a pós-positivista de Dworkin[23], a discricionariedade em sentido fraco passa a ser senso comum, posto que estaria vinculada, quer a uma autoridade superior ou ao preenchimento de espaços vazios, circundado por uma faixa de restrições.

A terceira distinção para discricionariedade é a em sentido forte, que implica a ausência de quaisquer padrões derivados da autoridade da lei (Dworkin[24]), ou seja, a ideia de que os padrões existentes não impõem qualquer dever legal sobre o juiz, para que decida de uma determinada forma. Tal constatação leva à conclusão de que os juizes mudam regras antigas e introduzem novas.

Esta fundamentação, segundo Dworkin[25], apresenta a discricionariedade como sendo a liberdade que o juiz tem diante da lei em casos de lacuna, como um dever legal de decidir de determinada maneira, e não na existência de padrões puramente morais e não vinculantes, pelos quais os juizes poderiam se guiar.

---

20. Dworkin, Ronald. *Levando os Direitos a sério*. Tradução Nélson Boeira, São Paulo: Martins Fontes, 2002.
21. Idem, 2002, p. 36.
22. Ibid., 2002, p. 51-52.
23. Ibid., 2002, p. 51.
24. Ibid., 2002, p. 55.
25. Dworkin, Ronald. *Levando os Direitos a sério*. Tradução Nélson Boeira, São Paulo: Martins Fontes, 2002.

Interessante notar que a análise da discricionariedade em sentido forte, que se pode extrair da doutrina positivista, levada a efeito, promove a necessidade de se criar nova obrigação jurídica pelo juiz, como uma regra nova para o futuro, o que por certo é legislar.

Neste contexto, insere-se a discussão entre a teoria positivista e a proposta pelo autor, na qual a inserção dos princípios apresenta-se como vinculação prévia ao julgador, impedindo-o de legislar *ex post facto*, posto que a obrigação jurídica será imposta por uma constelação de princípios.

> Segue daí que, em um caso difícil – quando é impossível encontrar tal regra estabelecida – não existe obrigação jurídica enquanto o juiz não criar uma nova regra para o futuro. O juiz pode aplicar essa nova regra às partes da questão judicial, mas isso é legislar *ex post facto* e não tornar efetiva uma obrigação já existente[26].

O caminho trilhado por Dworkin[27] promove a inserção de pautas morais na justificação da lei, por via de uma teoria normativa que possa identificar não somente a lei, mas também o melhor modo moral.

Nesse sentido, sua teoria busca extrair força normativa dos princípios (de natureza moral) reconhecidos pelo sistema jurídico, impondo, a partir desta normatividade limites à discricionariedade.

A discricionariedade poderá ser analisada por dois sistemas, considerados monofásico e bifásico, que, para os positivistas, teriam dois momentos diferentes para aplicação do direito. O primeiro diz respeito à busca da regra positivada – discricionariedade em sentido fraco – e o segundo, na sua inexistência, o preenchimento da lacuna – discricionariedade em sentido forte – no dizer de Dworkin[28], que utiliza a doutrina positivista como alvo de suas considerações. Para os monistas, o sistema deverá ser observado em sua totalidade, promovendo a integração das instituições e da moral de uma sociedade determinada e, desta forma, não se admitindo a discricionariedade em sentido forte, que é admitida nos sistemas bifásicos, com a constatação de lacuna.

É no sentido forte da discricionariedade que se pode ter um alto grau de incertezas e injustiças, exteriorizadas por lacunas, quando, na verdade, existe um dever legal em decidir do juiz. Esse alto grau de incertezas poderá levar a uma decisão indevida.

A teoria de Dworkin[29] apresenta uma abordagem geral do sistema normativo, que resulta em padrões objetivos, que são suficientes para orientar os juizes nos casos difíceis, para os quais o positivismo leva somente à discricionariedade em sentido forte.

Desta forma, o positivismo jurídico afigura-se superado pela proposta de interpretação que nos apresenta Dworkin[30], uma vez que a leitura do Direito na amplitude

26. Idem, 2002, p. 70-71.
27. Ibid., 2002.
28. Ibid., 2002, p. 35.
29. Dworkin, Ronald. *Levando os Direitos a sério*. Tradução Nélson Boeira, São Paulo: Martins Fontes, 2002.
30. Idem, 2002.

de seus sentidos deve ser promovida não apenas na lei, mas objetivando que diminua a discricionariedade e aumente o grau de acerto das decisões.

Nesse caminho, o juiz tem o dever jurídico de buscar a melhor justificação moral, partindo da análise dos princípios e regras, entendidos como valores morais objetivos, "que um homem razoável poderia interpretar de diferentes maneiras". Fornecendo a esses casos difíceis critérios mais objetivos do que o mero recurso à discricionariedade em sentido forte, sem, contudo, retirar do juiz a discricionariedade em sentido fraco.

De acordo com esse modelo, pode-se dizer que o juiz tem sempre a obrigação de buscar a resposta correta no direito preestabelecido. O juiz, portanto, não deve exercer o seu poder de forma a legislar. A verdadeira resposta aos casos difíceis corresponde à teoria que é capaz de justificar do melhor modo os materiais jurídicos constantes do ordenamento, por via dos princípios e regras.

Admitindo-se por superada a teoria positivista e aderindo ao proposto por Dworkin[31], de onde se extrai força normativa dos princípios e dessa normatividade se promovam limites à discricionariedade, resta-nos a indagação quanto à possibilidade de os juizes realizarem opções políticas em suas decisões.

Assim, à resposta dada na teoria de Dworkin[32], o que se espera da discricionariedade judicial é a de sentido fraco, buscando nos princípios jurídicos a resposta correta, sem se fundamentar em decisões políticas, que em seu entender é "aquele tipo de padrão que estabelece um objetivo a ser alcançado, em geral, uma melhoria em algum aspecto econômico, político ou social da comunidade", que justamente em nosso ordenamento representam as opções sobre alocação de recursos e estabelecimento de prioridades exigidas pelas prestações positivas do Estado.

Nesse sentido, afigura-se, importante trazer a apresentação da obra de Dworkin[33], *Levando os direitos a sério*, da edição espanhola, feita por Calsamiglia[34], que nos dá uma síntese quanto à função judicial:

> ...O modelo de Dworkin evita vários problemas importantes: **o primeiro**, que o juiz não se constitua em legislador, o que significa que o poder judiciário tem como função garantir direitos preestabelecidos. **Em segundo** lugar, a tese de Dworkin é compatível com o postulado da separação de poderes, posto que o juiz está subordinado à lei e ao direito. O poder judiciário é "nulo" – como afirmava Montesquieu – porque sua função é garantir direitos. **Em terceiro lugar**: o modelo da resposta correta recusa a teoria do silogismo, mas aceita seu princípio político básico: o juiz não tem nem pode ter poder político. A função do juiz é garantir os direitos individuais e não assinalar objetivos sociais. A função judicial é distinta da legislativa ou da executiva. **Em quarto lugar**: nos casos difíceis, os juizes não baseiam suas decisões em objetivos sociais ou diretrizes políticas. Os casos difíceis são resolvidos com base em princípios que fundamentam direitos. (Grifo nosso)

31. Ibid., 2002.
32. Ibid., 2002.
33. Ibid., 2002.
34. Calsamiglia, Albert. Apresentação à obra de Ronad Dworkin, in: Dworkin, Ronald. *Derechos em Sério*, Barcelona: Ariel, 1984, p. 20.

As decisões judiciais em casos difíceis não possibilitam que sejam os juizes legisladores e, portanto, devem respeitar as atribuições de competências dadas a cada Poder pelo princípio da separação de poderes. Aos juizes não se atribui poder político, não podendo fundamentar suas decisões em diretrizes políticas e, desse modo, cabe a eles o julgamento com fundamento em regras e princípios do Direito.

A força normativa dos princípios reconhecidos pelo sistema jurídico nos leva ao questionamento contido nas obrigações positivas, a cargo do Estado, que demandam opções políticas para implementação das políticas públicas necessárias à efetividade de direitos sociais. Qual seria, então, a possibilidade ou não da participação da Função Judicial?

Essa preocupação encontra-se, entre nós, em Torres[35], que nos diz que há alguns déficits teóricos, especialmente na zona de transição entre direitos individuais fundamentais e os direitos sociais, que é a projeção para o direito positivo da tensão entre valores de liberdade e de justiça social, que somente pelo enfoque jurídico da cidadania será possível contribuir para a era do direito.

Assim, o referencial teórico do pós-positisvismo expressado pelo pensamento de Dworkin[36] (2002) não nos permite afirmar que haverá possibilidade de uma decisão judicial em casos difíceis, que necessitem de escolhas políticas, ou seja, o exercício da função legiferante. Pelo contrário, obriga que a decisão se funde em princípios que fundamentem Direitos.

Com o objetivo de promover a visualização do exercício da Função Jurisidicional nos casos difíceis e se estão fundamentando-se em questões de princípios e regras ou no poder político das escolhas públicas, promoveremos a análise de algumas decisões.

Estas decisões foram selecionadas a partir do grau de jurisidição, ou seja, da primeira instância e do Supremo Tribunal Federal, enquanto última instância de jurisidição, com o objetivo de apresentar e discutir decisões que envolvam políticas públicas e as suas consequentes prestações positivas.

2. ANÁLISE DE DECISÕES JUDICIAIS BRASILEIRAS SOBRE POLÍTICAS PÚBLICAS

Antes de propriamente promovermos a apresentação dos casos difíceis, é necessária uma primeira abordagem do que se entende por política pública e, para tanto, a distinção que se tem, com Meirelles[37], é a de atos de governo ou atos de política:

> ***Atos políticos*** – Atos políticos são os que, praticados por agentes do Governo, no uso de competência constitucional, se fundam na ampla liberdade de apreciação da conveniência ou oportunidade de sua realização, sem se aterem a critérios jurídicos preestabelecidos.

35. Torres, Ricardo Lobo. *Teoria dos Direitos Fundamentais*, 2. ed. Rio de Janeiro: Renovar, 2001.
36. Dworkin, Ronald. *Levando os Direitos a sério*. Tradução Nélson Boeira, São Paulo: Martins Fontes, 2002.
37. Meirelles, Hely Lopes. *Direito administrativo brasileiro*, 20. ed. São Paulo: Malheiros, 1996, p. 609.

> São atos governamentais por excelência, e não simplesmente de execução de serviços públicos. Daí seu maior discricionarismo e, consequentemente, as maiores restrições para o controle judicial...

Ainda na obra desse saudoso administrativista encontram-se as esclarecedoras palavras de Araújo Castro:

> Questões exclusivamente políticas devem entender-se aquelas que se referem ao exercício de poderes discricionários, isto é, ao exercício de poderes que a Constituição confia à inteira discrição do Legislativo e do Executivo[38].

Definição que converge para a apresentada por Dworkin[39] e já citada acima de que política é o padrão que estabelece um objetivo a ser alcançado, em geral uma melhoria em algum aspecto econômico, público ou social da comunidade.

Outra distinção importante é a apresentada por Piovesan[40] (2003: 32): "O Estado Social se legitima antes de tudo pela realização de políticas, isto é programa de ação. Essas políticas públicas englobam todo o conjunto de atuações estatais no campo social, mediante as políticas sociais".

Para Bobbio, os direitos sociais fundamentais são três: a instrução, o trabalho e à saúde; justificando-os da seguinte forma: "O indivíduo instruído é mais livre do que um inculto, um indivíduo que tem um trabalho é mais livre do que um desempregado; um homem são é mais livre do que um enfermo[41]".

Na realização das opções políticas constantes da Lei Fundamental é necessário que Poderes Constituídos realizem escolhas; neste sentido uma opção política se dará em detrimento de outra opção política. Isto dependendo da relação de força entre os vários grupos políticos e dos procedimentos que são adotados, para que as decisões sejam vinculadoras de toda comunidade[42].

Numa sociedade aberta onde haja pluralidade de visões de mundo e, por outro lado, onde recursos são escassos, fazer escolhas públicas é algo difícil.

Essas escolhas são objeto de ampla discussão entre os vários grupos políticos, cuja decisão somente ocorrerá após grande embate da sociedade por via dos grupos de pressão.

Bobbio nos apresenta uma posição bastante clara, quanto aos caminhos que percorrem as escolhas públicas, distinguindo o que seja poder político das outras formas de poder, sendo:

---

38. Idem, 1999, p. 610.
39. Dworkin, Ronald. *Levando os Direitos a sério*. Tradução Nélson Boeira, São Paulo: Martins Fontes, 2002, p. 36.
40. Piovesan, Flávia. *Proteção Judicial contra as Omissões Legislativas*, 2. ed. São Paulo: Revista dos Tribunais, 2003.
41. Bobbio, Norberto. *Teoria do Ordenamento jurídico*. Tradução de Maria Celeste Cordeiro Leite dos Santos, 10. ed. Brasília: UnB, 1999. p. 507.
42. Idem, p. 220.

> ... portanto para delimitar o campo da política e das ações políticas, é aquele que se funda sobre os meios dos quais as diversas formas de poder se servem para obter os efeitos desejados: o meio do qual se serve o poder político, embora, em última instância, diferente do poder econômico e do poder ideológico, é a força[43].

Assim, o campo que envolve decisões sobre política pública é aquele que inova de forma vinculativa, geral e universal, por caminhos procedimentais, para alcançar os efeitos desejados pela sociedade.

A análise a seguir diz respeito a decisão judicial de primeira instância, que apresenta em seu conteúdo, segundo nossa percepção, não uma decisão jurídica, mas, sim, escolhas de políticas públicas, não delimitadas no campo político.

Ressalte-se que não se trata de pesquisa de campo ou mesmo de levantamento estatístico, sendo que a escolha da decisão tem caráter qualitativo ao objeto do questionamento que se propõe, e não quantitativo.

2.1. Caso da concessão de remédios não constantes das políticas públicas governamentais – em sede de liminar[44]

No presente caso aborda-se decisão judicial, que contempla, a princípio, o direito à prestação positiva pelo Poder Público, consistente à saúde, e, portanto, de um direito social.

Promoveu-se uma detalhada narrativa da ação para delimitar os detalhes que são possíveis em uma pretensão como a presente, sobre políticas públicas e suas reais implicações, tais quais aquelas apresentadas na introdução, onde se narram as mais variadas pretensões e deferimentos, via judicial.

Neste caso, a autora busca em face da União, com pedido liminar, a condenação para a entrega de remédios, pedido em que restou deferido a antecipação dos efeitos da tutela e determinou-se o fornecimento de medicamentos receitados.

A ação pretende compelir a União a fornecer medicamentos prescritos para o combate à esclerose múltipla, doença que a autora sustenta ser portadora.

O Juizo, entendendo satisfeitos os requisitos para a concessão da tutela antecipada, deferiu o respectivo pedido, mediante decisão interlocutória, que obriga o Estado à entrega dos remédios requeridos.

Do pedido inicial pode-se extrair que a autora alega ser portadora da enfermidade denominada de esclerose múltipla e que necessita de medicamentos que lhe foram receitados por seu médico, os quais são de custo elevado, de forma que não pode adquiri-los com recursos próprios.

---

43. Bobbio, Norberto. *Teoria do Ordenamento jurídico*. Tradução de Maria Celeste Cordeiro Leite dos Santos, 10. ed. Brasília: UnB, 1999, p. 221.

44. Processo de origem: 2003.61.17.002013-9 – 1ª Vara da Justiça Federal em Jaú-SP. Requerente (...) *versus* União – processo de competência da Procuradoria Seccional da União-Marília.

Esses medicamentos são os seguintes: *imunoglobina humana 400 mg/kg/dia IV mensalmente; pentoxifilina (trental) 400 mg 3 comp./dia; enoxaparina 20 mg SC diariamente (clexane); clobazam 10 mg VO 12/12 h (Urbanil); baclofeno 10 mg VO, 6/6 h; acetato de glatirâmer 20 mg SC/dia.*

Um primeiro aspecto a ser considerado é que as explicações prestadas pela Divisão Regional do SUS, em Bauru, conduzem ao entendimento de que os medicamentos *clobazan 10 mg, baclofeno 10 mg* e *pentoxifilina 400 mg* estão acessíveis à autora, bastando-lhe apresentar os documentos que comprovem que tais remédios lhe foram aviados por seu médico. Já no que concerne ao *clexane*, a informação que se tem é a de que o Sistema Único de Saúde fornece, em seu lugar, o medicamento *diazepan 10 mg*, também mediante apresentação da receita médica.

Na análise da pretensão da autora pode-se inferir que parte de seu pedido está contido na política pública para tratamento da doença que possui. A outra parte dos remédios solicitados não estão contidos na política pública.

Convém salientar que existe política pública para a doença e que se encontra contemplada pela legislação, sendo, portanto, direito subjetivo.

Todavia, a discussão, embora prevista em políticas públicas já estabelecidas, demanda ainda a concessão de remédios não constantes dessa mesma política, sendo que a discussão há de centrar-se, basicamente, sobre o fornecimento dos remédios *imunoglobina humana 400 mg* e *acetado de glatirâmer 20 mg.*

A resposta dada, em defesa, pelo Poder Público, teve como fundamento que a pretensão a medicamentos para a melhora do estado de saúde da autora, embora perfeitamente compreensível, há de ser satisfeita em conformidade com critérios que, como se verá, são estabelecidos por uma *Política Nacional de Medicamentos,* a qual é parte integrante da *Política Nacional de Saúde,* ambas voltadas a atender, de forma segura e eficaz, àqueles que se encontram em situação semelhante à dela.

A abordagem que se faz da defesa apresentada pelo Poder Público atinge o mérito administrativo, como também, suscita algumas ponderações sobre o princípio da universalidade do orçamento público.

Relativamente ao primeiro tema, *mérito administrativo*, argumentou-se que, para o Estado conseguir atender a todos os que dele necessitam, é preciso que sejam criados Programas de Governo, contendo diretrizes para os órgãos de atuação e prevendo recursos, com suas respectivas origens, que custearão as atividades destinadas à satisfação das necessidades da população.

No caso do fornecimento de medicamentos gratuitos àqueles que não podem custeá-los, esse Programa de Governo foi instituído pela Portaria do Ministério da Saúde nº 3.916/GM, de 30/10/1998, abaixo transcrita:

> Portaria nº 3.916/GM Em 30 de outubro de 1998
>
> **O Ministro de Estado da Saúde**, Interino, no uso de suas atribuições, e Considerando a necessidade de o setor Saúde dispor de política devidamente expressa relacionada à questão de medicamentos; Considerando a conclusão do amplo processo de elaboração da referida política, que envolveu consultas a diferentes segmentos direta e indiretamente envolvidos com o tema; Considerando a aprovação da proposta da política mencionada pela Comissão Intergestores Tripartite e pelo Conselho Nacional de Saúde, **resolve**:
>
> **Art. 1º Aprovar a Política Nacional de Medicamentos, cuja íntegra consta do anexo desta Portaria.**
>
> Art. 2º Determinar que os órgãos e entidades do Ministério da Saúde, cujas ações se relacionem com o tema objeto da Política agora aprovada, promovam a elaboração ou a readequação de seus planos, programas, projetos e atividades na conformidade das diretrizes, prioridades e responsabilidades nela estabelecidas.
>
> Art. 3º Esta Portaria entra em vigor na data de sua publicação. (Negrito acrescido)

Do anexo mencionado no art. 1º dessa Portaria, merece ser reproduzido o seguinte trecho:

> (...)
>
> 1. INTRODUÇÃO
>
> A Política Nacional de Medicamentos, como parte essencial da Política Nacional de Saúde, constitui um dos elementos fundamentais para a efetiva implementação de ações capazes de promover a melhoria das condições da assistência à saúde da população. A Lei nº 8.080/1990, em seu art. 6º, estabelece como campo de atuação do Sistema Único de Saúde – SUS – a "formulação da política de medicamentos (...) de interesse para a saúde (...)".
>
> O seu propósito precípuo é o de garantir a necessária segurança, eficácia e qualidade dos medicamentos, a promoção do uso racional e o acesso da população àqueles considerados essenciais.
>
> **A Política de Medicamentos aqui expressa tem como base os princípios e diretrizes do SUS e exigirá, para a sua implementação, a definição ou redefinição de planos, programas e atividades específicas nas esferas federal, estadual e municipal.**
>
> **Esta Política concretiza metas do Plano de Governo**, integra os esforços voltados à consolidação do SUS, contribui para o desenvolvimento social do País e orienta a execução das ações e metas prioritárias fixadas pelo Ministério da Saúde.
>
> **Contempla diretrizes e define prioridades relacionadas à legislação** – incluindo a regulamentação –, inspeção, controle e garantia da qualidade, seleção, aquisição e distribuição, uso racional de medicamentos, desenvolvimento de recursos humanos e desenvolvimento científico e tecnológico.
>
> **Cabe assinalar, ainda, que outros insumos básicos na atenção à saúde, tais como imunobiológicos e hemoderivados, deverão ser objeto de políticas específicas**. No caso particular dos produtos derivados do sangue, esta Política trata de aspectos concernentes a estes produtos, de que são exemplos questões relativas às responsabilidades dos três gestores do SUS e ao efetivo controle da qualidade. (Grifo nosso)

Dessa forma, a defesa apresentada foi no sentido de que o fornecimento de medicamentos pelo Sistema Único de Saúde é resultado de um Programa de Governo realizado por meio de atos de natureza política, praticados sob a ótica da oportunidade e da conveniência, que compõem o mérito administrativo, de sorte que é vedado ao Judiciário impor à União a obrigação de fornecer um medicamento específico, indicado por um médico a seu paciente.

A seleção dos produtos farmacêuticos a serem fornecidos gratuitamente pelo Sistema Único de Saúde (SUS) segue os critérios estabelecidos pela *Política Nacional de Medicamentos*, com a qual se busca tornar viável o atendimento, de forma segura e eficaz, ao maior número possível de pessoas.

Os critérios para essa seleção dos medicamentos e formação das listas estão previstos, hoje, na Portaria nº 507 do Ministério da Saúde, o que se pede vênia para reproduzir na sequência:

> Portaria nº 507/GM — Em 23 de abril de 1999
>
> O Ministro de Estado da Saúde, no uso de suas atribuições, e considerando: a necessidade de selecionar medicamentos essenciais, capazes de solucionar a maioria dos problemas de saúde da população mediante uma terapia medicamentosa eficaz, segura e de menor custo; a multiplicidade de produtos farmacêuticos disponíveis no mercado e os avanços técnico-científicos com a descoberta de novos medicamentos, resolve:
>
> Art. 1º Publicar a revisão da Relação Nacional de Medicamentos Essenciais - RENAME -, que acompanha esta Portaria, a qual foi efetivada com base nos seguintes critérios de seleção:
>
> 1. medicamentos de valor terapêutico comprovado, com suficientes informações clínicas na espécie humana e em condições controladas, sobre a atividade terapêutica e farmacológica;
> 2. medicamentos de baixa toxicidade;
> 3. medicamentos de composição perfeitamente conhecida, com somente um princípio ativo, excluindo-se, sempre que possível, as associações;
> 4. medicamentos pelo nome do princípio ativo, conforme Denominação Comum Brasileira - DCB - e, complementarmente, conforme Denominação Comum Internacional (DCI);
> 5. medicamentos que disponham de informações suficientes sobre a biodisponibilidade e características farmacocinéticas;
> 6. medicamentos estáveis nas condições de estocagem e uso;
> 7. medicamentos de menor custo de aquisição, armazenamento, distribuição e controle, resguardada a qualidade;
> 8. medicamentos cujo custo do tratamento/dia e o custo total do tratamento sejam inferiores, resguardada a qualidade;.
> 9. formas farmacêuticas, apresentações e dosagem, considerando:
>   a) comodidade para a administração aos pacientes;
>   b) faixa etária;
>   c) facilidade para cálculo da dose a ser administrada; e
>   d) facilidade de fracionamento ou multiplicação das doses;
> 10. medicamentos que supram as necessidades da maioria da população.

> Art. 2º Delegar competência à Secretaria de Políticas de Saúde para proceder a revisão periódica e a atualização permanente da RENAME – 1999.
> Parágrafo único. As propostas de modificações da RENAME serão consideradas mediante encaminhamento do formulário constante do ANEXO I, desta portaria, à Secretaria de Políticas de Saúde, que estabelecerá os mecanismos para implementação do processo de revisão e atualização.
> Art. 3º Esta RENAME deve ser utilizada pelos serviços públicos de saúde, com a necessária adaptação às necessidades dos municípios e dos estados.
> Art. 4º No âmbito do Sistema Único de Saúde – SUS –, as prescrições deverão adotar as denominações genéricas constantes da RENAME.
> Art. 5º Esta Portaria entra em vigor na data de sua publicação, revogando-se as disposições em contrário.

As obrigações impostas à Administração pelo Poder Judiciário, como a constante da decisão, levam-na a adquirir produtos farmacêuticos sem a observância dos critérios acima especificados. Esse procedimento acaba gerando prejuizos à Política Nacional de Medicamentos e, por via de consequência, à Política Nacional de Saúde, como também a outras pessoas que dependem desses Programas de Governo.

Dessa forma, questiona-se se é possível, juridicamente, compelir a Administração, direta ou indireta, a atuar da maneira requerida pela autora, deferida pelo Juizo de primeira instância.

O que se pretende colocar em relevo com essas considerações é que a Política Nacional de Medicamentos gera despesas e estas, para serem realizadas, precisam constar no Orçamento, o que não ocorre no caso dos autos, pois as obrigações impostas pela decisão recorrida não eram conhecidas na oportunidade em que se elaborou a peça orçamentária.

A argumentação em favor da defesa do Poder Público sustentou que há de se considerar que a análise dos atos administrativos pelo Judiciário circunscreve-se à parte correspondente à competência, forma e finalidade, não ao conteúdo do mérito administrativo, já que este é examinado exclusivamente pelo Poder Executivo.

Estas são as diretrizes do caso analisado, em que se apresentam as fundamentações de fato e de direito do pedido da autora e da defesa, para os quais buscar-se-ão fundamentos nos itens seguintes.

3. O PAPEL DA FUNÇÃO JURISDICIONAL: NOS CASOS DIFÍCEIS

Enquanto Instituição política, a principal competência da Função Jurisdicional é controlar a constitucionalidade das leis e demais atos normativos produzidos pelo Legislativo ou pelo Executivo. Como guardião da Constituição espera-se que controle o exercício do poder pelas demais instâncias do Estado de forma a assegurar a vontade do Poder Constituinte. Como realizar sua missão, sem que o Judiciário se torne o único detentor do Poder?

A autonomia judicial não pode ser excessiva, posto que poderá vir a exteriorizar apenas vontade individual do julgador. Do mesmo modo, que nunca poderá ser excessiva a adesão aos princípios constitucionais, em sua aplicação, haja vista que derrogaria todas as regras do sistema que promovem a autonomia, necessária ao cumprimento do controle da vontade política substancial, consolidada no ordenamento, via Constituição. A autonomia judicial, assim, ao se limitar aos conteúdos normativos, regras e princípios, evita que haja arbitrariedade.

Paulo Bonavides[45] nos adverte dos riscos que enfrentamos ao nos distanciarmos da normatividade constitucional, realizando opções políticas, confira-se:

> Acontece, porém, que a moderna metodologia de interpretação da Constituição ampliou demasiadamente a importância do fator político ao ocupar-se da matéria social, empobrecendo assim a consistência jurídica da Constituição normativa ou conduzindo-a a um estado de crise e carência que se avizinha da desintegração.

Afigura-nos que a única forma de se evitar que haja efetivamente um desvio na decisão judicial para o campo da política e em especial o das políticas públicas é a observância do ordenamento, por via das regras e princípios. Tal conduta evita a tentação de decisões subjetivas, de caráter unicamente pessoal, ou em substituição às escolhas atribuídas às demais Funções. A obediência aos comandos normativos da Constituição evita o comportamento autoritário dos poderes governantes, que comodamente se distanciam da rigidez de seus cânones[46].

Por mais contemporâneas que sejam as teorias, entre elas a do pós-positivismo (Dworkin, 2002), seus fundamentos partem de dogmas já consolidados na doutrina, como, por exemplo, os postulados da unidade, da coerência e, se não nestes, em outros, para formularem suas críticas ou adesão a determinada linha de argumentação.

Alexy[47] com a sua formulação dos princípios como mandados de otimização propõe a conexão entre Direito e razão e, para tanto, promove o apontamento dos elementos que definiriam Direito, quais sejam: 1) a legalidade em conformidade com o ordenamento; 2) a eficácia social; e 3) a correção quanto ao conteúdo. Demonstrando claramente que o campo de incidência de sua teoria parte do ordenamento estruturado de um modelo de Estado, qual seja: o Estado Constitucional Democrático.

Assim, a tensão existente entre constitucionalismo e democracia se insere na contradição entre vontade da maioria e limites substanciais ao poder político, controlado pela Função Jurisdicional, como regra constitucional.

A teoria apresentada por Alexy[48] (1989) necessita, para sua leitura, da aceitação da existência de um sistema normativo que veicule princípios e regras do ordenamento, que no seu próprio dizer seria a Constituição.

45. Bonavides, Paulo. *Curso de Direito Constitucional*, 13. ed. São Paulo: Malheiros, 2003.
46. Idem, 2003, p. 484.
47. Robert Alexy em entrevista a Manuel Atienza, *Cuadernos de Filosfía del Derecho*, Doxa nº 24, p. 33.
48. Alexy, Robert. *Teoría de los derechos fundamentales*, Madrid: Centro de Estudios Constitucionales, 1997.

Depreende-se que, a partir desta compreensão poder-se-á ter a definição do que seja sistema interno de regras e princípios se falar em limitação da Função Jurisdicional ao sistema normativo. Nesse sentido Canotilho:

> A articulação de princípios e regras, de diferentes tipos e características, iluminará a compreensão da constituição como um sistema interno assente em princípios estruturantes fundamentais que, por sua vez, assentam em subprincípios e regras constitucionais concretizadores desses mesmos princípios. Quer dizer: a constituição é formada por regras e princípios de diferentes graus de concretização (diferente densidade semântica). Estes princípios ganham concretização através de outros princípios (ou subprincípios) que densificam os princípios estruturantes, iluminando o seu sentido jurídico-constitucional e político-constitucional, formando, ao mesmo tempo, com eles, um sistema interno (a uma união perfeita alude Larens)[49].

A probabilidade de uma decisão judicial ser correta será sempre maior, quando observado o ponto de vista interno do ordenamento, por meio da Constituição e, por consequência, o próprio ordenamento por ela estabelecido. Não há garantias de que haja uma decisão correta, no sentido de ser aquela esperada ou almejada pela parte, mas no sentido de que houve a observância de princípios (de justiça) estabelecidos previamente e não *pós facto,* que certamente levaria ao questionamento de índole subjetiva.

Padilha abordou o tema da resposta correta, concluindo que não há uma única resposta correta, mas decisões justificadas pelos princípios, que, pode-se dizer, decorrem do ordenamento:

> Dessa forma, a regulamentação do direito ao meio ambiente, na sua atual concepção, é acontecimento relativamente recente, consequência das novas e complexas circunstâncias que envolvem os feixes de interesses de uma sociedade de massa, bem como a sua recepção no ordenamento tem exigido uma crescente adequação e adaptação de institutos de direito material e processual, o que torna os casos de confronto que envolva direitos com ele colidentes, casos a tal ponto difíceis, que, mesmo um *sistema jurídico moderno, desenvolvido e complexo,* dificilmente conseguiria regular previamente, em toda a sua extensão e complexidade; e para os quais dificilmente poderia ser fornecida uma única resposta correta[50].

O ordenamento, como sistema axiológico, e, portanto, valorativo, foi laboriosamente apresentado por Canaris[51] (1996) ao propor que:

> Sendo o ordenamento, de acordo com a sua derivação a partir da regra da justiça, de natureza valorativa, assim também o sistema a ele correspondente só pode ser uma ordenação axiológica ou teleológica – na qual, aqui, teleológico não é utilizado no sentido estrito da pura conexão de meios aos fins, mas sim no sentido mais lato de cada realização de escopos e de valores.

49. Canotilho, José Joaquim Gomes. *Direito Constitucional e Teoria da Constituição,* 3. ed. Coimbra: Almedina, 1999. p. 1099.
50. Padilha, Norma Sueli. *Colisão de Direitos Metaindividuais e a Decisão Judicial.* Porto Alegre: SAFE, 2006, p. 91.
51. Canaris, Claus-Wilhelm. *Pensamento Sistemático e Conceito de Sistema na Ciência do Direito.* Tradução de A. Menezes Cordeiro, 2. ed. Lisboa: Fundação Calouste Gulbenkian, 1996, p. 66-7.

Para Canaris a regra da justiça é a condição da possibilidade de qualquer pensamento jurídico, que por ser racionalmente orientado e demonstrável, traduz o princípio da justiça de tratar o igual de modo igual e o diferente de forma diferente, de acordo com a medida da sua diferença. Garantindo, assim, a adequação formal, em consonância com a sua justificação, a partir do princípio formal da igualdade e não da justeza material[52].

O ponto de vista interno do ordenamento é, portanto, distinto do ponto de vista externo, posto que não se vincula em razões de custo/benefício, que é a justeza material, assinalada por Canaris[53]. Devendo, sim, ser observadas as razões de direito e moral, valorados por meio de uma interpretação do ordenamento.

A adoção do ponto de vista interno do ordenamento permitirá não a vontade subjetiva do julgador, mas, sim, uma autonomia pessoal, na esfera normativa, que delimitará o campo de atuação do Judiciário.

Partindo do sistema normativo, pelo ponto de vista interno, verifica-se que os juizes devam promover uma firme adesão ao conteúdo das normas básicas do ordenamento e que se mantenham imparciais em relação aos conflitos de interesses que têm de resolver e distantes das questões externas ao ordenamento.

A questão, portanto, refere-se ao contexto do que se pretende que seja autonomia judicial, se esta abrange somente questões de Direitos ou se poderá manifestar-se sobre questões de política.

A doutrina chamada de judicialização da política (Loewenstein)[54], diferentemente do que se lhe possa atribuir, propõe que as questões políticas se afastem da decisão judicial, em seu contexto de escolha, ficando restritas ao controle do exercício da política, por meio do ordenamento.

Nesse contexto, há que entender por autonomia judicial aquela que possui independência do político, sendo, nesse sentido, âmbito da política aquele que demanda por negociação e o compromisso, que a decisão judicial não pode promover, por lhe faltar legitimidade democrática.

Assim, se se entender que à autonomia judicial se atribuem requisitos da política, estar-se-á lesionando a própria competência, que é a de controle e não de escolha da vontade das maiorias e, por consequência, adotando-se o ponto de vista externo do sistema normativo.

É justamente a inversão dos velhos conceitos que se propõe, e este recai sobre os fundamentos já estabelecidos da separação de poderes. E que ao se atribuir escolhas de políticas públicas a Função Judicial estará se distanciando de sua verdadeira função, qual seja, de colocar limites às possíveis arbitrariedades nas escolhas dos representantes eleitos para manifestar a vontade geral.

52. Idem, 1996, p. 75-76.
53. Ibidem, 1996.
54. Loewenstein, Karl. *Teoría de la Constitución*, 4ª impr. Barcelona: Ariel, 1986, p. 305.

Esta opção de controlador e não de executor de opções políticas exige alguns requisitos, para que não se incorra no que se tem denominado genericamente judicialização da política. O Judiciário, e especialmente o Supremo Tribunal Federal, como Tribunal Constitucional, ao interpretar as questões deve pautar-se pelos princípios e regras constitucionais, previamente escolhidos e positivados, e se afastar das questões inerentes às escolhas políticas.

A estabilidade consiste na manutenção da identidade do sistema e são justamente os juizes os encarregados de manter essa estabilidade e, por conseguinte, impedir o descumprimento das disposições constitucionais. O juiz é o responsável por avaliar e controlar juridicamente a conduta governamental e legislativa de acordo com as pautas constitucionais.

Assim, por definição constitucional, é que teremos nas mãos do Judiciário a última palavra, e neste contexto é que se insere a maior crítica da doutrina (Waldron, Dahal e outros) sobre não ser o Judiciário legitimado democraticamente para fazê-lo.

Dessa forma, a adoção do ponto de vista interno do sistema na decisão judicial parece que irá reforçar a democracia e fatalmente perderá sua força, uma vez que não se está usurpando a opção política dos que foram eleitos e que são, portanto, politicamente responsáveis.

Nesse contexto, somente é possível tal afirmação se a autonomia judicial se afastar das deliberações políticas e se assentar estritamente no ordenamento, limitando sua atividade a decisão de cunho eminentemente jurídico. Tal procedimento, se assim observado, gerará por parte da comunidade dos intérpretes da Constituição, Peter Häberle[55], a aceitação e legitimação do poderes constituídos, ou seja, do Judiciário. A confiança na correção, portanto, depende da adesão incondicionada à Constituição democrática, que é a que possibilita o respaldo da decisão judicial, sem que tal procedimento interfira nas competências relativas às escolhas, mas somente na sua adequação ou não com o sistema normativo.

Ao promover uma interpretação conforme os fundamentos constitucionais, promove-se a adequação da conduta de cada interlocutor, de acordo com essa vontade geral preordenada e não em manifestações atribuídas ao parlamento, pois, segundo a Constituição, o Tribunal não está promovendo escolhas, mas exigindo seu cumprimento.

A aceitação de que um Tribunal, composto por membros não eleitos democraticamente, possa confirmar ou mesmo alterar as decisões de representantes democraticamente, depende do respeito à Constituição, com seus princípios e regras, que impõe os limites substantivos à decisão proferida pela Corte.

55. Häberle, Peter. *Hermenêutica constitucional*: sociedade aberta dos intérpretes da Constituição: contribuição para a interpreteção pluralista e procedimental da Constituição, Porto Alegre: Sérgio Antonio Fabris Editor, 2002.

Michel Troper (2003: 72), ao discorrer sobre o Poder Judiciário, após analisar várias correntes doutrinárias, apresenta a seguinte conclusão, para a reformulação do pensamento americano ao tema da democracia:

> Com efeito, para admitir que a corte garanta o respeito à vontade do povo estabelecido na constituição é necessário pressupor que esta se limita a aplicar a constituição, sem exercer o poder discricionário, por que a interpretação não é mais que uma função do conhecimento do que o povo está realmente em situação de corrigir as interpretações dadas a sua vontade[56].

Se por outro lado, a decisão judicial, com sua autonomia, decidir por deliberações políticas e não se assentar estritamente no ordenamento, resultará no rompimento do princípio da igualdade. Nesta linha de argumentação a decisão judicial, quando recai sobre questões de políticas públicas, não pode se afastar da ponderação do princípio da igualdade. Decerto, há que se ter em mente que a igualdade substancial é muito mais do que um jogo semântico, a que possa se atribuir o sentido que bem se deseja.

A lição de Bobbio mostra que seriam possíveis quatro perguntas para se aproximar de uma resposta sobre o que é igualdade: "1) igualdade de alguns em alguma coisa; 2) igualdade de alguns em tudo; 3) igualdade de todos em alguma coisa; 4) igualdade de todos em tudo"[57].

A proposição que, *a priori*, representaria a aplicação do princípio da igualdade estaria vinculada à igualdade de todos em tudo, uma vez que a maioria das desigualdades são desigualdades sociais e, portanto, superáveis, do ponto de vista de Bobbio[58].

Vieira[59], partindo da análise da proposta de Bobbio, apresenta a igualdade distributiva, para uma análise da distribuição de direitos ou recursos, adotada pela Constituição de 1988, que busca encontrar um critério justo para distribuir recursos escassos entre os membros de uma sociedade.

Para o tema do presente trabalho, entre os critérios apresentados por Vieira[60] para distribuição de recursos e direitos, interessa o que diz respeito ao critério da universalização de alguns recursos públicos, como educação básica e saúde, caracterizando que todos têm acesso universal, independentemente de mérito ou necessidade, representado pela proposição: "todos têm direito a iguais parcelas de X". Encontram-se tipificados, respectivamente, nos arts. 206 e 208 de nossa Constituição: "*A educação é direito de todos e dever do Estado...*" e que a "*saúde é direito de todos e dever do Estado...*", por meio de "*acesso universal e igualitário às ações e serviços para sua promoção, proteção e recuperação*", também de acordo com o art. 196 da Constituição.

56. Troper, Michel. *El Poder Judicial y la Democracia*. Isonomía, n. 18, 2003. Disponível em: <www.cervantesvirtual.com/portal/isonomia/cuadernos.shtml>. Acesso em: 13/01/2005.
57. Bobbio, Norberto. *Teoria Geral da Política*: a filosofia política e as lições dos clássicos. Tradução Daniela Beccaccia Versiani, Rio de Janeiro: Campus, 2000, p. 298.
58. Idem, 2000, p. 305.
59. Vieira, Oscar Vilhena. *Direitos Fundamentais*, São Paulo: Malheiros, 2006, p. 80.
60. Idem, 2006, p. 81.

Da leitura que se faz da abordagem, tanto de Bobbio (2000) como de Vieira (2005), percebe-se que as opções políticas deveriam estar respaldadas pelo princípio da igualdade, quer pela visão tradicional de tratar os iguais igualmente, como aos desiguais desigualmente, como pela proposição contemporânea de ampliar os critérios e estes podendo ser os da universalidade, da necessidade e da diferença.

Delimitando-se que o princípio da igualdade deve abranger as políticas públicas a partir de atribuição de mesma parcela a todos, no sentido da universalidade. Ao decidir sobre questões de políticas públicas distribuindo direitos sociais individualmente, a decisão judicial rompe com o princípio da igualdade.

Por isso, há que se privilegiar, também, a decisão política, nos termos de políticas públicas, para que não se rompa com o princípio da igualdade, uma vez que a decisão judicial, no caso concreto, sempre atribuirá direitos a indivíduos ou grupos de indivíduos, em prejuízo de outros, que estavam acobertados pela política da universalização dos Direitos Sociais.

Bobbio[61] apresenta uma síntese sobre o tema "direitos sociais" que:

> [...] em oposição aos direitos individuais, por *direitos sociais* entende-se o conjunto das pretensões ou exigências das quais derivam expectativas legítimas que os cidadãos têm, não como indivíduos isolados, uns independentes dos outros, mas como indivíduos sociais que vivem e, não podem deixar de viver, em sociedade com outros indivíduos.

Entre nós, Piovesan após discorrer sobre as características do Estado Social, que é aquele que "aceita o desafio da sociedade, arrogando-se uma função distributiva e promocional", assenta:

> A igualdade converte-se, assim, em valor essencial do sistema constitucional, tornando-se critério imperativo para a interpretação constitucional em matéria de direitos sociais. Eleva-se o direito à igualdade a direito-guardião do Estado Social.
>
> [...] A igualdade material não se oferece, cria-se; não se propõe, efetiva-se; não é um princípio, mas uma consequência. O conteúdo do direito à igualdade consiste sempre num compromisso positivo, num *facere*, num *dare*[62].

Assim os direitos sociais, para que possam expressar a vida em sociedade, jamais poderão perder o caráter da igualdade, sob pena de se cometer, no caso concreto, injustiça e a distribuição desigual de recursos públicos.

---

61. Bobbio, Norberto. *Teoria Geral da Política: a filosofia política e as lições dos clássicos*. Tradução Daniela Beccaccia Versiani. Rio de Janeiro: Campus, 2000, p. 501.
62. Piovesan, Flávia. *Proteção Judicial contra as Omissões Legislativas*, 2. ed. São Paulo: Revista dos Tribunais, 2003, p. 333-5.

4. CONSIDERAÇÕES FINAIS

De tal afirmação se podem sintetizar as seguintes conclusões: a) uma função essencial dos juizes é serem os garantidores da qualidade democrática das decisões políticas, a adoção de um paradigma material para a interpretação dos princípios constitucionais, especialmente aqueles vinculados com a igualdade, evitando a discriminação; b) o controle de qualidade democrática há de limitar-se às questões vinculadas, como os princípios básicos do sistema, não devendo intervir naquelas que constitucionalmente estão baseadas na negociação e o compromisso dos partidos políticos que integram o parlamento. Uma coisa é a aplicação de um paradigma material de igualdade e outra é a intervenção em assuntos decididos de acordo com o princípio da maioria. Portanto, controle de qualidade democrática não significa judicialização da política.

3

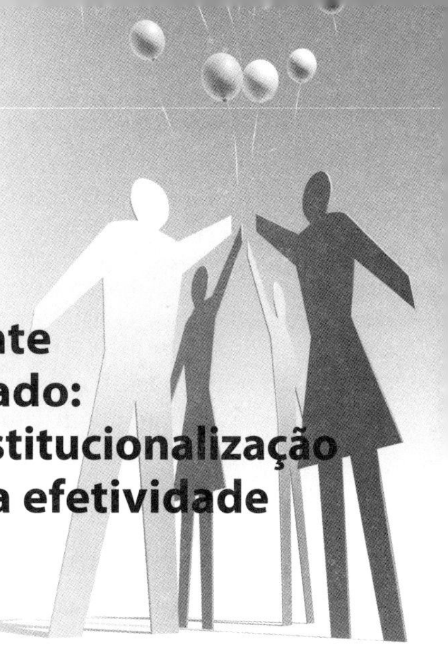

O direito ao meio ambiente ecologicamente equilibrado: a contribuição de sua constitucionalização frente aos desafios de sua efetividade

NORMA SUELI PADILHA*

Sumário: Introdução. 1. A constitucionalização do direito ao meio ambiente. 2. O meio ambiente como um direito humano fundamental. 3. Dos mecanismos de implementação da norma ambiental constitucional. 4. Os desafios para efetividade do direito ambiental constitucional. 5. Considerações finais.

INTRODUÇÃO

A constitucionalização do direito ao meio ambiente ecologicamente equilibrado, pela Constituição Federal de 1988, enquanto um direito essencial à sadia qualidade de vida de "todos", cuja proteção depende da atuação solidária do Poder Público e da coletividade, e a garantia de sua efetividade perpassa pelo implemento de inúmeras políticas públicas, trata-se de um corajoso e importante compromisso da sociedade brasileira, constitucionalmente assumido, e de cujo efetivo e real cumprimento depende a qualidade de vida, inclusive, das futuras gerações.

A previsão constitucional referida ao meio ambiente na Carta brasileira de 1988 consubstanciou-se em um grande avanço na sistematização da proteção jurídica do meio ambiente e na construção teórico-normativa do Direito Ambiental brasileiro.

* Doutora pela PUC/SP. Professora do Programa de Mestrado em Direito do Centro Universitário Eurípedes de Marília – Univem, Professora Adjunta da Universidade Federal do Mato Grosso do Sul – UFMS, pesquisadora líder do Grupo de Pesquisa do CNPq: Gramática dos Direitos Fundamentais, autora de livros *Do meio ambiente do trabalho equilibrado*, Ed. LTr, e *Colisão dos Direitos Metaindividuais e a Decisão Judicial,* Sérgio Antonio Fabris Editor.

Nenhuma carta constitucional anterior referiu-se ao termo "meio ambiente" e, por sua vez, antes do texto constitucional de 1988, as normas ambientais infraconstitucionais não ofereciam a sistematização necessária para uma maior integração entre as diversas e complexas temáticas que envolvem a questão ambiental nacional.

Neste contexto, após 20 anos da promulgação da carta constitucional de 1988, que dentre as Constituições pioneiras no mundo alçou a proteção e preservação do meio ambiente como um direito fundamental, identificando-se como um marco histórico na construção normativa do Direito Ambiental Constitucional, parece oportuno uma reflexão sobre os desafios de sua implementação e efetividade.

1. A CONSTITUCIONALIZAÇÃO DO DIREITO AO MEIO AMBIENTE

As Constituições brasileiras, anteriores ao texto constitucional de 1988, não lograram dar nenhum destaque ou importância à questão ambiental, não fazendo uma referência sequer ao "meio ambiente" de forma direta, tampouco demonstrando preocupação com relação à utilização irracional e degradadora de recursos ambientais, não dedicando ao meio ambiente, enquanto bem jurídico autônomo, qualquer proteção jurídica específica.

Nos textos constitucionais anteriores à Carta de 1988, alguns elementos integrantes do meio ambiente, como por exemplo, a água, as florestas, os minérios, a caça e a pesca, foram referidos de forma diluída e dissociada de uma ideia holística, o que demonstra muito mais uma preocupação referida ao seu sistema de apropriação e utilização, ou apenas ao regime de competências legislativas entre os entes da Federação.

Registre-se que, desde a CF/1934 destacou-se a proteção do patrimônio histórico, cultural e paisagístico, e que a função social da propriedade iniciou-se na CF/1946 (arts. 147 e 148), mas que não se consolidou com a intenção de proteção ao patrimônio ambiental.

O passo decisivo para a sistematização do Direito Ambiental Constitucional brasileiro foi realmente dado pela Constituição Brasileira de 1988 que, além de fazer referências explícitas e diretas em várias partes do texto constitucional, impondo deveres ao Estado e à sociedade com relação ao meio ambiente[1], também dedicou todo um capítulo para tratar da tutela e proteção do "meio ambiente ecologicamente equilibrado", consoante previsão do art. 225, que dispõe:

> *Todos têm direito ao meio ambiente ecologicamente equilibrado, bem de uso comum do povo e essencial à sadia qualidade de vida, impondo-se ao poder público e à coletividade o dever de defendê-lo e preservá-lo para as presentes e futuras gerações.*

Vislumbra-se no *caput* do art. 225 da Constituição brasileira, além da influência

1. Vide arts. 5º, inciso LXXIII, 23, incisos VI e VII, 24, incisos VI e VIII, 129, inciso III, 170, inciso VI, 171, § 3º, 200, inciso VIII, e 216, inciso V.

da abordagem do Direito Internacional do Meio Ambiente, dada a questão ambiental global, o estabelecimento de um marco para o Direito Ambiental Constitucional brasileiro, ao proclamar de forma inédita em um texto constitucional nacional, e dentre as constituições pioneiras em tão importante iniciativa[2], o "direito ao meio ambiente ecologicamente equilibrado", enquanto um direito de terceira dimensão, de titularidade humanitária e implementação solidária.

O texto normativo do art. 225 assume a influência das diretrizes principiológicas resultantes da primeira grande conferência mundial a envolver os países desenvolvidos e em desenvolvimento por ocasião da Conferência de Estocolmo de 1972, convocada pela ONU, e que discutiu os principais problemas ambientais que já alcançavam uma dimensão global.

Pode-se afirmar que o impulso para a afirmação do Direito Internacional do Meio Ambiente se deu na Conferência de Estocolmo, onde se proclamou em âmbito mundial, pela primeira vez, a necessidade de se defender e melhorar o meio ambiente, não só para as presentes, mas também para as futuras gerações, e que tal finalidade é um imperativo para a humanidade, um fim que deve ser visado juntamente e em harmonia com os fins estabelecidos e fundamentais da paz e do desenvolvimento social e econômico globais. Desta forma a Conferência de Estocolmo se firmou como o marco histórico da construção normativa do DIMA.

Foi a Declaração de Princípios da Conferência de Estocolmo que proclamou, de forma pioneira desde as primeiras cartas de direitos oriundas das Revoluções Burguesas, o reconhecimento de que, dentre os direitos fundamentais do homem, além da liberdade e igualdade, encontra-se também o direito a adequadas condições de vida, num meio ambiente cuja qualidade permita uma vida de dignidade e bem-estar. Ressaltando que o reconhecimento de tal direito implica na solene responsabilidade de proteger e melhorar o meio ambiente não só para as presentes, mas também para as futuras gerações. Trata-se, portanto, de um direito não só fundamental, mas também geracional, ou seja, das futuras gerações que também possuem iguais direitos à preservação dos recursos naturais da terra.

> ***Princípio 1.*** O homem tem o direito fundamental à liberdade, igualdade e adequadas condições de vida, num meio ambiente cuja qualidade permita uma vida de dignidade e bem-estar, e tem a solene responsabilidade de proteger e melhorar o meio ambiente, para a presente e as futuras gerações...[3].

2. Iugoslávia (1974); Grécia (1975); Polônia (Emenda 1976); Portugal (1976); Espanha (1978).

3. ***Princípio 2.*** Os recursos naturais da terra, incluindo o ar, água, terra, flora e fauna e, especialmente as amostras representativas de ecossistemas naturais, devem ser preservadas para o benefício da presente e futuras gerações, através de um planejamento ou gestão cuidadosos, quando for o caso. ***Princípio 3.*** A capacidade de a terra produzir recursos vitais renováveis, deve ser mantida e, onde possível, restaurada e melhorada. ***Princípio 4.*** O homem tem uma especial responsabilidade de defender e criteriosamente administrar a herança da vida selvagem e seus hábitats, que se encontram, agora gravemente ameaçados por uma combinação de fatores desfavoráveis. A conservação da natureza, incluindo a vida selvagem, deve, assim, ser considerada importante nos planos de desenvolvimento econômico. ***Princípio 5.*** Os recursos não renováveis da terra devem ser empregados de maneira a serem preservados contra

A Declaração de Princípios da Conferência de Estocolmo destacou também a importância de que o desenvolvimento econômico e social é responsável não só por assegurar uma vida melhor ao ser humano, mas também por manter condições de vida na terra essenciais à melhoria dessa qualidade de vida (Princípio 8). Embora a Conferência tenha produzido apenas documentos de natureza de *soft law*[4], revela sua destacada importância para a construção do Direito Internacional do Meio Ambiente, mesmo porque instituiu um organismo especialmente dedicado ao meio ambiente, como órgão subsidiário da Assembleia Geral da ONU, o Programa das Nações Unidas sobre o Meio Ambiente – PNUMA, revelando sua importância na influência que passa a exercer sobre a legislação interna dos Estados.

> A Declaração sobre o Meio Ambiente Humano, adotada em Estocolmo pela Conferência das Nações Unidas sobre o Meio Ambiente Humano, de 5 a 16/06/1972, pode ser considerada como um documento com a mesma relevância para o Direito Internacional e para a Diplomacia dos Estados que teve a Declaração Universal dos Direitos do Homem (adotada pela Assembleia Geral da ONU em 10/12/1945). Na verdade, ambas as Declarações têm exercido o papel de verdadeiros guias e parâmetros na definição dos princípios mínimos que devem figurar tanto nas legislações domésticas dos Estados, quanto na adoção dos grandes textos do Direito Internacional da atualidade[5].

Dessa forma, a Constituição brasileira ao albergar a proteção jurídica ao "direito ao meio ambiente ecologicamente equilibrado", em 1988, seguiu as indicações desta primeira Conferência Mundial que tratou da questão ambiental como uma temática global. Tal assimilação de contornos da matéria jurídico-ambiental na Constituição brasileira verifica-se também no texto do art. 170, que define os princípios da ordem econômica, destacando dentre eles a defesa do meio ambiente, assumindo, assim, a proposta de um desenvolvimento com sustentabilidade, conforme os parâmetros indicados no Relatório Brundtland[6], que firmou o reconhecimento oficial de que o meio ambiente deve ser parte integrante do processo de desenvolvimento.

Assim, o direito ao *meio ambiente ecologicamente equilibrado* foi erigido pela Constituição Federal de 1988, como bem essencial à sadia qualidade de vida, garantido como um direito fundamental, por meio de uma normatividade extremamente instigante e abrangente, que quebra, inclusive, o paradigma da normatividade tradicional do ordenamento jurídico pátrio. É um direito que traduz, pela primeira vez,

---

o perigo de sua futura exaustão, e os benefícios de sua utilização deverão ser compartilhados por toda humanidade.

4. Regras cujo valor normativo seria limitado, seja porque os instrumentos que as contêm não seriam juridicamente obrigatórios, seja porque as disposições em causa, ainda que figurando em um instrumento constringente, não criariam obrigações de direito positivo, ou não criariam senão obrigações pouco constringentes. In: Nasser, Salem Hikmat. *Fontes e Normas do Direito Internacional*: um estudo sobre a soft law. São Paulo: Atlas, 2005, p. 25.

5. Soares, Guido Fernando Silva. *Direito Internacional do meio ambiente: emergência, obrigações e responsabilidades*, São Paulo: Atlas, 2003, p. 55.

6. Divulgado em 1987 pela Comissão Mundial sobre Meio Ambiente e Desenvolvimento (CMMAD), também conhecido como "Nosso Futuro Comum", foi um dos documentos que conferiram as bases para as discussões realizadas na Rio/92.

um compromisso intergeracional, um pacto da atual geração com a geração futura, no sentido de respeito e preservação do equilíbrio ambiental como um bem comum.

Refere-se Antonio Herman Benjamin à "ecologização do texto constitucional"[7], e na adoção de um novo paradigma ético-jurídico, político-econômico, onde o "eu individualista é substituído pelo nós coletivista", uma vez que ao reconhecer o direito ao meio ambiente a CF/1988 adota uma nova ordem pública, "centrada na valorização da responsabilidade de todos para com as verdadeiras bases da vida, a Terra". Denuncia que o paradigma constitucional anterior possuía uma visão fragmentada, de mera exploração de recursos ambientais, e o paradigma atual atende uma visão sistêmica e holística do meio ambiente, contendo um compromisso ético para com as futuras gerações de não esgotamento dos recursos naturais, além de uma atualização do direito de propriedade que contém uma nova dominialidade de certos recursos ambientais e o comprometimento com a função social.

Pode-se afirmar que a juridicidade ambiental adotada constitucionalmente está de acordo com um modelo de "Estado constitucional ecológico" e de uma "democracia sustentada", que, conforme Canotilho, é aquele que adota a "tarefa básica do novo século: a sustentabilidade ecológico-ambiental"[8].

> Estado de direito, hoje, só é Estado de direito se for um Estado protector do ambiente e garantidor do direito ao ambiente; Mas o Estado ambiental e ecológico só será Estado de direito se cumprir os "deveres de juridicidade" impostos à actuação dos poderes públicos.

2. O MEIO AMBIENTE COMO UM DIREITO HUMANO FUNDAMENTAL

Vislumbra-se no art. 225 da CF/1988 e seus parágrafos a consagração de um texto normativo constitucional de textura extremante abrangente e diferenciada. Ressalte-se de sua análise que nele se consagram os seguintes aspectos de suma importância: trata-se de um ***direito fundamental*** - *o direito ao meio ambiente ecologicamente equilibrado*; nele se verifica a definição de um bem jurídico diferenciado, de *uso comum do povo e essencial à sadia qualidade de vida* - ***o bem ambiental***; bem como, a afirmação de um **dever solidário** imposto ao Estado e à coletividade - *defender e preservar o meio ambiente*; consagra um **direito intergeracional**, ou seja, destina a preservação do equilíbrio do meio ambiente também para aqueles que ainda não podem gozá-lo - *as futuras gerações*; além de prever garantias para a efetividade desse direito - *na imposição de atuações positivas do poder público por meio de adoção de* ***Políticas Públicas Ambientais***.

Mas destaca-se, também, do conteúdo normativo incluso no texto do art. 225 da CF, a afirmação de que se trata de um **"direito de todos"**, o que claramente rompe com qualquer concepção tradicional de apropriação privada de parcelas do meio

7. Canotilho, J. J. Gomes; Leite, José Rubens Morato (Orgs.). *Direito Constitucional Ambiental Brasileiro*, São Paulo: Saraiva, 2007, p. 58.
8. Canotilho & Leite, idem, ob. cit., p. 6.

ambiente equilibrado, denotando a natureza diferenciada desse direito, para além da dimensão do indivíduo ou de grupos de indivíduos, reclamando uma titularidade de característica nitidamente "**metaindividual**"[9].

O Supremo Tribunal Federal brasileiro já reconheceu o direito à preservação do meio ambiente, consoante definido no art. 225 da CF como um direito fundamental de terceira geração:

> .... o direito à integridade do meio ambiente – típico direito de terceira geração – constitui prerrogativa jurídica de titularidade coletiva, refletindo, dentro do processo de afirmação dos direitos humanos, a expressão significativa de um poder atribuído, não ao indivíduo identificado em sua singularidade, mas, num sentido verdadeiramente mais abrangente, à própria coletividade social. Enquanto os direitos de primeira geração (direitos civis e políticos) – que compreendem as liberdades clássicas, negativas ou formais – realçam o princípio da liberdade e os direitos de segunda geração (direitos econômicos, sociais e culturais) – que se identificam com as liberdades positivas, reais ou concretas – acentuam o princípio da igualdade, os direitos de terceira geração, que materializam poderes de titularidade coletiva atribuídos genericamente a todas as formações sociais, consagram o princípio da solidariedade e constituem um momento importante no processo de desenvolvimento, expansão e reconhecimento dos direitos humanos, caracterizados, enquanto valores fundamentais indisponíveis, pela nota de uma essencial exauribilidade[10].

Destaque-se, ademais, que o "direito ao meio ambiente ecologicamente equilibrado", se qualifica como um direito fundamental em sua "dupla dimensionalidade", dotado de uma dimensão tradicional subjetiva (individual), e de uma dimensão objetiva, que "expressa valores almejados por toda a comunidade política", consubstanciando o reconhecimento dessa dupla dimensão, na percepção da tarefa básica a ser cumprida de "harmonização dos interesses, individualmente considerados, com aqueles interesses de toda a comunidade"[11].

Com a ideia de fundamentação subjetiva das normas consagradoras de direitos fundamentais, procura-se salientar basicamente o seguinte, segundo Canotilho: "um fundamento é subjetivo quando se refere ao significado ou relevância da norma consagradora de um direito fundamental para o indivíduo, para os seus interesses, para a sua situação da vida, para a sua liberdade". Assim, "verificar-se-á um fundamento 'subjetivo' ou 'individual', se estiver em causa a importância desta norma para o indivíduo, para o desenvolvimento de sua personalidade, para os seus interesses e ideias". Por outro lado, fala-se de uma fundamentação objetiva, de uma norma consagradora, de um direito fundamental, "quando se tem em vista o seu significado para a colectividade, para o interesse público, para a vida comunitária"[12].

9. Cappelletti, Mauro. "Formações sociais e interesses coletivos diante da justiça civil". *Revista de Processo*, São Paulo, nº 5, 1977.
10. STF, DJU, 30/10/95, p. 39206, MS nº 22.164-SP, Rel. Min. Celso de Mello.
11. Guerra Filho, Willis Santiago. *Processo Constitucional e direitos fundamentais*, p. 66.
12. Canotilho, J. J. Gomes. *Direito Constitucional*, 6. ed. Coimbra: Livraria Almedina, 1995, p. 535.

Nesse sentido, desfeita a singularidade da face subjetiva do direito fundamental ao meio ambiente equilibrado, ressalvamos a afirmação de Bonavides[13] para quem a multilateralidade dessas relações certifica que os direitos fundamentais já não ficam restritos à cidadania burguesa, ao seu Direito, ao seu Estado legislativo, ao seu código, à sua razão, senão que se irradia por igual, materialmente, a todas as camadas sociais, levando consigo *um novo direito* – o direito do Estado constitucional, o direito da Constituição, da Sociedade, do sistema, dos princípios constitucionais que fundamentam uma República democrática de Direito, como a da Constituição de 1988.

Por sua vez, o direito fundamental ambiental é alicerçado constitucionalmente sobre novos pilares que implicam em mecanismos de políticas públicas, gestão solidária e responsabilidade compartilhada, tudo em prol de sua efetiva concretização, pois conforme bem acentua José Joaquim Gomes Canotilho:

> a força normativa da Constituição ambiental dependerá da concretização do programa jurídico-constitucional, pois qualquer Constituição do ambiente só poderá lograr força normativa se os vários agentes – públicos e privados – que actuem sobre o ambiente o colocarem como fim e medida das suas decisões[14].

Registre-se, ainda, que as normas de proteção ao meio ambiente atuam como um complemento aos direitos do homem, principalmente o direito à vida digna e à saúde, direitos que não se efetivam sem a qualidade ambiental, o homem e o meio ambiente fazem parte da mesma teia de vida, portanto, a efetividade das normas ambientais implica a efetividade de direitos humanos fundamentais[15].

3. DOS MECANISMOS DE IMPLEMENTAÇÃO DA NORMA AMBIENTAL CONSTITUCIONAL

Como claramente dispõe o próprio texto normativo do art. 225, "*todos têm direito ao meio ambiente ecologicamente equilibrado*" e o dever de preservá-lo cabe, conjunta e concomitantemente, ao Estado e à sociedade. Ao reconhecer o direito ao meio ambiente ecologicamente equilibrado, a Constituição brasileira alberga um valor referido à fraternidade, que exige uma carga significativa de responsabilidade, qual seja, solidária e compartilhada entre todos os atores sociais, além de intergeracional, uma vez que atribui a conquista da sadia qualidade de vida das futuras gerações a atuações proativas das atuais[16].

13. Bonavides, Paulo. *Curso de Direito Constitucional*, 13. ed. São Paulo: Malheiros, 1999, p. 586.

14. Canotilho, J. J. Gomes; Leite, José Rubens Morato (Orgs.). *Direito Constitucional Ambiental Brasileiro*, São Paulo: Saraiva, 2007, p. 5.

15. Não basta a existência da norma, mas sua real aplicação é imprescindível, ou seja, sua efetividade, que no dizer de Luís Roberto Barroso, é "o desempenho concreto de sua função social. Ela representa a materialização, tão íntima quanto possível, entre o dever-ser normativo e o ser da realidade social". *O direito constitucional e a efetividade de suas normas,* p. 83.

16. Ressalte-se que, a solidariedade para com as futuras gerações impõe, segundo Canotilho, um quadro normativo ambiental centrado no desenvolvimento sustentável, no aproveitamento racional de recursos e na salvaguarda da

A Constituição preocupou-se em fixar mecanismos de implementação, indicando direitos e deveres relacionados à eficácia do Direito Ambiental, conforme o disposto nos parágrafos do art. 225 do Texto constitucional, reconhecendo que a defesa de tal direito exige resultados concretos a serem conquistados pela aplicação de instrumentos preventivos, reparatórios e sancionatórios postos à disposição dos implementadores. Mas também destinou um papel de destaque ao Estado no dever de defendê-lo e preservá-lo, impondo tarefas árduas e complexas ao implementadores da juridicidade ambiental, consoante os deveres impostos nos parágrafos do artigo citado. Ressalte-se que efetividade, no dizer de Luís Roberto Barroso[17], designa:

> a atuação prática da norma, fazendo prevalecer, no mundo dos fatos, os valores por ela tutelados. Ela simboliza a aproximação, tão íntima quanto possível, entre o dever-ser normativo e o ser da realidade social. Ao ângulo subjetivo, efetiva é a norma constitucional que enseja a concretização do direito que nela se substancia, propiciando o desfrute real do bem jurídico assegurado.

Se, após 20 anos da consagração do direito ao equilíbrio do meio ambiente, pela via constitucional, pouco temos a comemorar no sentido do real avanço da proposta constitucional de sustentabilidade ambiental, releva de importância destacar-se o avanço e o aprimoramento significativo da legislação ambiental, ocorrido sob sua influência e comando, até para que se possa, por meio da conscientização cidadã, posicionar-se diante das atuais pressões político-econômicas no sentido do desmanche da normatividade ambiental brasileira.

Após a promulgação da Carta de 1988, várias Constituições estaduais e Leis Orgânicas municipais adotaram a juridicidade ambiental, obedecendo aos comandos do novo paradigma ecológico constitucional.

Ressalte-se também a importância na construção normativa do Direito Ambiental, de legislações nacionais que antecederam a carta constitucional brasileira de 1988 e o expressivo e corajoso texto normativo representado pelo atual art. 225, inserido em capítulo específico para o meio ambiente. Nesse sentido destaque-se, como importantes textos normativos ainda em vigor, e revigorados pelo texto constitucional:

– ***a Lei nº 4.771, de 15/09/1965***, que instituiu o Código Florestal e implantou dois importantes instrumentos de preservação da vegetação e das florestas, enquanto bens de interesse comum a todos os habitantes do país, e limitadores do direito de propriedade, quais sejam, a área de preservação permanente (arts. 2º e 3º) e a reserva legal (art. 16)[18];

---

capacidade de renovação e estabilidade ecológica. In: *Direito Constitucional Ambiental Brasileiro*, ob. cit., p. 2.

17. "A proteção do meio ambiente na Constituição Brasileira", in *Revista Forense*, v. 317, jan./fev./mar.

18. O Código Florestal tem sofrido consideráveis alterações desde sua edição, tal como a promovida pela Medida Provisória nº 2.166-67, de 24/08/2001, sendo atualmente objeto de inúmeros projetos de lei no Congresso Nacional especialmente no que respeita a pressão para alteração dos limites da reserva legal e área de preservação permanente.

– *a Lei nº 6.803, de 02/07/1980*, na qual surge a preocupação com a compatibilização da atividade industrial com a proteção ambiental, ao dispor sobre o zoneamento industrial urbano nas áreas críticas de poluição;

– *a Lei nº 6.938, de 31/08/1981*[19], que dispôs pela primeira vez sobre uma Política Nacional do Meio Ambiente, visando à compatibilização do desenvolvimento econômico-social com a preservação da qualidade ambiental e do equilíbrio ecológico, bem como criando o Sistema Nacional do Meio Ambiente, a rede de órgãos administrativos responsáveis pela gestão, controle e fiscalização do meio ambiente, cuja direção foi atribuída ao Conselho Nacional do Meio Ambiente (CONAMA), órgão estatal responsável por estabelecer as diretrizes da Política Nacional do meio ambiente, e pela expedição de Resoluções com força normativa. A Lei de Política Nacional do Meio Ambiente inovou na abordagem sistêmica dada a questão ambiental, passando a considerar o meio ambiente enquanto "*um patrimônio público a ser necessariamente assegurado e protegido, tendo em vista o uso coletivo*", e se posicionou no sentido de definir legalmente o meio ambiente, como o "*conjunto de condições, leis, influências e interações de ordem física, química e biológica, que permite, abriga e rege a vida em todas as suas formas*". A Lei ainda definiu a "poluição" enquanto a degradação da qualidade ambiental, e "poluidor", tanto a pessoa física ou jurídica, de direito público ou privado, responsável, direta ou indiretamente, por atividade causadora de degradação ambiental[20].

Na busca da concretização do comando constitucional de 1988, diversas legislações infraconstitucionais foram editadas para regulamentar seus mecanismos de efetividade e criar as Políticas Públicas ambientais. Nesse sentido ocorreu no Brasil o fenômeno da constitucionalização das Políticas Publicas ambientais indicadas pela Carta de 1988 como essenciais para assegurar a efetividade do direito ao meio ambiente ecologicamente equilibrado (§ 1º do art. 225).

Destaque-se que tal produção legislativa doméstica, com relação às necessárias Políticas Públicas ambientais se acentuou sobremaneira no Brasil, após a Conferência das Nações Unidas sobre Meio Ambiente e Desenvolvimento do Rio de Janeiro, a ECO/92. É bem verdade que, o Relatório Brundtland, produzido por iniciativa do

19. A Política Nacional do Meio Ambiente tem por objetivo a preservação, melhoria e recuperação da qualidade ambiental propícia à vida, visando assegurar, no País, condições ao desenvolvimento sócio-econômico, aos interesses da segurança nacional e à proteção da dignidade da vida humana, atendidos os seguintes princípios: I– ação governamental na manutenção do equilíbrio ecológico, considerando o meio ambiente como um patrimônio público a ser necessariamente assegurado e protegido, tendo em vista o uso coletivo; II – racionalização do uso do solo, do subsolo, da água e do ar; III – planejamento e fiscalização do uso dos recursos ambientais; IV – proteção dos ecossistemas, com a preservação de áreas representativas; V – controle e zoneamento das atividades potencial ou efetivamente poluidoras; VI – incentivos ao estudo e à pesquisa de tecnologias orientadas para o uso racional e a proteção dos recursos ambientais; VII – acompanhamento do estado da qualidade ambiental; VIII – recuperação de áreas degradadas; IX – proteção de áreas ameaçadas de degradação; X – educação ambiental a todos os níveis de ensino, inclusive a educação da comunidade, objetivando capacitá-la para participação ativa na defesa do meio ambiente. (Art. 2º).

20. Vide art. 3º da Lei nº 6.938/1981.

PNUMA, em outubro de 1987, já havia definido o importante conceito a nortear todas as políticas públicas direcionadas ao meio ambiente, qual seja, o conceito de desenvolvimento sustentável como o "desenvolvimento que atende às necessidades do presente, sem comprometer a capacidade das futuras gerações atenderem às próprias necessidades"[21].

> Se Estocolmo havia sido a grande tomada de consciência dos Estados, no âmbito da ONU, dos problemas relativos ao meio ambiente internacional, a ECO/92 veio representar a adição de um componente de desiderabilidade e de conteúdo obrigatório nas políticas e nas normas relativas ao meio ambiente[22].

Os resultados da Cúpula da Terra (Earth Summit), da qual participaram 178 países, em muito influenciaram a produção legislativa brasileira no concernente às Políticas Públicas ambientais, e também para esse fim, exercer influência no direito positivo interno das nações, é que foram subscritos os documentos de grandes princípios normativos e de políticas publicas da ECO/92, tais como: a Declaração do Rio sobre Meio Ambiente e Desenvolvimento; a Agenda 21 e a Declaração de Princípios sobre as Florestas[23].

A Declaração do Rio sobre o Meio Ambiente e Desenvolvimento é um conjunto de princípios normativos que norteiam a filosofia da proteção dos interesses das presentes e futuras gerações, consagram os princípios básicos para as Políticas Ambientais e reconhece a responsabilidade dos países industrializados nos danos já causados ao meio ambiente mundial. Repete alguns dos 26 Princípios já consagrados na Declaração de Estocolmo, dando-lhes aqui um enfoque direcionado ao conceito de desenvolvimento sustentável, estabelecendo princípios tais como, o da precaução, poluidor-pagador, de avaliação do impacto ambiental, da integração da proteção ao meio ambiente em todas as esferas da política dos Estados[24], consagrando ainda, o princípio das "responsabilidades comuns mas diferenciadas", cabendo aos Estados cooperar com espírito de solidariedade mundial para conservar, proteger e restaurar os ecossistemas da Terra[25].

---

21. *Nosso Futuro Comum*, 2. ed. Rio de Janeiro: FGV, Instituto de Documentação, Editora da Fundação Getulio Vargas, 1991.
22. Soares, Guido Fernando Silva. *Direito Internacional do meio ambiente: emergência, obrigações e responsabilidades*, 2. ed. São Paulo: Atlas, 2003, p. 37.
23. Ressalte-se ainda a adoção na ECO/92 de duas Convenções multilaterais, a Convenção-Quadro das Nações Unidas sobre Mudança do Clima, e a Convenção sobre Diversidade Biológica.
24. Princípios 15, 16 e 17 da Declaração do Rio sobre Meio Ambiente e Desenvolvimento.
25. Os Estados deverão cooperar com o espírito de solidariedade mundial para conservar, proteger e restabelecer a saúde e a integridade do ecossistema da Terra. Tendo em vista que tenham contribuído notadamente para a degradação do ambiente mundial, os Estados têm responsabilidades comuns, mas diferenciadas. Os países desenvolvidos reconhecem a responsabilidade que lhes cabe na busca internacional do desenvolvimento sustentável, em vista das pressões que suas sociedades exercem sobre o meio ambiente mundial e das tecnologias e dos recursos financeiros de que dispõem. (Princípio 7 da Declaração do Rio sobre Meio Ambiente e Desenvolvimento).

Destaque-se a importância como instrumento de implementação da proteção ambiental, da *AGENDA 21,* na qual se estabelece um programa global de política de desenvolvimento e de política ambiental, cujas ações devem ser empreendidas pelos Estados[26]. A Agenda 21 ressalta a promoção da consciência ambiental e do fortalecimento das instituições para o desenvolvimento sustentável, sendo destacada a influência do seu importante apelo para a conscientização dos Poderes Públicos e da sociedade no sentido de criarem ou aperfeiçoarem o ordenamento jurídico necessário ao desenvolvimento sustentável, subsidiando legislações regionais e nacionais, uma vez que nenhuma política ambiental poderá ter sucesso sem o suporte de uma legislação eficaz. Mas sua execução depende principalmente dos governos, pois reflete um consenso mundial e um compromisso dos Estados, assumindo importância primordial as opções de políticas públicas ambientais apropriadas para o atendimento de suas metas, por meio de sua efetiva implementação[27].

No que se refere à sistematização da normatividade ambiental brasileira, extensa e farta tem sido a produção legislativa ambiental no âmbito infraconstitucional, que representa hodiernamente importantes diplomas legais, e em todos os níveis da hierarquia normativa, uma vez que a competência legislativa em matéria ambiental é concorrente entre todos os entes da Federação. Nesse sentido, apenas para acentuar sua relevância e a implementação legislativa dos mandamentos constitucionais, frise-se alguns dos importantes destaques da juridicidade ambiental no âmbito federal[28]:

- ***Lei nº 8.171, de 17 de janeiro de 1991***, que estabelece a Política Agrícola, com o objetivo de proteger o meio ambiente, garantir o seu uso racional e estimular a recuperação dos recursos naturais;

- ***Lei nº 9.433, de 08 de janeiro de 1997***, que institui a Política Nacional de Recursos Hídricos e cria o Sistema Nacional de Gerenciamento de Recursos Hídricos, e os Comitês de Bacias Hidrográficas, regulamentando o art. 21, da CF, e estabelecendo que a água é um recurso natural limitado, dotado de valor econômico, sendo passível a cobrança pelo uso de recursos hídricos, uma vez que um dos objetivos da Política Nacional de Recursos Hídricos é assegurar à atual e às futuras gerações a necessária disponibilidade de água, em padrões de qualidade adequados aos respectivos usos; a Política Nacional de Recursos

26. Programa pioneiro de ação internacional sobre questões ambientais e desenvolvimentistas, voltado à cooperação internacional e ao desenvolvimento de políticas para o século XXI, a agenda 21 propõe bases para ações no âmbito global, estipulando diretrizes para a cooperação bilateral e multilateral quanto a políticas de desenvolvimento relativas à pobreza, política demográfica, educação, saúde, abastecimento rural, gerenciamento sustentável de recursos hídricos, de solo, e florestas.
27. Na Rio + 5, ocorrida cinco anos após a Rio/92, a Cúpula da Terra em Nova York e a Conferência de Joanesburgo (Rio + 10), houver tentativas de vulto no sentido de verificar os avanços da Agenda 21, pouco se aferindo, entretanto, dos poderes locais e seus compromissos com a efetivação das ações propostas.
28. A competência legislativa ambiental é concorrente entre os entes da federação, enquanto a competência administrativa é comum.

Hídricos se complementa com *a Lei nº 9.984, de 17 de julho de 2000*, que dispõe sobre a criação da Agência Nacional de Águas - ANA, na qualidade de agência reguladora;

- ***Lei nº 9.605, de 12 de fevereiro de 1998***, que regulamenta o § 3º do art. 225 da CF, dispondo sobre as sanções penais e administrativas derivadas de condutas e atividades lesivas ao meio ambiente, tipificando condutas criminosas contra a fauna, a flora, contra a administração ambiental, e outros crimes ambientais, responsabilizando a pessoa jurídica, de forma inédita no ordenamento jurídico nacional, inclusive na área penal[29].

- ***Lei nº 9.795, de 27 de abril de 1999***, que regulamenta o inciso VI do § 1º do art. 225 da CF, dispondo sobre a Educação Ambiental e instituindo a Política Nacional de Educação Ambiental, como um componente essencial e permanente da educação nacional, devendo estar presente de forma articulada em todos os níveis e modalidades do processo educativo, em caráter formal e não formal, promovendo a conscientização pública para a preservação do meio ambiente[30].

- ***Lei nº 9.985, de 18 de julho de 2000***, que regulamenta os incisos I, II, III e VII do § 1º do art. 225 da CF, instituindo o Sistema Nacional de Unidades de Conservação da Natureza - SNUC, estabelecendo necessidade de um órgão gestor e de plano de manejo para as diferentes unidades no território nacional;

- ***Lei nº 10.257, de 10 de julho de 2001***, que regulamenta os arts. 182 e 183 da CF, estabelecendo as diretrizes gerais da Política Urbana, denominada Estatuto da Cidade, implementando a obrigatoriedade constitucional que exige que todas as cidades com população superior a 20 mil habitantes elaborarem um Plano Diretor para ordenar a Política Urbana em prol do bem coletivo, da segurança e bem-estar dos cidadãos e do equilíbrio ambiental garantido o direito a cidades sustentáveis por meio de gestão democrática[31];

- ***Decreto nº 4.297, de 10 de julho de 2002***, que disciplina o *Zonenamento ecológico-econômico*, como instrumento da Política Nacional do Meio Ambiente, como instrumento obrigatório de organização do território na implantação de planos, obras

29. *"Art. 3º As pessoas jurídicas serão responsabilizadas administrativa, civil e penalmente, conforme o disposto nesta lei, nos casos em que a infração seja cometida por decisão de seu representante legal ou contratual, ou de seu órgão colegiado, no interesse ou benefício da sua entidade."*

30. *"Art. 1º Entende-se por educação ambiental os processos por meio dos quais o indivíduo e a coletividade constroem valores sociais, conhecimentos, habilidades, atitudes e competências voltadas para a conservação do meio ambiente, bem de uso comum do povo, essencial à sadia qualidade de vida e sua sustentabilidade."*

31. "Art. 2º, I: *"Garantia do direito a cidades sustentáveis, entendido como o direito à terra urbana, à moradia, ao saneamento ambiental, à infraestrutura urbana, ao transporte e aos serviços públicos, ao trabalho e ao lazer, para as presentes e futuras gerações."*

e atividades públicas e privadas, estabelecendo medidas e padrões para assegurar a qualidade ambiental, dos recursos hídricos e do solo, e a conservação da biodiversidade, como garantia do desenvolvimento sustentável e melhoria das condições de vida da população;

- ***Decreto nº 4.339, de 22 de agosto de 2002***, que institui princípios e diretrizes para implementação da Política Nacional da Biodiversidade, no intuito de cumprir os compromissos assumidos na Convenção sobre Biodiversidade Biológica;

- ***Lei nº 11.105, de 24 de março de 2005***, que regulamenta o art. 225, § 1º, incisos II, IV e V, da CF, estabelecendo normas de segurança e mecanismos de fiscalização de atividades que envolvam organismos geneticamente modificados - OGM, criando o Conselho Nacional de Biossegurança - CTNBio, contendo diretrizes ao avanço científico na área de biossegurança e biotecnologia de acordo com a observância do princípio da precaução para a proteção do meio ambiente;

- ***Lei nº 11.445, de 05 de janeiro de 2007***, que estabelece as diretrizes nacionais para o saneamento básico, enquanto um conjunto de serviços, infraestrutura e instalações operacionais: de abastecimento de água potável, esgotamento sanitário, limpeza urbana e manejo de resíduos sólidos, drenagem e manejo de águas pluviais urbanas, garantindo sua universalização, integralidade, regularidade e controle social.

Ressalte-se, ainda, que, dentre os instrumentos destacados pelo art. 225 da Constituição Federal, no intuito de propiciar a efetividade do direito ao meio ambiente ecologicamente equilibrado, deve ser destacada a importância do disposto no seu inciso IV, que se refere ao **Estudo Prévio de Impacto Ambiental**[32], que é um dos instrumentos mais importantes da Política Nacional do Meio Ambiente[33], e é exigido na instalação de obra ou atividade potencialmente causadora de significativa degradação do meio ambiente.

O estudo prévio de impacto ambiental (EPIA-RIMA) é parte imprescindível do processo administrativo de licenciamento ambiental, consubstanciando-se em um instrumento de natureza pública, sendo imprescindível a intervenção do órgão público ambiental desde o início do licenciamento ambiental da obra, pois sua essência é preventiva, em consonância direta com os princípios ambientais da precaução e prevenção. Ressalte-se ainda que, conforme a exigência constitucional, deve ser dada publicidade ao estudo prévio de impacto ambiental, autorizando-se, inclusive, a participação popular por meio de audiências públicas[34].

32. Art. 225, IV: *"Exigir, na forma da lei, para instalação de obra ou atividade potencialmente causadora de significativa degradação do meio ambiente, estudo prévio de impacto ambiental, a que se dará publicidade."*
33. Art. 9º, III, da Lei nº 6.938/1981.
34. As diretrizes gerais para o uso e implementação da avaliação de impacto ambiental foram estabelecidas pelo

No que se refere aos instrumentos processuais para implementação da proteção ambiental no ordenamento jurídico brasileiro, destaque-se o papel essencial representado pela **Lei nº 7.347, de 24 de julho de 1985**, que instituiu a Ação Civil Pública[35] como mecanismo judicial de defesa aos direitos difusos e coletivos, dentre eles, o meio ambiente, conferindo legitimidade tanto ao Ministério Público, quanto à Administração Direta e Indireta, no nível federal, estadual e municipal, bem como, também, às Associações civis, e, mais recentemente, a Defensoria Pública[36]. A Ação Civil Pública adquire nova força e revigora sua importância e atualidade após o texto constitucional de 1988, tornando-se um instrumento indispensável para a implementação judicial da tutela do meio ambiente na qualidade de um bem difuso.

Nesse sentido, implementar o desafio de proteger o meio ambiente conforme o paradigma exigido pela CF/1988, é atribuição de destaque e é relevância atribuída ao Ministério Público, na qualidade de instituição permanente, essencial à função jurisdicional do Estado, competindo-lhe a defesa da ordem jurídica, do regime democrático e dos interesses sociais e individuais indisponíveis, bem como a promoção da ação civil pública para a proteção do patrimônio público e social, do meio ambiente e de outros interesses difusos e coletivos (arts. 127 e 129 da CF). E, exatamente por se tratar de órgão independente, a quem a Constituição atribui as garantias da vitaliciedade, inamovibilidade e irredutibilidade de subsídios (art. 128, § 5º), além de ser o titular exclusivo da utilização do Inquérito Civil (importante instrumento apto à coleta preventiva de provas), tais qualificações o tornam o principal agente nacional na defesa judicial das normas ambientais e o mais efetivo guardião do cumprimento das opções de políticas públicas ambientais constitucionais.

4. OS DESAFIOS PARA EFETIVIDADE DO DIREITO AMBIENTAL CONSTITUCIONAL

O objeto do Direito Ambiental Constitucional refere-se ao equilíbrio do meio ambiente, tendo em vista a sadia qualidade de vida. Trata-se, portanto, de uma abrangente e complexa juridicidade, na qual avulta a importância dos princípios que lhe dão sistematização e autonomia, e principalmente que lhe definem a finalidade e o objetivo.

Nesse sentido, ressalta a importância de seus fundamentos preventivos, que criam instrumentos acionáveis em momento anterior à da consumação do dano – o do mero risco. A juridicidade ambiental não há que conformar-se em exigir a reparação e repressão do dano ambiental, pois a degradação ambiental como regra é irreparável, este o

Conselho Nacional do Meio Ambiente – CONAMA, por meio de Resoluções (01/86, 05/87, 237/97).

35. A tutela processual coletiva no ordenamento jurídico brasileiro conquistou considerável fortalecimento com a edição do Código de Defesa do Consumidor (Lei nº 8.078, de 11 de setembro de 1990), que revigorou as ações coletivas (vide arts. 81 a 104).

36. Dada a recente alteração do art. 5º da Lei nº 7.347/1985 pela Lei nº 11.448, de 15/01/2007.

papel relevante do princípio da prevenção, sobre o qual se alicerça o sentido do Direito Ambiental: impedir que a ocorrência do dano por meio de medidas acautelatórias, ou seja, antes da implantação dos empreendimentos e atividades consideradas efetiva ou potencialmente poluidoras. Desta forma, a solução dos problemas ecológico-ambientais não se limitam à edição de leis e atos normativos, pois conforme esclarece Canotilho[37]:

> A força normativa da Constituição ambiental dependerá da concretização do programa jurídico-constitucional, pois qualquer Constituição do ambiente só poderá lograr força normativa se os vários agentes – públicos e privados – que actuem sobre o ambiente o colocarem como fim e medida de suas decisões.

Muitas foram as vantagens do reconhecimento pela CF/1988 do direito ao equilíbrio do meio ambiente, enquanto um direito humano fundamental, principalmente para a construção normativa do Direito Ambiental, entretanto, deve-se registrar o lamento e alerta de Edis Milaré, quando afirma que o "maior dos problemas ambientais brasileiros é o desrespeito generalizado, impunido ou impunível, à legislação vigente"[38], o que em muito tem agravado a combalida defesa do nosso patrimônio ambiental.

A proposta constitucional de proteção do meio ambiente envolve temas de profunda abrangência sobre toda a organização da sociedade, uma vez que os reflexos de sua atuação impõem a revisão e o redimensionamento da multiplicidade e complexidade das relações sociais em face do meio ambiente. Acrescenta uma perspectiva qualitativa sobre a visão ultrapassada que traduz a qualidade de vida apenas ao nível de conquistas materiais, elevando a perspectiva de vida digna, à conquista de fruição de um meio ambiente ecologicamente equilibrado.

Por sua vez, a partir do regramento constitucional, a farta e grandiosa produção legislativa brasileira com relação ao meio ambiente, em seus múltiplos aspectos, seja o meio ambiente natural, ou meio ambiente artificial, refletem o conflito de interesses gerados nas relações do homem com a natureza e do homem com os processos produtivos, refletindo-se desta forma, em todas as demais ações sociais, uma vez que a questão ambiental está envolvida com o cerne da conflituosidade da sociedade moderna.

Ressalte-se que muitos são os desafios para a implementação da defesa do meio ambiente, um deles refere-se à própria característica de multidisciplinaridade do meio ambiente, o que se traduz em mais uma dificuldade para a efetividade das normas ambientais, pois o Direito Ambiental enfrenta uma complexidade nova para o campo de aplicação do jurídico, uma vez que suas normas enfrentam o grande desafio de regular a questão ambiental cuja abrangência compõe o universo das mais variadas ciências do conhecimento humano.

37. Canotilho, J. J. Gomes; Leite, José Rubens Morato (Orgs.). *Direito Constitucional Ambiental Brasileiro*. São Paulo: Saraiva, 2007, p. 5.

38. Milaré, Edis. *Direito do Ambiente: doutrina, jurisprudência, glossário*, 5. ed. São Paulo: Revista dos Tribunais, 2007, p. 148.

O campo de normatividade do Direito Ambiental perpassa todos os demais ramos da ciência jurídica, abrangendo o tratamento legal relativo aos aspectos do meio ambiente natural e artificial em todas as áreas do Direito.

Para Paulo Affonso Leite Machado[39] o Direito Ambiental tende a penetrar todos os diferentes ramos clássicos do Direito, dado o seu caráter horizontal e seu poder de interação, com a finalidade de orientar todo o ordenamento num sentido ambientalista, assim expondo:

> Na medida em que o ambiente é a expressão de uma visão global das intenções e das relações dos seres vivos entre eles e com seu meio, não é surpreendente que o Direito do ambiente seja um Direito de caráter horizontal, que recubra os diferentes ramos clássicos do Direito (Direito Civil, Direito Administrativo, Direito Penal, Direito Internacional) e um Direito de interações, que se encontra disperso nas várias regulamentações. Mais do que um novo ramo do Direito com seu próprio corpo de regras, o Direito do ambiente tende a penetrar todos os sistemas jurídicos existentes para os orientar num sentido ambientalista.

E, exatamente em decorrência da absoluta abrangência do Direito Ambiental é que se depreende a razão pela qual os autores procuram dar-lhe uma classificação de acordo com o tratamento jurídico dado ao tema, na tentativa de acentuar e destacar seus vários aspectos, na medida em que é regido por inúmeros princípios, diretrizes e objetivos que compõem a Política Nacional do Meio Ambiente.

Assim, apresentam quatro significativos aspectos do meio ambiente, quais sejam: o ***meio ambiente natural ou físico***, formado por todos os elementos responsáveis pelo equilíbrio dinâmico entre os seres vivos e o meio em que vivem (solo, água, ar, flora e fauna); o **meio ambiente artificial**, constituído pelo espaço urbano construído, consubstanciado no conjunto de edificações e equipamentos públicos; o **meio ambiente cultural**, composto pelo patrimônio histórico, artístico, arqueológico, paisagístico e turístico; e o **meio ambiente do trabalho**, que tem como objeto a salvaguarda do ser humano no seu *habitat laboral* contra todas as formas de degradação da sua sadia qualidade de vida[40].

O compromisso constitucional exige ainda, para implementação deste diferenciado direito, o cumprimento de políticas públicas impostas ao Poder Público, que implicam desde a gestão, planejamento, racionalização, fiscalização, recuperação, proteção, até a própria educação voltadas à proteção ambiental. Tarefas árduas e complexas de busca de efetividade de um direito novo, que para ser "levado à sério"[41] realmente exige uma mudança ampla de paradigma, quer político, social, econômico e até mesmo cultural da sociedade brasileira.

39. Machado, Paulo Affonso Leme. *Direito Ambiental Brasileiro*, 6. ed. São Paulo: Malheiros Editores, 1996, p. 71.
40. Padilha, Norma Sueli. *Do meio ambiente do trabalho equilibrado*, São Paulo: Ltr, 2002, p. 42.
41. Repetindo a feliz expressão do jurista americano Ronald Dworkin na obra *Levando os direitos à sério*.

Revigorado pela nova roupagem constitucional dada ao tema do meio ambiente pela Constituição de 1988, ao Direito Ambiental cabe atuar sobre toda e qualquer área que envolva tal temática, impondo a reformulação de conceitos, institutos e princípios, exigindo a adaptação e reestruturação do modelo sócio-econômico atual com o necessário equilíbrio do meio ambiente, tendo em vista a sadia qualidade de vida.

Assim é que, nessa imensa variedade de problemas ambientais da sociedade moderna, cabe ao Direito Ambiental abranger todas aquelas normas que tradicionalmente protegiam isoladamente determinados aspectos da natureza e do meio ambiente, impondo sobre as mesmas a direção determinada por seus princípios, na busca da viabilização da proteção ambiental, coordenando os interesses conflitantes e concorrentes, inclusive, reescrevendo com seu caráter reformulador, conceitos e institutos que se encontram nos mais diversos ramos do direito, sempre com vistas "à sadia qualidade de vida".

O Direito Ambiental, este novo e crescente ramo da ciência jurídica, possui assim um destacado papel na Ciência Jurídica, pois a eficácia de suas normas é primordial na imposição de limites éticos e jurídicos na atuação e interferência humana no meio ambiente, seja ele natural ou artificial.

Cabe à juridicidade ambiental esse essencial papel - de impor um limite adequado, razoável e ponderado na utilização dos recursos tecnológicos crescentes - sujeitando a aplicação do conhecimento técnico ao respeito e consideração da capacidade de suportação dos recursos da natureza, que por sua vez, não é ilimitada, e não pode estar submetida a compulsão social pelo consumo sem a consideração de seus próprios limites, sem a preocupação com as consequências de seu desequilíbrio, para a sadia qualidade de vida do próprio homem e da natureza em si mesma.

5. CONSIDERAÇÕES FINAIS

Após a adoção pela CF/1988 do direito ao meio ambiente ecologicamente equilibrado acentuou-se a força e a relevância do Direito Ambiental Constitucional, sobre o qual se tem alicerçado a significativa produção legislativa ambiental brasileira. O Brasil possui uma farta e expressiva legislação ambiental, fundamentada em princípios próprios que lhe dão sustentação e autonomia, tais como o princípio da precaução e prevenção, do poluidor-pagador, do desenvolvimento sustentável, dentre outros.

Entretanto, o diferencial e a relevância da função do Direito Ambiental Constitucional implicam uma atuação normativa desafiadora, que lhe impõe inúmeros obstáculos para sua efetividade, tais como: como implementar limites a um modelo de desenvolvimento econômico que desconsidera a preservação do meio ambiente? Como mudar uma cultura social de mera apropriação privada dos recursos ambientais, indiferença e agressão ao meio ambiente? Como impor políticas públicas e gestão administrativa do patrimônio ambiental a uma estrutura estatal burocrática, lenta, ineficiente e até mesmo corrupta? Como resistir a pressão política negativa de desmantelamento do regime jurídico ambiental nacional?[42]

Cabe ao Poder Judiciário a crença final na possibilidade de garantir a efetividade das normas ambientais comumente desrespeitadas e garantir o compromisso constitucional de proteção e preservação do meio ambiente ecologicamente equilibrado. Para tanto é preciso um avanço na concepção jurídica tradicional, um passo adiante na coragem de se mostrar guardião da importância e especialidade deste novo e desafiador direito, de cuja efetividade depende a qualidade de vida de todos, e até mesmo dos que ainda não podem sequer reivindicá-lo ou defendê-lo. Afinal, conforme afirmado por Luís Roberto Barroso[43], o Poder Judiciário é o guardião supremo da efetividade das normas constitucionais.

É preciso dar efetiva garantia judicial aos instrumentos de efetividade do Direito Ambiental[44] por meio da correta interpretação das normas ambientais, respeitando sua base principiológica e garantindo sua função primordial – o equilíbrio do meio ambiente com vistas à sadia qualidade de vida.

Para enfrentar o desafio da efetividade das normas ambientais é preciso que seja superada a concepção patrimonialista de cunho material do ordenamento jurídico tradicional, bem como que seja definitivamente compreendida e aplicada o diferencial e a força dos instrumentos de tutela processual coletiva, e que haja atuação efetiva dos representantes judiciais adequados, tais como o Ministério Público, a Defensoria Pública, as Associações Civis.

O ordenamento jurídico brasileiro alicerçou o acolhimento e defesa dos direitos difusos, dentre eles, o meio ambiente, com instrumentos aptos a lhes dar guarida judicial, cabe portanto aos implementadores sua efetiva e correta aplicação no intuito de proteção contra toda a sorte de agressão, pressão, degradação, desvirtuamento e má utilização do patrimônio ambiental brasileiro.

Sem consciência do seu papel, os implementadores da juridicidade ambiental não lograrão dar efetividade a esse arcabouço de normas, que antes de qualquer outro parâmetro, devem observar na sua interpretação e aplicação o princípio da **preservação da vida**, em todas as suas formas.

---

42. Registram-se inúmeros projetos de lei no Congresso Nacional para alterar o nível de proteção da legislação ambiental, dentre eles o Código Florestal, principalmente nos seus limites atuais para reserva legal (Amazônia e cerrado de 80% e nos demais biomas de 20%) e área de preservação permanente (recentemente o Estado de Santa Catarina adotou seu próprio Código Florestal diminuindo a mata ciliar nas propriedades abaixo de 50 hectares, de 30 metros para 5 metros). Há também uma proposta da bancada ruralista, em defesa do agronegócio, de um único Código Florestal, que revogaria as mais importantes leis ambientais como o Código Florestal, a Lei de Política Nacional do Meio Ambiente, a Lei de Crimes Ambientais, as normas sobre poluição, as regras sobre zoneamento ecológico-econômico e a Lei do SNUC.

43. Barroso, Luís Roberto. "A proteção do meio ambiente na Constituição brasileira". *Revista Forense*, Rio de Janeiro, v. 317, jan./fev./mar., 1992, p. 172.

44. Tais como os previstos no art. 9º da Lei de Política Nacional do Meio Ambiente (Lei nº 6.938/1981) e no art. 225 e parágrafos da CF/1988.

4

A crise do Direito do Trabalho

THEREZA CHRISTINA NAHAS*

O direito ao trabalho é um direito social e fundamental. Tal direito, de segunda geração, se firma nas Cartas Sociais após o reconhecimento dos direitos civis e políticos, originários das grandes revoluções e objetivo primeiro delas. Todo direito fundamental volta-se *contra* o Estado e *contra* os particulares. Aquele primeiro deve assegurar o pleno exercício do direito ao trabalho, impondo-se assim, uma ordem positiva, qual seja, a obrigação de fornecer serviços e meios para viabilizar o exercício do direito; e outra de ordem negativa, que se traduz nas obrigações de não violar o exercício daqueles direitos. Todos na sociedade terão que respeitar, nas suas ações e omissões, limites para o exercício do seu direito, viabilizando, assim, que cada qual possa usufruir da liberdade que tem de trabalhar, e a violação desse direito acarretará consequências que irão variar de acordo com a lei interna de cada Estado e das normas internas e internacionais que o tutelam.

* Juíza do Trabalho Titular da 61ª Vara do Trabalho de São Paulo, Mestra e Doutora pela PUC/SP. Máster e doutoranda em Direito Social pela Universidade de Castilla La-Mancha (Espanha). Especialista em Direito do Trabalho pela Universidade de Lisboa (Portugal). Professora universitária em Prática Trabalhista na Fundação Álvares Penteado, Professora de cursos de Pós-Graduação no COGEAE/PUC e FGV*Law*-SP. Professora no curso de Mestrado do Centro Universitário Eurípedes de Marília – Univem. Autora de livros, entre eles, *Desconsideração da Pessoa Jurídica* – Reflexos Civis e Empresariais nas Relações de Trabalho; e *Direito Processual do Trabalho* – Tomo I – Processo de Conhecimento e Tutelas de Urgência (antecipada e cautelar), da Série Direito Ponto a Ponto, ambos publicados pela Editora Campus-Elsevier.

O Direito do Trabalho foi reconhecido, inicialmente, nas Constituições revolucionárias francesa (1789) e estadunidense (1779) e, após a 2ª Guerra, impô-se, severamente, o dever ao Estado de atuar como interventor na área social, garantindo, assim, as transações individuais e supostamente voluntárias. O Estado passou a ser mediador "*de las relaciones entre empleadores y trabajadores, legitimando el sistema de producción, pero asumiendo al mismo tiempo tareas de protección de la parte más débil de la relación laboral*"[1]. Assim, também, existe previsão na Constituição brasileira que dispõe ser um direito fundamental o direito de trabalhar e o direito ao trabalho, bem como a liberdade que cada um tem de escolher uma profissão ou um ofício. Tais normas devem ser interpretadas em consonância, ainda, com os Tratados e Normas internacionais que o Brasil subscreveu, sendo imprescindível que se tenha em mente que as normas constitucionais constituem uma obrigação ao Estado, vinculando todos os seus Poderes.

O Direito do Trabalho teve, no seu nascimento, inspiração humanitária, pois a lei da oferta e procura e a necessidade por empregado, estimulava e permitia que o próprio trabalhador se vendesse, a ponto de não ter dignidade alguma. Todavia, esta concessão feita pelo próprio trabalhador para conseguir a manutenção do emprego, não significava, necessariamente, que conservaria seu posto, pois as taxas de desemprego eram altas e constantemente os trabalhadores perdiam seus postos.

Necessário foi o nascimento da intervenção estatal para que se assegurassem direitos mínimos e a dignidade do trabalhador. Novos tempos surgem com a revolução industrial. O Direito do Trabalho volta-se à proteção do trabalhador, com objetivo de assegurar o desnível entre o devedor e o credor do trabalho e, consequentemente, a melhoria da situação do trabalhador, pretendendo atingir um número cada vez maior de trabalhadores a serem tutelados.

Esta realidade, portanto, também foi a inspiradora da positivação nacional acerca da matéria e é nela que está fundada a CLT, isto é, volta-se às proteção do empregado estritamente subordinado, garantindo-lhe um mínimo de direitos. A intervenção estatal é percebida, não só nas normas jurídicas postas, como nos diversos julgados cuja solução de controvérsias se dá com fundamento na aplicação do princípio protetivo. Sendo assim, o Estado, em todas as suas instâncias, preocupa-se com a situação desigual que forma a relação contratual trabalhista e tenta amenizar tal desigualdade pelos instrumentos e meios que possui para manter o equilibrio.

Todavia, diversas transformações, sociais e econômicas, causaram uma fratura naquele sistema original destinado à relação contratual estritamente subordinada. Ao mesmo tempo que o Direito do Trabalho, desde seu nascimento, teve o mérito de atenuar a debilidade do trabalhador, a universalização de metas e a progressividade voltaram-se contra a ciência.

---

1. Abramovich, Victor & Courtis, Christian. *Los Derechos* Sociales *en el Debate Democrático*. Madrid (Esp.): Ediciones GPS Madrid, abril de 2006, p. 15.

O Direito do Trabalho, ao contrário das outras áreas do direito, conta com dificuldades de ordem histórica, sistemática e dogmática[2]. Na primeira, observa-se a porosidade sociológica e ideológica do direito do trabalho que permite as divergências quanto ao seu alcance. Além disso, torna-se difícil sistematizar o Direito do Trabalho num único tronco, pois a natureza da relação de trabalho permite um complexo sistema de normas que nem sempre são do mesmo segmento o que acaba, por fim, tornando difícil a delimitação dogmática do direito que, a um mesmo tempo, pode ser visto como direito público (v. g., normas de proteção à saude do trabalhador), coletivo (v.g., negociação coletiva e direito sindical) e individual (v.g., horas extras e descansos). Esta amplitude que a matéria apresenta permite que fique, muitas vezes, suscetível a críticas e enfraquecida, fatores estes que, nas discussões que antecederam a Emenda Constitucional nº 45, permitiram que se cogitasse da morte do Direito do Trabalho e da extinção da Justiça do Trabalho.

As transformações verificadas no último terço do século XX operadas no sistema capitalista, como observa Jacob Gorender[3],

> não debilitaram a essência do modo de produção capitalista, na verdade, reforçaram-na, uma vez que se acentuou sua característica mundial. Nisto consiste, precisamente, o processo de globalização, nome novo para o antigo processo de internacionalização ou de criação do mercado mundial nascido com o próprio capitalismo.

A chamada revolução tecnológica atinge diversos âmbitos das relações, entre elas, e principalmente, as do trabalho. O empregador viu-se constrangido a alterar os métodos de produção e sua forma, para que pudesse sobreviver *ao* (e *no*) mercado. Reduzir custos da produção implicou em reduzir postos de trabalho e desaguar na descentralização da atividade produtiva de tudo aquilo que não seja seu fim. Fatores econômicos influenciaram de forma contundente as relações laborais e aqueles, associados a outros fatores de ordem jurídica, conforme lição de Maria do Rosário Palma Ramalho,

> determinou[aram] aquilo que a doutrina dominante chama "a crise do direito do trabalho". Inicialmente encarada como um problema marginal causado pela conjuntura recessiva do mercado de emprego, esta crise é hoje considerada pela doutrina como um problema estrutural (na expressão de D'Antona, como uma *crisi d'identità*) que atinge a generalidade dos sistemas laborais independente do grau do seu desenvolvimento[4].

No Brasil, a tutela ao trabalhador subordinado foi inserida no ordenamento jurídico nacional pela via da CLT[5], que foi promulgada num contexto histórico diferente do que temos hoje. A economia do País era eminentemente agrária, as portas para

2. Fenômenos observados e defendidos por Maria do Rosário Palma Ramalho na sua tese *Da Autonomia Dogmática do Direito do Trabalho*, Lisboa (Portugal): Almedina, p. 22 e seguintes.
3. <http://www.scielo.br/scielo.php?pid=S0103-40141997000100017&script=sci_arttext>.
4. Palma Ramalho, Maria do Rosário, ob. cit., p. 15.
5. Há outras leis que antecederam a existência da CLT, mas estamos aqui nos referindo ao instrumento que, efetivamente, procurou tutelar a relação de trabalho, extraindo assim do Código Civil a regulamentação e aplicação de normas que antes dela eram utilizadas para decidir questões sobre a locação de mão de obra e locação de trabalhador.

importações e exportações eram fechadas, o desenvolvimento econômico caminhava a passos lentos, enfim, não éramos atingidos de forma contundente pelo fenômeno da globalização e da mobilidade de trabalhadores nacionais e estrangeiros.

Em 1988 foram inseridos na Constituição Federal direitos sociais e individuais fundamentais garantindo-se ao trabalhador prestações e benefícios resultantes de lutas árduas (e históricas), e uma das maiores conquistas foi a garantia de sindicatos livres desvinculados do Estado, o que está inscrito no art. 8º da Carta Constitucional. Em 2004, a promulgação da Emenda Constitucional nº 45 trouxe a reforma da competência afeta ao Judiciário Trabalhista, na intenção de garantir um maior acesso à justiça e permitir uma resposta eficiente do Estado às situações desta natureza.

Passados vinte anos de Constituição Federal o que devemos questionar é se as conquistas que tivemos com a Carta Constitucional foram eficientes e respondem aos anseios das relações jurídicas e de fato que assolam a atualidade.

Primeiramente, há que se reconhecer que a Constituição Federal assegurou a liberdade de prestação de serviços, o que implica a realização do direito que todo indivíduo tem de trabalhar. Direito fundamental e social que não pode esbarrar na soberania Estatal, ou seja, os Estados têm o dever de garantir a liberdade de seus nacionais trabalharem, e têm que imprimir todos os meios de que dispõem a fim de cumprir os postulados na Constituição Federal.

Esta liberdade vem assegurada no texto constitucional como um princípio fundamental no momento em que se constitui como um dos fundamentos do Estado Democrático de Direito os valores sociais do trabalho (art. 1º, IV) e a partir daí garante-se ao trabalhador direitos mínimos insertos nos arts. 6º e 7º. O direito ao trabalho (e não ao emprego) é um direito fundamental, zelando o legislador pela garantia daquilo que se entende pelo mínimo que o trabalhador deve auferir pela prestação do serviço, bem como sua inserção na Previdência e Assistência Social (arts. 201 a 204). Preocupou-se, ainda, o legislador constitucional, em trazer como Princípio da Ordem Econômica a observância à *busca do pleno emprego* (art. 170), visando a harmonização entre a atividade econômica e o respeito ao direito do trabalhador, necessidade esta sentida em razão da evolução do capitalismo e de difícil equalização na prática. Com a EC nº 45/2004, o legislador avança no que concerne à tutela jurisdicional, pois alargou o rol da matéria a ser resolvida no âmbito do Judiciário Trabalhista, inserindo neste rol o que passou a ser uma das grandes discussões e anseios que se tinha, qual seja, a competência dos Tribunais do Trabalho para decidir e julgar relação de trabalho (e não estritamente, a relação de emprego, i.e., prestações de trabalho absolutamente subordinadas).

Ao que parece, o legislador constitucional conferiu a tutela necessária à relação de trabalho, mas, passados vinte anos de Constituição e mais de cinco de Emenda Constitucional, a sensação que se tem é de um vazio legislativo (ou interpretativo?) e de não suficiência do sistema jurídico de tutela conferida às relações de trabalho. Vejamos.

É incontestável que o direito do trabalho sofreu uma fratura no decorrer de sua história. Seu nascimento se deu em torno do trabalho estritamente subordinado, numa época em que as relações eram absolutamente desiguais e que, de fato, o empregador era detentor de todos os meios de produção e o senhor do posto de trabalho. O modelo tradicional está assentado na relação de subordinação estabelecida entre o trabalhador "e aquele que utiliza os seus serviços. A empresa é concebida como uma colectividade que reúne, em torno de uma mesma actividade econômica e sob direcção de um mesmo empregador, trabalhadores de diferentes profissões"[6]. As transformações jurídicas e econômicas imprimiram uma nova face ao poder de direção e à subordinação, ante as novas relações que foram surgindo em decorrência da demanda do mercado, e que fizeram sugir novos modelos não pensados naquela relação original.

Podemos, assim, elencar três fatores principais que desencadeiam a marginalização do trabalhador.

Pelo primeiro, observa-se uma evolução no trabalho independente, o qual sempre existiu, mas se reveste de particularidades que antes não se via, sendo forçoso o legislador pensar num modelo de regulamentação para que tais trabalhadores possam ser tutelados e inseridos no mercado de trabalho de forma digna. Falamos assim do trabalhador *semidependente* ou *quase assalariado*, entendidos como aqueles que não são subordinados estritamente, ou seja, não se enquadram no modelo tradicional. O direito do trabalho, da forma como o temos, foi pensado sob aquela relação estrita e a diversidade de relações que surgiram em razão da nova ordem econômica e do mercado de emprego, não está inserida naquele modelo, de modo que o regime da CLT atinge um número cada vez menor de trabalhadores. Não obstante a Constituição Federal não tenha restringido o universo de trabalhadores a serem tutelados a lei infraconsituional o faz, e as reformas que são feitas, não são pensadas para a outra categoria de trabalhadores que carecem de qualquer proteção legislativa, seja no plano individual, seja no coletivo. Isso permite que a tutela estatal se dirija, tão somente, àqueles que já gozam a proteção legal e que, no direito positivo, dispensam mais normas que o tutelem.

Importa dizer que nossa lei prevê a existência de dois tipos de trabalhadores, os subordinados e os autônomos. Há um vazio legislativo entre eles e uma grande parte de trabalhadores continua a ser ignorada pelo legislador[7].

6. Supiot, Alain. *Transformações do Trabalho e futuro do Direito do Trabalho na Europa*, Lisboa (Portugal): Coimbra Ed., p. 17.

7. Alain Supiot anota que o "direito alemão distingue três categorias de trabalhadores independentes. As duas primeiras referem-se a empresários que tanto podem trabalhar com um contrato de empresa (...) como com um contrato livre de prestação de serviços (...) a terceria categoria é das 'pessoas assimiláveis a assalaridos' (...) que trabalham no quadro de um contrato livre de prestação de serviços ou de um contrato de empresa, mas para um cliente principal, do qual dependem economicamente (...). A noção italiana de parassubordinação (...) situa-se numa perspectiva um pouco diferente, se bem que os seus resultados sejam praticamente os mesmos (...). Trata-se, portanto, de uma categoria 'aberta' em que, na prática, se incluem profissões tão diversas como advogados a trabalhar para uma empresa ou médicos do serviço nacional de saúde (...)" (ob. cit., p. 24-27). Na Espanha foi aprovado

O segundo critério que se observa é a evolução da subordinação, sabemos nós, principal aspecto do contrato de trabalho. É forçoso reconhecer que o conceito e noção que se tinha sobre a subordinação foi alterado, fazendo com que o trabalhador assalariado de hoje esteja mais adstrito a uma obrigação de resultado do que de meio. Isso aumenta o peso da subordinação, uma vez que o trabalhador está envolvido no processo de produção da empresa, o que antes não se verificava. A pressão empresarial é mais acentuada a ponto de interferir na participação do trabalhador na vida associativa, o que causa, por outra via, a crise no próprio sistema sindical, e implica, ainda, a precarização da mão de obra. Por este critério percebe-se maior autonomia na ação do trabalhador, o que afasta este novo modelo daquele posto e regulado na CLT e que, até o momento, o legislador não foi capaz de apreendê-lo.

Há que se conscientizar que, segundo Alain Supiot,

> o direito do trabalho deixou de ser o direito dos operários ou dos empregados, para passar a ser o direito geral de qualquer relação de trabalho. Esta evolução, derivada, nomeadamente, de considerações de segurança social, teve como consequência aumentar a heterogeneidade da população salarial. Por sua vez, esta heterogeneidade favorece um movimento de fragmentação do Direito do Trabalho, que tem que se adaptar à diversidade das situações profissionais. Outro efeito, observado menos frequentemente, é o de importar para o Direito do Trabalho regras oriundas do trabalho independente, como a cláusula de não concorrência, trazida pelos representantes comerciais[8].

Não se pode, diante da nova realidade, permitir o entendimento de que a relação abrangida pelo direito do trabalho está vinculada à relação de subordinação jurídica estrita; necessário se faz estender este conceito para atingir trabalhadores que são economicamente dependentes, mas que, pelo sistema legal existente, não estão inseridos na tutela da CLT. Pode-se, assim, entender tal trabalhador como aquele que está integrado na organização da empresa; *ou* que execute seu trabalho a favor de um único tomador dos serviços; *ou* que execute o trabalho sem ser ajudado por outrem; ou que execute seu trabalho sem possuir capital próprio; *ou* que, se combine todos aqueles fatores como dominantes da relação jurídica que na realidade firmou. Observamos, assim, o vendedor externo ou representante comercial, o montador de móveis, o "chapa", o médico, o advogado, o motoboy, enfim, todos aqueles que não se enquadram na relação de trabalho tradicional e tampouco podem ser considerados prestadores de serviços autônomos, justamente porque se enquadram numa (ou em todas) daquelas situações acima descritas. Há que se dar a estes profissionais a oportundiade de optar

---

o Estatuto do Trabalhador Autônomo que, entre outras normas de importância igual, fixou a regulamentação profissional do trabalhador economicamente dependente, bem como se formulou um catálogo de direitos e deveres do trabalhador autônomo (Lei nº 20/2007 que entrou em vigor em 11/10/2007). O Código do Trabalho de Portugal estende o conteúdo de suas normas ao trabalhador semidependente.

8. Supiot, Alain, ob. cit, p. 34.

pelo regime jurídico que os regerá; mas, antes disso é necessário que haja um estatuto que os agasalhe e que os riscos e oportundiades do mercado o permitam. Forçoso reconhecer que tais profissionais estão sujeitos aos riscos do mercado, mas não estão protegidos pelo direito nacional.

O que se percebe na prática atual é que as partes contratuais são levadas a simular um tipo contratual para que tenham a "tutela legislativa", mas, obviamente, tal negociação não lhes dá segurança jurídica alguma, posto que estão sujeitas às incertezas da relação, da economia e do mercado. Some-se a isso que, quando a questão é posta no Judiciário, a tutela jurisidicional jamais será efetiva, pois necessariamente a decisão que se proferir resultará no reconhecimento do vínculo subordinado, i.e., aplicação da CLT; ou, na inexistência deste vínculo, i.e., Código Civil ou outra lei esparsa. Conclui-se assim que, necessariamente, não se conhecerá com certeza e realidade a relação que vigorou entre as partes, o que resultará num julgado injusto e desviado do Princípio Constitucional do Devido Processo Legal.

O terceiro critério refere-se às alterações nas relações contratais e que implicou no aparecimento dos mais variados tipos contratuais. Isso se verifica pelo impacto da globalização da economia e competitividade dos mercados intenos e internacionais que colocam em xeque o modelo tradicional empresarial. Há um esforço pela redução de custos e encargos, com surgimento de contratos terceirizados e quarteirizados; a união de trabalhadores em cooperativas; o trabalho a tempo parcial; a entrada brutal das mulheres no mercado de trabalho, enfim, a subcontratação. O progresso técnico exige profissionais com melhores níveis de competência e formação, e a evolução das técnicas contratuais torna as empresas transparentes em face de seus clientes e fornecedores. A sustentabilidade econômica atinge a empresa como um todo, desde seu processo produtivo, até a forma e os meios que utiliza para colocar seu produto ou serviço no mercado.

A "nova" organização de trabalho viabilizou práticas de subcontratação e o tráfico da mão de obra, falicitando formas fraudulentas de contratação de trabalhadores ao arrepio do que se tem como o mínimo de dignidade que a Constituição Federal pretendeu garantir ao trabalhador.

Após vinte anos de Constituição Federal não temos uma regulamentação acerca de contratos terceirizados, realidade esta vigente no nosso país e cuja necessidade de uma solução aos casos que chegam ao Judiciário é resolvida pela Sumula nº 331 do C. TST, que não podia mais aguardar a solução legislativa.

Os modelos de contrato a tempo parcial, são úteis, por exemplo, às famílias que possuem filhos, e que não dispõem de ajuda para zelar por eles enquanto o casal tem que se lançar no mercado de trabalho; ou destinados a trabalhadores que possuam outras atividades; ou mesmo para aqueles que tenham interesse em simplesmente trabalhar por tempo parcial, ainda não foram regulados ou previstos; as cooperativas de mão de obra mereceram uma tímida regulamentação no art. 442 da CLT que, depois que foi publicado, serviu apenas para aumentar o número de fraudes que são perpetradas por estes contratos; o trafego de mão de obra e o mercado escravo ainda existe e é uma realidade que não se logrou eliminar, em plena vigência do século XXI; o número de crianças e adolescentes que trabalham em condição absolutamente contrária a todos os princípios constitucionais é gritante, e nada se faz para corrigir o trabalho de pequenos vendedores em semáforos nas grandes capitais.

A subcontratação de mão de obra serviu para reduzir salários e aumentar a carga de trabalho, causando um verdadeiro desequilíbrio entre o trabalhador tradicional e aquele que se insere nesta nova realidade, o que se verifica não só em relação à questão salarial mas a vantagens e condições com que o trabalhador ligado diretamente à empresa é tratado.

O trabalho descentralizado, que gera a produção da mesma natureza e que pode ser realizada dentro ou fora da empresa que contrata, gera, ainda, problemas para o empregador. O efeito perverso da redução dos custos indiretos deságua na produção do produto ou dos serviços que nem sempre seguem o selo de qualidade da empresa, causando, muitas vezes, deficiência naquilo que se produziu e expondo o fornecedor a problemas que terá com o consumidor, além do que acaba por contar com uma rotatividade de mão de obra, muitas vezes sem o mínimo da especialidade que se deseja e, sujeitando-se aos riscos de uma administração que não é sua – tomador da mão de obra –, mas sim de alguém que contratou. Portanto, ao contrário da bandeira que se levanta, a descentralização da mão de obra não é um risco a que somente o trabalhador fica exposto, mas o empregador, igualmente e na mesma proporção (ou numa proporção ainda maior), também está submetido, pois sua responsabilidade pela contratação do trabalho descentralizado abrange a subsistência da própria empresa.

A descentralização, no entanto, é uma realidade que chegou, inclusive, nas nossas residências. Os diversos condomínios, verticais ou horizontais, em sua grande maioria, não contratam o trabalhador que cuidará da faxina, que ficará na portaria ou na vigilância. Tal função é de uma empresa que é contratada para cuidar do fornecimento desta mão de obra. Isso implica uma grande rotatividade de trabalhadores que, muitas vezes, sequer possuem tempo para conhecer os moradores do condomínio. A impessoalidade do tomador da mão de obra acaba sendo a regra nestas relações triangulares ou quadradas, fator este que serve para fazer ruir o modelo criado pelo art. 3º da CLT, que prevê como um dos requisitos do contrato de trabalho a pessoalidade do trabalhador no vínculo que o mantém ligado ao seu empregador. Não teria esta relação, tradicional, sido abalada pelo novo modelo que surgiu e foi impulsionado pelas novas regras de mercado? Não obstante a defesa que se faz à CLT parece evidente que seu conteúdo histórico é mais eficiente que a realidade que hodiernamente consegue alcançar.

Observa-se a crise no poder de direção e não só na subordinação. Aquela faculdade de se determinar o modo como o trabalho seria desenvolvido não segue mais os padrões originais. Isso implica numa divisão desse poder, pois não está mais concentrado nas mãos de quem contrata, ante a sua necessária divisão com aquele que toma a mão de obra e que necessariamente deve ditar as normas internas do local em que o trabalho é prestado. Certamente, isso não ocorrerá quando a prestação de serviços possa se dar no âmbito da empresa que fornece a prestação de serviços e não, necessariamente, a mão de obra.

Por fim, sem esgotar os novos tipos contratuais que persistem no mercado e que carecem de atenção legislativa, o trabalhador a domicílio não guarda qualquer regulamentação quanto a sua relação. Importa frisar que a OIT firmou um Convênio, em 1996 (C177), sobre trabalho a domicílio, sequer ratificado pelo Brasil, de modo que continuamos ignorando relações desta natureza e deixamos de dar atenção a estes tipos de relações que guardam grande importância e são voltadas principalmente ao mercado de produção de roupas e informática em geral.

Não podemos olvidar da crise do direito coletivo. A representação sindical não se faz na forma como o Sindicato se originou. Todo este processo de descentralização do trabalho e da atividade, o fato do sobrepeso na atividade do trabalhador, da diversidade de trabalhadores dentro da mesma empresa, cada qual vinculado a um empregador diverso e com atividades das mais variadas possíveis, somado ao fato de o empregador suprir muitas outras necessidades do trabalhador, acaba por causar uma desagregação nas relações entre os próprios trabalhadores. Isso influencia na formação de sindicatos, que passam a não ter a representatividade ideal para sobreviver. O trabalhador muitas vezes não conhece a história do movimento sindical, pois não a viveu e não se interessa por ela. A crise no emprego faz com que a sua preocupação esteja voltada à garantia do seu posto de trabalho e se desinteresse dos movimentos coletivos.

Os sindicatos devem se remodelar e repensar no seu próprio modelo para que possam continuar a ter força e representatividade.

Feito este panorama genérico sobre alguns pontos cruciais, devemos nos perguntar, se a Constituição Federal de 1988 de fato foi suficiente para a conquista (ou manutenção) da dignidade do trabalhador e se a tutela constitucional tem sido eficiente.

Em junho de 2009, na página na *internet* do Ministério do Trabalho e Emprego, duas notícias chamam a atenção. Uma relacionada à ação do grupo móvel de fiscalização do Ministério do Trabalho e Emprego, que libertou 280 trabalhadores que eram submetidos a condição degradante e trabalhavam no corte de cana-de-açúcar. A região em que a operação foi realizada? Rio de Janeiro, na Usina de Santa Cruz, no Município de Campos dos Goytacazes.

> Entre as irregularidades encontradas estão a não utilização de Equipamentos de Proteção Individual (EPI), a falta de água potável e inexistência de refeitório e sanitários. Além disso, os trabalhadores eram transportados em ônibus clandestinos em péssimo estado de conservação, junto com ferramentas. De acordo com auditor, até o início da noite desta sexta-feira (05), 11 autos de infração já haviam sido entregues ao proprietário da Usina, outros serão entregues na próxima semana.

Este número, relata o coordenador, é menor do que o real, pois, quando da chegada da fiscalização a ordem foi para que os trabalhadores se dispersassem pelo canavial[9].

A segunda notícia, na mesma página da *web*, se refere ao discurso do Governo Federal de que, não haverá alteração na legislação trabalhista. Tal afirmação vem do Ministro do Trabalho e Emprego, Carlos Lupi:

> segundo o ministro, o Brasil tem as leis trabalhistas mais avançadas do mundo, e vai continuar a defendê-las. "O Brasil é vanguarda do mundo na legislação trabalhista. Para saber disso basta comparar com a China, que tem um gigantesco mercado de trabalho e nenhuma legislação trabalhista"[10].

A Constituição Federal de 1988 e sua Emenda nº 45/2004 certamente galgaram inúmeros degraus para ampliar a tutela ao trabalhador e inseri-lo num sistema em que se busca a garantia de sua dignidade. Não se vê no texto constitucional escrito qualquer passagem que pudesse reduzir a sua condição, ao contrário, como se disse, o texto constitucional foi o marco da democracia no Brasil e, nesta condição, procurou-se conceder uma tutela efetiva e eficiente, exceção que se faz ao sistema sindical, pois no art. 8º, onde se inseriu o princípio da liberdade sindical, vê-se a falácia de que se valeu o legislador, pois o que temos é uma garantia de sindicatos que não são totalmente livres, o que nos levou a dizer que vivemos num sistema de *mea-liberdade sindical*[11]. O legislador manteve o sindicato por categorias, o que não dá ao trabalhador o direito de escolher quem o representará, além de ter mantido a contribuição sindical compulsória. Tais situações vêm gerando inúmeros problemas que vão desde a proliferação de sindicatos sem qualquer representatividade, até o inconformismo do próprio trabalhador com o fato de ter que contribuir e pertencer a uma entidade com a qual não se simpatiza. Tais situações agravam a crise sindical, pois, enquanto nos demais países democráticos se busca uma solução e uma remodelagam do sistema tradicional, no Brasil há um agravamento com a representatividade, a ponto de não se reconhecer normas insertas em acordos coletivos, o que, a nosso ver, contribui para o agravamento da situação. Temos de reconhecer que nossos Sindicatos perdem a força e o poder de negociação, havendo uma desconfiança na representatividade que deveriam possuir[12].

---

9. Disponível em: <http://www.mte.gov.br/sgcnoticia.asp?IdConteudoNoticia=5684&PalavraChave=grupo%20 móvel>. Acesso em: 06/06/2009.

10. Disponível em: <http://www.mte.gov.br/sgcnoticia.asp?IdConteudoNoticia=5677&PalavraChave=clt>. Acesso em: 06/06/2009.

11. Nahas, Thereza C. *Legitimidade Ativa do Sindicatos*.

12. Abaixo alguns entendimentos do C. TST acerca da validade do que é negociado em instrumento normativo e que, no nosso entender, acaba por enfraquecer a representatividade sindical. Observe-se que, a grande parte das decisões acerca destes temas são procedidas em ações individuais, o que nos parece, ainda mais grave, pois acaba por se verificar um fracionamento da norma coletiva que, em razão de decisão judicial, tem validade para uns e não para outros membros a categoria. ***Súmula nº 202 do TST***: Gratificação por tempo de serviço. Compensação (mantida) – Res. 121/2003, DJ 19, 20 e 21/11/2003 – Existindo, ao mesmo tempo, gratificação por tempo de serviço outorgada pelo empregador e outra da mesma natureza prevista em acordo coletivo, convenção coletiva ou sentença normativa, o empregado tem direito a receber,

No campo das relações individuais, as quais representam o grande número de questões que reclama uma resposta efetiva, o cenário não é dos melhores, como já se pode perceber na narrativa que fizemos acima. O mercado de trabalho se alterou e em razão do cenário na crise econômica, é inquestionável a crise do desemprego. A alteração do paradigma da subordinação e do poder de direção, agregado às necessidades de mudança nas estruturas empresariais, reclama uma regulamentação mais efetiva e mais adequada aos novos modelos.

O discurso do Exmo. Sr. Ministro do MTE de que a legislação nacional é a mais avançada no mundo, demonstra a ignorância do Poder Público sobre o que, de fato, acontece no mundo e sobre o alcance da própria Constituição. Comparar a lei nacional à chinesa dispensa maiores comentários, pois, os sistemas de governo dos dois países são incomparáveis e incompatíveis. É chegada a hora de construirmos um modelo que sirva às nossas relações e que atenda as expectativas do nosso país.

As normas trabalhistas infraconstitucionais são insuficientes a complementar o conteúdo da própria Constituição. Há relações que permenecem num vazio legislativo e carente de proteção e tutela.

O problema recente das dispensas em massa importa num bom exemplo de que o que a Constituição traçou como princípio e assegurou, não foi regulamentado, modernizado e adequado. A dignidade do trabalhador continua em xeque. O entendimento de que ser digno é ter emprego com Carteira de Trabalho registrada e poder receber férias e 13º salário é um raciocinio bitolado e carente de uma visão do que, de fato, é a realidade.

O trabalhador tem direito a horas de lazer, de desfrutar do convívio familiar e afetivo, tem direito a se reciclar e a não trabalhar em jornadas excessivas. Interessa-lhe ter um futuro e uma carreira a seguir. Trabalhar em condições de higiene e segurança e ser acolhido por um sistema decente de Previdência e Assistência Social. Deve ser tratado com respeito e ter sua personalidade respeitada e, acima de tudo, deve poder optar pelo regime jurídico que deseja firmar, se subordinado ou não, e ter garantidas todas as formas contratuais de prestação de serviços com direitos mínimos e condizentes com a relação escolhida para sua profissão. Tem direito ao trabalho e ao respeito pela sua personalidade.

Não se admite que seja tratado de forma menos favorável do que aquele que está em situação comparável à sua. A Constituição Federal garante que o trabalhador não sofra violação a sua dignidade, devendo ser entendido por assédio toda a prática

exclusivamente, a que lhe seja mais benéfica. ***Orientação Jurisprudencial nº 322 do SDI-1:*** 322. Acordo Coletivo de Trabalho. Cláusula de termo aditivo prorrogando o acordo para prazo indeterminado. Inválida (DJ 09/12/2003) – Nos termos do art. 614, § 3º, da CLT, é de 2 anos o prazo máximo de vigência dos acordos e das convenções coletivas. Assim sendo, é inválida, naquilo que ultrapassa o prazo total de 2 anos, a cláusula de termo aditivo que prorroga a vigência do instrumento coletivo originário por prazo indeterminado. ***Orientação Jurisprudencial nº 342 do SDI-1:*** 342. Intervalo intrajornada para repouso e alimentação. Não concessão ou redução. Previsão em norma coletiva. Validade (DJ 22/06/2004) – É inválida cláusula de acordo ou convenção coletiva de trabalho contemplando a supressão ou redução do intervalo intrajornada porque este constitui medida de higiene, saúde e segurança do trabalho, garantido por norma de ordem pública (art. 71 da CLT e art. 7º, XXII, da CF/1988), infenso à negociação coletiva.

discriminatória e sempre que ocorrer um comportamento indesejado com o objectivo (*sic*) ou o efeito de violar a dignidade de uma pessoa e de criar um ambiente de trabalho intimidativo, hostil, degradante, humilhante ou destabilizador[13].

Consoante ensina Luís Roberto Barroso,

> a Constituição é um instrumento do processo civilizatório. Ela tem por finalidade *conservar* as conquistas incorporadas ao patrimônio da humanidade e *avançar* na direção de valores e bens jurídicos socialmente desejáveis e ainda não alcançados. Como qualquer ramo do Direito, o direito constitucional tem possibilidades e limites. Mais do que em outros domínios, nele se expressa a tensão entre norma e realidade social. No particular, é preciso resistir a duas disfunções: (i) a da Constituição que se limita a reproduzir a realidade subjacente, isto é, as relações de poder e riqueza vigentes na sociedade, assim chancelando o *status quo*; (ii) a do otimismo juridicizante, prisioneiro da ficção de que a norma pode tudo e da ambição de salvar o mundo com papel e tinta. O erro na determinação desse ponto de equilíbrio pode gerar um direito constitucional vazio de normatividade ou desprendido da vida real[14].

Não se pode negar que, constitucionalmente, os direitos sociais foram assegurados com propriedade. Devemos reconhecer que a Constituição Federal pode assegurar a dignidade do trabalhador, descendo, inclusive, a minúcias que não necessitariam estar regulamentadas na Carta Constitucional. Mas, não obstante a tutela constitucional, a norma infraconstitucional não cuidou de regulamentar a face nova do direito do trabalho. Vivemos num vazio legislativo, num sistema de colcha de retalhos da lei infraconstitucional que, apesar de todos os remendos que recebe, não consegue, evidentemente, atingir a finalidade maior que é a efetiva realização do princípio dos valores sociais do trabalho, informador daquela Carta.

Diz o art. 3º da Constituição Federal que são objetivos da República Federativa do Brasil:

> *I – construir uma sociedade livre, justa e solidária;*
> *II – garantir o desenvolvimento nacional;*
> *III – erradicar a pobreza e a marginalização e reduzir as desigualdades sociais e regionais;*
> *IV – promover o bem de todos, sem preconceitos de origem, raça, sexo, cor, idade e quaisquer outras formas de discriminação.*

Tal disposição é posterior àquela que cuida de estabelecer os fundamentos do Estado Brasileiro, que são:

> I – a soberania;
> II – a cidadania;
> III – a dignidade da pessoa humana;
> IV – os valores sociais do trabalho e da livre iniciativa;
> V – o pluralismo político.

13. V. Acórdão no processo C-303/06 do Tribunal de Justiça Europeu, publicado em 17/07/2008.
14. *Curso de Direito Constitucional Contemporâneo – os Conceitos Fundamentais e a Construção do Novo Modelo*, 1. ed. São Paulo: Saraiva, p. 45.

A disposição constitucional dos Direitos Fundamentais dos Trabalhadores está, assim, subsumida àquelas disposições de modo que, não se imagina um Estado democrático em que a aplicação de uma regra ou exigência de respeito a ela se dê em confronto com os princípios e o objetivo do próprio Estado. Daí que todos os direitos insertos nos arts. 7º e 8º são o mínimo de tutela que se concede ao trabalhador visando à garantia da sua dignidade. Isso não quer dizer que aquelas regras se bastam. Não faz parte do objetivo constitucional regular questões que são atinentes a relações individuais. O que deveria ser realizado no âmbito constitucional já o foi. A tutela estatal já sofreu a reforma necessária para garantir o mínimo, pois a redação do art. 114, embora não seja a ideal, alarga o âmbito daquilo que deve ser trazido ao Judiciário Trabalhista, possibilitando um acesso maior e mais eficiente. O que faltou foi permitir a inclusão na competência do Poder Judiciário Trabalhista de causas de natureza penal, previdenciária e relativas a servidores públicos, todas elas umbilicalmente ligadas à relação de trabalho e que certamente teriam um tratamento jurídico mais adequado se abrangidas por aquela área do Judiciário.

Não nos parece, portanto, que a Carta Constitucional tenha falhado naquilo que pretendeu tutelar. O que não se quer é permitir que, com apoio no texto constitucional se pense que tudo será decidido e regulado. Essa não é a missão da Constituição Federal e não se pode permitir que o intérprete, ante a inércia legislativa em regulamentar questões que deveria, aplique a Constituição Federal para solucionar tudo como se o papel e a tinta utilizados em seu próprio texto bastassem para solucionar questões negociais ou fatuais. O Juiz tem por limite a lei. A Constituição Federal não o legitima a criá-la. O sistema legislativo atual é ineficiente e não cumpre os postulados constitucionais, não garantindo a dignidade do trabalhador e tampouco permite que cumpra com o objetivo dos valores sociais do trabalho. É chegada a hora de se conceder ao trabalhador mais do que a garantia do registro em sua CTPS e do pagamento de horas extras, férias e 13º salário. Faz-se necessário que se lhe dêem garantias efetivas de seus direitos sociais mínimos, quais sejam "*educação, a saúde, o trabalho, a moradia, o lazer, a segurança, a previdência social, a proteção à maternidade e à infância, a assistência aos desamparados, na forma desta Constituição*" (art. 6º).

5

O Processo Civil como instrumento dos Direitos Fundamentais – coisa julgada e o substituto processual na tutela individual

NELSON FINOTTI SILVA*

É com muita honra que aceitei o convite das professoras Norma Sueli Padilha e Thereza Nahas e do professor Ednilson Donizete Machado para escrever um capítulo no presente livro. O texto que trago é resultado de uma reflexão que de muito me acompanha e que está intimamente ligada ao tema central desta obra coletiva, *Direitos Fundamentais nos 20 anos da Constituição Federal*, como se pode perceber pelo título.

O tema direitos fundamentais no direito contemporâneo talvez seja o mais importante e como pretendemos analisar uma questão dentro dos direitos fundamentais, não iremos nos alongar na teoria dos direitos fundamentais; ficaremos restrito aqui a repetir o conceito do professor José Afonso da Silva, para quem, os direitos fundamentais do homem, "refere-se a situações jurídicas, objetivas e subjetivas, definidas no direito positivo, em prol da dignidade, igualdade e liberdade da pessoa humana"[1].

A Constituição Federal de 1988 é um marco divisor no Brasil, porque a partir de 5 de outubro daquele ano, começa a ser recontada a história do Brasil, porquanto, passamos a viver a legalidade e efetividade constitucional, uma vez que as normas constitucionais passaram a ser tratadas como normas jurídicas, dotadas de imperatividade e aptas a tutelar direta e imediatamente todas as

* Procurador do Estado de São Paulo, Doutor em Processo Civil pela Pontifícia Universidade Católica de São Paulo (PUC/SP), professor no Mestrado (área Direito) do Centro Universitário Eurípedes de Marília – Univem e da graduação da Fafica – Catanduva/SP.

1. Silva, José Afonso da. *Comentário contextual à Constituiçcão*, 2. ed. São Paulo: Malheiros, 2006, p. 57.

situações que contemplam, a ponto de afirmarem Luís Roberto Barroso e Ana Paula de Barcellos, "que a Constituição passa a ser a lente através da qual se leem e se interpretam todas as normas infraconstitucionais. A Lei Fundamental e seus princípios deram novo sentido e alcance ao direito civil, ao direito processual, ao direito penal, enfim, a todos os demais ramos jurídicos"[2].

O processo civil não é mais um simples instrumento de solução dos conflitos, mas meio de realização do direito e instrumento de proteção e respeito aos direitos fundamentais, portanto, o processo não pode ser visto como um mero conjunto de regras para a declaração do direito material, mas um instrumento público para a realização da justiça.

A tutela pelo processo é feita mediante a observância dos princípios e garantias constitucionais, que devem ser rigorosamente observados permitindo uma efetividade da tutela processual.

Portanto, sob este aspecto é que surge a questão que trazemos no presente, como pode a coisa julgada alcançar o substituído, na tutela individual, que não tenha participado efetivamente do processo, salvo através do substituto nos termos da lei.

O efeito mais importante da substituição processual e ponto central do presente trabalho é saber se o substituído fica sujeito ou não à coisa julgada.

Parte considerável da doutrina tem como orientação que o substituído fica sempre sujeito à autoridade da coisa julgada obtida pelo substituto, embora não participe da relação jurídica processual, porque em seu lugar está o substituto, e aquele, o substituído, não é um verdadeiro terceiro, porquanto é o titular da relação jurídica substancial sobre que versa o processo[3].

O art. 472, do Código de Processo Civil, dispõe sobre os limites subjetivos da coisa julgada, quando estabelece: "*A sentença faz coisa julgada às partes entre as quais é dada, não beneficiando nem prejudicando terceiros*".

Nesse caso, é inevitável o questionamento sobre o que se deve entender por "parte" e "terceiro".

Para justificar o fato de o substituído ser alcançado pela coisa julgada, a doutrina fixa critérios rígidos para aferição de parte, leva em consideração exclusivamente a

---

2. Barroso, Luís Roberto; Barcellos, Ana Paula de. O começo da história. A nova interpretação constitucional e o papel dos princípios no direito brasileiro. In: Barroso, Luís Roberto. *A nova interpretação constitucional*: ponderação, direitos fundamentais e relações privadas, Rio de Janeiro: Renovar, 2003, p. 327-78, esp. p. 329.
3. Campos Júnior, Ephraim de. *Substituição processual*, p. 78; Cintra, Antonio Carlos de Araújo, *Estudo sobre a substituição processual no direito brasileiro*, p. 753; Assis, Araken de, *Substituição processual*, p. 22; Severo Neto, Manoel, *Substituição processual*, 203; Carneiro, Athos Gusmão, *Intervenção de terceiros*, p. 48; Ferreira da Silva, Edson, *Da legitimação extraordinária, inclusive na Constituição de 1988*, p. 85; Didier Júnior, Fredie, *Pressupostos processuais e condições da ação*: o juizo de admissibilidade do processo, p. 256; Oliveira Júnior, Waldemar Mariz de, *Substituição processual*, p. 169; Alvim, Tereza, *O direito processual de estar em juizo*, p. 89; Alvim, Arruda, *Código de Processo Civil comentado* – vol. 1, p. 428; Marques, José Frederico, *Instituições de direito processual civil* – vol. 2, p. 210; Theodor Júnior, Humberto, *Curso de direito processual civil* – vol. 1, p. 88; Scarpinella Bueno, Cassio, *Partes e terceiros no processo civil brasileiro*, p. 48; Dinamarco, Cândido Rangel, *Instituições de direito processual civil* – vol. 2, p. 310; entre outros.

acepção de parte material, ou seja, aquele que integra a relação de direito material ou a situação litigiosa, e a acepção processual, é parte quem figura num dos polos da relação processual, como agente originário, interveniente ou sucessor.

Normalmente, ocorre que na mesma pessoa reúnam as duas acepções, onde se fala em legitimação ordinária, mas, em casos excepcionais, no âmbito da tutela individual, a lei, no art. 6º do Código de Processo Civil[4], autoriza que a pretensão ou a resistência venham através de quem não seja o titular do direito, ou não esteja em situação de sujeição. É a hipótese da legitimação extraordinária, também denominada de substituição processual.

Terceiros seriam aqueles que não participaram do processo, sejam os titulares do direito material não convocados ou estranhos a ela, porém juridicamente interessados no litígio e mesmo os desinteressados.

Antonio Carlos de Araújo Cintra, ao comentar o art. 472, do CPC, afirma:

> nos termos do disposto no art. 468 do Código de Processo Civil, a sentença passada em julgado tem força de lei nos limites da lide deduzida no processo. Isto quer dizer, ensina Carnelutti, que a autoridade da coisa julgada não vai além das partes, uma vez que estas constituem um dos elementos da lide. Assim parece claro que a disposição em exame, afirmando que a sentença faz coisa julgada às partes entre as quais é dada, apenas explicita o que já está contido no art. 468. Nessa perspectiva, a palavra partes não está na lei no seu sentido de sujeitos do contraditório no processo, mas indica os sujeitos da relação litigiosa. Em outras palavras, o bom entendimento da disposição em exame decorre da distinção formulada por Carnelutti entre parte em sentido material e parte em sentido formal, o que nada tem de surpreendente, diante da influência exercida por Carnelutti na elaboração do anteprojeto do Código de Processo Civil brasileiro. Esse entendimento permite a aplicação, sem maiores dificuldades, da regra explicitada pelo art. 472, à coisa julgada formada tanto nos casos de legitimação ordinária como naqueles de legitimação extraordinária. Realmente, assim, se explica porque, no caso de substituição processual, o substituído fica sujeito à coisa julgada formada em processo de que não participou[5].

A regra de que a coisa julgada não pode prejudicar os terceiros vem do direito comum, *res inter alios iudicata aliis non preiudicare.*

Não cabe sustentar que, na substituição processual, seria uma grave ameaça à segurança jurídica a submissão à coisa julgada tão somente do substituto e da parte contrária, excluindo-se o substituído, porque a constitucionalização do direito material e processual não permite que prevaleça o entendimento sufragado pela doutrina, o qual admita ser o substituído alcançado pela coisa julgada, senão pelo primeiro argumento, mas também, sob o fundamento de que, ainda que não tenha sido parte

4. *"Art. 6º Ninguém poderá pleitear, em nome próprio, direito alheio, salvo quando autorizado por lei."*

5. Cintra, Antonio Carlos de Araújo. *Comentários ao Código de Processo Civil (arts. 332 a 475)*, Rio de Janeiro: Forense, 2000, v. 4, p. 305.

do processo no sentido formal, terá sido na acepção material, já que é o titular do direito controvertido deduzido em juizo.

A coisa julgada não pode atingir a esfera jurídica daquele que não teve oportunidade para o pleno exercício do direito de defesa e de acesso à justiça, porque tal situação significa violação do núcleo essencial do direito fundamental de defesa.

A participação das partes interessadas na formação da sentença é que confere legitimidade ao exercício da jurisdição, sob pena de comprometer a efetividade do direito de defesa, o que comprometeria, por consequência, a própria legitimidade do exercício do poder jurisdicional.

Estando o direito de defesa relacionado aos efeitos sobre o patrimônio e à própria liberdade, não há nenhum sentido lógico e jurídico em se impor uma sanção definitiva sem dar, à parte, o direito de se defender.

O processo deve ser tratado como instrumento seguro e efetivo de justiça e pacificação social, de sorte que estes valores, segurança, efetividade, justiça e paz social, estejam sempre presentes, proporcionando o resultado desejado pelo direito material, ressaltando-se que estes princípios processuais estão relacionados com as garantias constitucionais de acesso à justiça e do contraditório.

O direito de ação ou a garantia constitucional de acesso à justiça significa que todos têm direito à via constitucional de solução do litígio, livres de quaisquer óbices que possam comprometer a eficácia do resultado pretendido.

Egas Moniz de Aragão, após mencionar que Liebman concorda em que o substituído seja alcançado pela coisa julgada, embora não tenha participado da relação jurídica processual, não sendo ele verdadeiro terceiro por ser o titular do direito objeto da lide, manifesta sua discordância, dizendo que "[...] sujeitar o titular da relação jurídica à coisa julgada, oriunda de processo ao qual não lhe foi dado comparecer e, nele, defender *seu interesse* importa em barrar-lhe o acesso ao Poder Judiciário, o que nem a lei nem ninguém poderá fazer"[6].

O mencionado autor afirma ser irrecusável que a garantia constitucional do direito de ação não comporta restrições, por isso afirma que nenhuma lei, direta ou indiretamente, e nenhum intérprete poderão excluir da apreciação do Poder Judiciário a pretensão de quem quer que seja. E arremata:

> se alguma relação jurídica for atingida pela autoridade da coisa julgada, surgida *inter alios*, isto é, em processo para o qual o titular não fora oportunamente citado (notificado, intimado), *seu* direito individual terá sofrido uma lesão, sem haver sido apreciado pelo Poder Judiciário, pois a extensão da autoridade da coisa julgada a quem não integrara o processo em que se formou importa em subtrair-lhe o direito individual à apreciação do Poder Judiciário[7].

6. Aragão, Egas Moniz. *Sentença e coisa julgada*: exegese do Código de Processo Civil (arts. 444 a 475), Rio de Janeiro: Aide, 1992, p. 302.
7. Idem, ibidem, p. 318.

Assim, para Moniz de Aragão, o substituído somente poderá ser atingido pela coisa julgada, se lhe for assegurada a participação no processo, mediante convocação oportuna para a prática de atos no processo[8].

Eduardo Talamini também comunga da tese da não sujeição do substituído pela coisa julgada diante das garantias constitucionais e questiona a possibilidade de aceitar que as garantias constitucionais processuais do substituído não tenham sido violadas quando este é impedido de exercê-las sob o pretexto de que alguém, em seu nome e sem sua autorização, já atuou em juizo.

Talamini responde afirmando que não se pode naturalmente achar que a resposta está na própria lei, primeiro porque as previsões legais de substituição processual, em regra, não estabelecem a extensão da coisa julgada ao substituído, como o próprio art. 6º do Código de Processo Civil, ao contrário, quando o que se tem é a regra do art. 472, do Código de Processo Civil; em segundo lugar, ainda que a lei fizesse alguma referência à substituição, permaneceria o questionamento sobre a sua constitucionalidade[9].

Para Eduardo Talamini, diante do ordenamento jurídico nacional não se pode genericamente admitir que o substituído seja atingido pela coisa julgada, já que é necessário definir alguns requisitos. São eles: a) se o substituído teve prévia oportunidade de exercer a ação, e não o fez, em certos casos, é razoável que a lei atribua legitimidade a outrem para atuar em juizo e vincular o substituído; b) se o substituído tinha ou deveria ter ciência do processo em que corria sua substituição; c) especialmente nessa segunda hipótese, a extensão da coisa julgada ao substituído fica ainda condicionada à possibilidade de ele, querendo, participar do processo como assistente[10].

Não é possível concordar com a posição de Eduardo Talamini em relação ao primeiro requisito, porque o autor acaba por admitir que o substituído seja alcançado pela coisa julgada em caso de sua omissão, o que não é correto, tendo em vista que as garantias constitucionais não podem ser interpretadas com restrição.

Ao se sustentar que o substituído, para ser alcançado pela coisa julgada, deva ter efetiva participação no processo, não se está querendo dizer que ele tenha uma posição

8. Moniz de Aragão chama a atenção para o fato de o seu posicionamento não ser tão novo quanto possa parecer: "[...] estas considerações (aparentemente tão modernas) não têm sequer o sabor de novidade". Masimo Cenerini aponta a opinião de Toullier a esse propósito, emitida no primeiro quartel do Século XIX, em polêmica com Merlin sobre a extensão ao cível da coisa julgada formada no processo criminal, que este último sustentava. Opunha-se Toullier, que afirmou: "De todas as condições exigidas para dar lugar à autoridade ou à exceção de coisa julgada, a mais importante, sem contradita, é, como vimos, que a demanda seja entre as mesmas partes (art. 1351 – do Código Civil francês) porque esta condição deriva do princípio eterno de justiça que ninguém deve ser condenado sem ter sido ouvido". Arrematando, Moniz de Aragão afirma: "Esta tese implica evidentemente assegurar o exercício do direito de ação, *ipso facto* o de defesa, tal como garantem, na atualidade, as disposições constitucionais" (Ibid., p. 318).

9. Talamini, Eduardo. *Coisa julgada e sua revisão*: coisa julgada e Constituição, o regime infraconstitucional da coisa julgada, a ação rescisória e outros meios rescisórios típicos, os limites da revisão atípica (relativização) da coisa julgada, as sentenças inexistentes. São Paulo: Revista dos Tribunais, 2005, p. 114.

10. Ibid., p. 115.

ativa, poderá ser omissa, mas é fundamental que lhe tenha sido dado conhecimento da ação e oportunidade de se manifestar.

O que não se pode aceitar é que, diante da possibilidade de exercer o direito de ação, garantia constitucional, o não exercício implique uma sanção; daí por que, nesta hipótese, deve ser provocado, no curso do processo, o ingresso do substituído.

Gregório Assagra de Almeida chama a atenção para a necessidade de uma revisitação dos institutos da substituição processual e da coisa julgada, diante da garantia constitucional do contraditório, para afirmar que o substituído só poderá ser alcançado pela coisa julgada pelo critério *secundum eventum litis*, ou seja, ele não pode ser prejudicado por uma sentença em seu direito substancial em processo que não participou. Esta negativa é uma imposição constitucional, pois, segundo o autor,

> ninguém, por imposição constitucional, poderá ser prejudicado por uma decisão sem ter tido qualquer oportunidade de ser ouvido. Nesses casos, somente deverá ocorrer coisa julgada para o titular do direito que não tenha participado do contraditório se a decisão lhe for favorável[11].

O conhecimento do processo para a participação do substituído pode se dar mediante todas as formas de comunicação dos atos do processo, inclusive, por determinação do juiz, a denominada intervenção *iussu iudicis*.

Esta forma de intervenção, como já mencionado alhures, tem previsão legal no direito italiano (art. 107)[12], que consagra a possibilidade de o juiz determinar o chamamento do terceiro, se entender conveniente para o julgamento da causa.

O Código de Processo Civil de 39, no art. 91, previa a possibilidade de o juiz trazer ao processo terceiros que tivessem com a causa alguma espécie de interesse jurídico, que tornasse conveniente a sua participação no processo[13].

O código atual é omisso, tratando apenas da integração do litisconsorte necessário, nos termos do parágrafo único, do art. 47, que prevê expressamente que "*[...] o juiz ordenará ao autor que promova a citação de todos os litisconsortes necessários, dentro do prazo que assinar, sob pena de declarar extinto o processo*".

Nada impede que seja feita uma interpretação extensiva do parágrafo único do art. 47, quando na substituição processual o juiz se der conta de que a sentença a ser proferida poderá ser em prejuizo do substituído.

---

11. Almeida, Gregório Assagra de. Partes e terceiros no processo civil: cinco dimensões da qualidade de parte à luz dos princípios constitucionais do acesso à justiça e do contraditório. In: ASSIS, Araken de; et al. (Coord.). *Direito civil e processo*: estudos em homenagem ao professor Arruda Alvim, São Paulo: Revista dos Tribunais, 2007, p. 1040-1967, esp. p. 1053.
12. Art. 107 do CPC italiano: "*(Intervento per ordine del giudice). Il giudice, quanto ritiene opportuno che il processo vi svolga in confronto di un terzo al quale la causa è comune, ne ordina l'intervento (270-272)*".
13. Art. 91 do CPC brasileiro de 1939: "*O juiz, quando necessário, ordenará a citação de terceiros, para integrarem a contestação. Se a parte interessada não promover a citação no prazo marcado, o juiz absolverá o réu da instância*".

Aliás, como noticiado por Fredie Didier Junior[14], em 2005, o Ministro do Supremo Tribunal Federal, Celso de Mello, ao julgar os mandados de segurança em que se discutiam a instalação da chamada "CPI dos Bingos", determinou a intervenção *iussu iudicis* para trazer ao processo os líderes dos partidos governistas, por entender que esses líderes, embora não fossem litisconsortes necessários, deveriam *ad cautelam* participar do processo.

Outrossim, a intervenção *iussu iudicis* garante a efetivação do direito fundamental do contraditório e de acesso à justiça. Pela dimensão publicística do direito processual e relevância do contraditório, em especial no processo civil, essa atuação de ofício do juiz cumpre efetivamente as garantias constitucionais processuais e os direitos fundamentais, legitimando, pois, o processo e a própria atividade jurisdicional.

José Rogério Cruz e Tucci, depois de reconhecer que é generalizado o entendimento no sentido de que o substituído, qualquer que seja o resultado do processo, fica adstrito à coisa julgada, chama a atenção para o fato de que esse verdadeiro dogma precisa ser urgentemente analisado à luz da garantia constitucional do devido processo legal.

Para enfrentar o problema, este autor começa apontando a atual literatura processual italiana, citando Proto Pisani que, em estudos recentes, diante das garantias constitucionais, especialmente da ampla defesa, afirma:

> ...no caso de o processo ser iniciado por um "falso" legitimado extraordinário, como, por exemplo, o usufrutuário, na ação negatória de servidão (art. 1.012, 2ª al., CC) [...], impõe-se a aplicação das regras do litisconsórcio necessário [...] ou o substituído não foi citado, e aí a sentença que lhe for contrária deverá ser considerada *inutiliter data*, ou então o substituído foi citado [...] e, já agora como parte, poderá deduzir a defesa que bem entender[15].

José Rogério Cruz e Tucci chama a atenção para o fato de que o problema do substituído é até elementar, ou seja, "[...] não se decide a relação litigiosa, objeto central do processo, sem que os interessados se manifestem, ou melhor, sem a prévia oportunidade de defesa e participação daqueles que serão afetados pelo provimento judicial", e conclui que o substituído só pode ser alcançado pela coisa julgada se lhe for garantida a participação no processo, "[...] ou é garantida a participação no processo a todos aqueles que futuramente ficarão sujeitos à *auctoritas rei iudicatae*, ou então esta, de modo algum, poderá atingi-los"[16].

Ademais, pode-se ainda apontar a regra constante no art. 103, III, § 2º do Código de Defesa do Consumidor (Lei nº 8.078/1990), que prevê a não incidência da coisa julgada ao sujeito que não participou no processo:

---

14. Didier Júnior, Fredie. *Curso de direito processual civil*: teoria geral do processo e processo de conhecimento, 6. ed. Salvador: Podivm, 2006, v. 1, p. 283 (Mandados de Segurança nºs 24.831, 24.845, 24.846, 24.847, 24.848 e 24.849).
15. Tucci, José Rogério Cruz e, *Limites subjetivos da eficácia da sentença e da coisa julgada civil*, São Paulo: Revista dos Tribunais, 2006, p. 229.
16. Ibid., p. 228 e 231.

> *Art. 103. Nas ações coletivas de que trata este Código, a sentença fará coisa julgada:*
>
> *III –* erga omnes *apenas no caso de procedência do pedido, para beneficiar todas as vítimas e seus sucessores, na hipótese do inciso III do parágrafo único do art. 81.*
>
> *§ 2º Na hipótese prevista no inciso III, em caso de improcedência do pedido, os interessados que não tiverem intervindo no processo como litisconsortes poderão propor ação de indenização a título individual.*

Observa-se, na hipótese legal, que o substituído que não tenha participado da relação jurídica processual em que a sentença tenha sido pela improcedência, portanto, em seu prejuizo, não será alcançado pela coisa julgada, pois neste caso ela opera *secundum eventum litis.*

Não seria demais lembrar que a inclusão do direito individual homogêneo no rol dos direitos coletivos recebeu críticas por boa parte da doutrina por não serem, na essência, direitos coletivos, como assevera Teori Albino Zavascki, que os direitos individuais homogêneos – acidentalmente coletivos –, têm a classificação "decorrente, não de um enfoque *material* do direito, mas sim de um ponto de vista estritamente *processual.* O 'coletivo', consequentemente, diz respeito apenas à 'roupagem', ao acidental, ou seja, ao modo como aqueles direitos podem ser tutelados [...] na essência e por natureza, os direitos individuais homogêneos, embora tuteláveis coletivamente, não deixam de ser o que realmente são: genuínos direitos subjetivos individuais"[17].

Assim, nada justifica permitir que, na hipótese da tutela de direitos individuais homogêneos, a coisa julgada opere *secudum eventun litis* e, na hipótese de substituto processual, o tratamento seja diferenciado, uma vez que, na essência, o direito tutelado é o mesmo nas duas situações, qual seja, a tutela do direito individual.

Ada Pellegrini Grinover, ao comentar o artigo em questão, afirma que lei consumerista admitiu apenas a extensão da coisa julgada para beneficiar o substituído, porque poderiam ser suscitados problemas constitucionais na indiscriminada extensão subjetiva da coisa julgada, procurando a lei harmonizar a índole da coisa julgada nas ações coletivas e sua necessária extensão a terceiros com as garantias do devido processo legal, do contraditório e da ampla defesa, as quais obstam a que o julgado possa desfavorecer aquele que não participou do processo[18].

Ora, se houve a preocupação com a constitucionalidade da lei em face da garantia constitucional do contraditório e do próprio acesso à justiça diante de uma tutela

17. Zavascki, Teori Albino. *Processo coletivo*: tutela de direitos coletivos e tutela coletiva de direitos, São Paulo: Revista dos Tribunais, 2006, p. 55 (grifo do original).

18. Assim escreveu Ada Pellegrini Grinover: "Assim, no juizo de valor que antecedeu à escolha do legislador, verifica-se que a extensão da coisa julgada a terceiros, que não foram pessoalmente parte do contraditório, ofereceria riscos demasiados, calando fundo nas relações intersubjetivas, quando se tratasse de prejudicar direitos individuais; além disso, o esquema brasileiro da legitimação poderia suscitar problemas de constitucionalidade, na indiscriminada extensão subjetiva do julgado, por infringência ao contraditório. Foi por isso que o Código de Defesa do Consumidor agasalhou o regime da extensão da coisa julgada a terceiros, que não foram partes do processo, apenas para beneficiá-los". (In: Grinover, Ada Pellegrini et al. *Código Brasileiro de Defesa do Consumidor*: comentado pelos autores do anteprojeto, 7. ed. Rio de Janeiro: Forense Universitária, 2001, p. 839.

essencialmente individual sobre o aspecto material, um tratamento diferenciado quando se tratar de substituído que não tenha tido seu direito discutido em sede coletiva, não se justifica, sob pena de violar a garantia constitucional da isonomia.

Antonio Gidi, ao explicar os limites subjetivos da coisa julgada na tutela coletiva dos direitos individuais homogêneos, justifica que a opção do legislador pela coisa julgada *secundum evento litis* se deu porque o

> ...CDC, atendendo a um valor supremo de segurança jurídica e aos princípios do direito processual civil contemporâneo, assegura aos consumidores a garantia de não serem privados de seus direitos, sem o devido processo legal, sem que haja ampla defesa e contraditório[19].

É, pois, inimaginável sustentar que o valor supremo da segurança jurídica e as garantias constitucionais processuais só sejam observados no âmbito da tutela coletiva para direito individual que, acidentalmente, tornou-se coletivo.

Ainda não se pode esquecer da regra do art. 274, do Código Civil, que também prevê a hipótese de a coisa julgada ocorrer *secundum eventum litis*, quando se tratar de credor solidário: "*Art. 274. O julgamento contrário a um dos credores solidários não atinge os demais; o julgamento favorável aproveita-lhes, a menos que se funde em exceção pessoal ao credor que o obteve*".

O Prof. José Carlos Barbosa Moreira, ao comentar o referido artigo, afirma que o novo código adotou o regime da coisa julgada *secundum eventum litis*, porque os credores que não participarem do processo e para quem a sentença seja desfavorável, não serão por ela atingidos. Conforme o citado autor,

> ...adotou o novo Código, destarte, em linha de princípio, o regime da extensão *secundum eventum litis*: as consequências variam, conforme a sentença, na ação de cobrança intentada por um só credor, julgue improcedente ou procedente o pedido. A primeira parte do dispositivo nada tem de original: segue a diretriz, comum aos outros ordenamentos examinados (alemão, italiano e português), de imunizar os credores ausentes do processo contra o respectivo resultado, desfavorável ao demandante[20].

A situação, imposta pelo Código Civil, diante da posição da doutrina em admitir que o substituído seja alcançado pela coisa julgada em outras hipóteses, poderá levar a uma situação no mínimo desproporcional para não absurda, como por exemplo, no caso de três credores solidários de uma quantia total de R$ 120,00 (cento e vinte reais), sendo que um deles propõe a ação condenatória relativa ao crédito e, por algum motivo, o pedido seja julgado improcedente, os outros dois não serão alcançados pela coisa julgada e poderão demandar o devedor. Em outra situação, sendo três pessoas coproprietárias de um imóvel avaliado em R$ 200.000,00 (duzentos mil reais) e um dos coproprietários ingressa com uma ação reivindicatória que, ao final, é julgada

19. Gidi, Antonio. *Coisa julgada e litispendência em ações coletivas*, São Paulo: Saraiva, 1995, p. 142.
20. Moreira, José Carlos Barbosa. Solidariedade ativa: efeitos da sentença e coisa julgada na ação de cobrança proposta por um único credor. *Revista do Advogado*, São Paulo, v. 84, ano XXV, dez. 2005, p. 68.

improcedente, os outros dois coproprietários seriam alcançados pela coisa julgada, segundo entendimento corrente, o que, no mínimo, viola o razoável, levando-se em consideração os bens da vida tutelados nos exemplos.

Imagina-se a situação em uma ação de investigação de paternidade proposta pelo Ministério Público que teve o pedido julgado improcedente. Nesta hipótese, não poderá ser reproposto pelo substituído nova ação de investigação de paternidade, mas o credor solidário poderá.

Barbosa Moreira, no artigo mencionado, justifica que a posição tomada pelo legislador do Código Civil é de fácil compreensão, porque o resultado negativo para os demais credores pode decorrer de uma condução inábil, ou mesmo conluio com o devedor comum. Segundo ele:

> ...repugna à justiça e ao próprio bom senso subtrair aos outros credores, que não participaram do contraditório, não tiveram a oportunidade de arrazoar e produzir prova, a possibilidade de exigir a satisfação do crédito, prejudicando-os de modo definitivo[21].

No exemplo dos condôminos e em quaisquer outras hipóteses de substituição processual, por que não aceitar o mesmo argumento, qual seja, o resultado negativo pode decorrer da inabilidade ou mesmo de conluio das partes demandantes em total prejuizo dos substituídos.

Assim, por qualquer ângulo que se olhe, observa-se que não se justifica a incidência da coisa julgada ao substituído, sob pena de negar as garantias constitucionais processuais, negando ao substituído direitos fundamentais.

Leonardo Grego afirma ser incompatível com a garantia do contraditório a subordinação do substituído à imutabilidade da coisa julgada em ação proposta por substituto sem a sua participação, entende que a coisa julgada se formará *secundum eventum litis*, isto é, apenas *in utilibus*[22].

Portanto, a questão se põe diante da nova realidade constitucional do direito brasileiro, pois sujeitar o titular do direito material à coisa julgada em processo de que não participou, ou não lhe tenha sido dada ao menos oportunidade de atuar, para defender interesse seu, implica não só vedar o acesso à justiça, como afrontar o próprio contraditório, o que nem a lei nem ninguém poderá fazer.

Ao contrário, ficando assegurada a participação do substituído no processo, a tempo de defender seu interesse, mudam os dados do problema.

Assim, ou se permite, mediante convocação oportuna, a participação do substituído no processo para defender interesse seu, ficando, neste caso, ele sujeito à

21. Idem, *Solidariedade ativa...*, cit., p. 65.
22. Greco, Leonardo. *A teoria da ação no processo civil*, São Paulo: Dialética, 2003, p. 41. E complementa o autor: "A legitimação extraordinária visa a assegurar o direito de acesso à Justiça a quem, sem ela, estaria privado daquele direito, não conferindo a ninguém, sem mandato, o poder de pôr a perder um direito alheio pela propositura de ação cujo resultado seja desfavorável ao interesse do substituído".

coisa julgada; ou não ficará a ela vinculado[23], salvo se for para beneficiá-lo, ou seja, a produção da coisa julgada *secundum eventum litis*.

A compreensão e a interpretação do direito processual devem ter por pressuposto básico o exame da Constituição; "[...] o intérprete deve buscar a aplicação do direito ao caso concreto, sempre tendo como pressuposto o exame da Constituição Federal. Depois, sim, deve ser consultada a legislação infraconstitucional a respeito do tema"[24].

Outra não é a lição de Luís Roberto Barroso:

> ...toda a ordem jurídica deve ser lida e apreendida sob a lente da Constituição, de modo a realizar os valores nela consagrados [...], a constitucionalização do direito infraconstitucional não tem como sua principal marca a inclusão na Lei Maior de normas próprias de outros domínios, mas, sobretudo, a reinterpretação de seus institutos sob uma ótica constitucional[25].

Em uma análise desta mudança de paradigma, pode-se dizer que o positivismo jurídico que serviu de base para o autoritarismo, deu lugar a uma realidade diferente, chamada por parte da doutrina de pós-positivismo[26], de um ideário difuso, "[...] no qual se incluem a definição das relações entre valores, princípios e regras, aspectos da chamada *nova hermenêutica* e a teoria dos direitos fundamentais"[27].

Essa nova concepção tem influenciado decisivamente na formação de uma hermenêutica constitucional inovadora. Surge um novo sentido para o sistema jurídico, abandona-se o fechado e autossuficiente e passa-se ao sistema jurídico aberto, móvel e composto de valores[28].

A interpretação constitucional, nos termos da proposta de Peter Häberle, é pluralista, elemento de uma sociedade aberta, já que "[...] os critérios de interpretação constitucional hão de ser tanto mais abertos quanto mais pluralista for a sociedade"[29].

---

23. Aragão, Egas Moniz. Ob. cit., p. 302.
24. Nery Junior, Nelson. *Princípios do processo civil na Constituição Federal*, 6. ed. São Paulo: Revista dos Tribunais, 2000, p. 20.
25. Barroso, Luís Roberto. Neoconstitucionalismo e constitucionalização do direito: o triunfo tardio do direito constitucional no Brasil. *Jus Navigandi*, Teresina, ano 9, n. 851, 1º nov. 2005. Disponível em: <http://jus2.uol.com.br/doutrina/texto.asp?id=7547>. Acesso em: 18 mar. 2008, p. 14.
26. Esta é a lição de Luís Roberto Barroso: "[...] o pós-positivismo não surge com o ímpeto da desconstrução, mas como uma superação do conhecimento convencional. Ele inicia sua trajetória guardando deferência relativa ao ordenamento positivo, mas nele reintroduzindo as ideias de justiça e legitimidade [...] os princípios constitucionais, portanto, explícitos ou não, passam a ser a síntese dos valores abrigados no ordenamento jurídico. Eles espelham a ideologia da sociedade, seus postulados básicos, seus fins". (In: Barroso, Luís Roberto. Fundamentos teóricos e filosóficos do novo direito constitucional (pós-modernidade, teoria crítica e pós-positivismo). In: *A nova interpretação constitucional*: ponderação, direitos fundamentais e relações privadas, Rio de Janeiro: Renovar, 2003, p. 1-48, p. 28-9).
27. Barroso, Luís Roberto. Fundamentos teóricos e filosóficos do novo direito constitucional (pós-modernidade, teoria crítica e pós-positivismo). In: *A nova interpretação constitucional*: ponderação, direitos fundamentais e relações privadas, Rio de Janeiro: Renovar, 2003, p. 27 (grifo do autor).
28. Ibid., p. 34-35.
29. Häberle, Peter. *Hermenêutica constitucional*: a sociedade aberta dos intérpretes da Constituição: contribuição para a interpretação pluralista e procedimental da Constituição. Tradução Gilmar Ferreira Mendes, Porto

Surge o neoconstitucionalismo[30] como uma nova forma de estudar, interpretar e aplicar a Constituição, de modo emancipado e desmistificado, com a finalidade de "[...] superar as barreiras impostas ao Estado Constitucional Democrático de Direito pelo *positivismo meramente legalista*, gerador de bloqueios ilegítimos ao projeto constitucional de transformação com justiça da realidade social"[31].

Conforme explica Robert Alexy, citado por Gregório Assagra de Almeida,

> ...o legalismo, em oposição ao constitucionalismo democrático, impõe: a) a norma em vez do valor; b) a subsunção em vez da ponderação; c) a independência do direito ordinário em vez da onipresença da Constituição; d) a autonomia do legislador democrático, dentro do marco da Constituição, no lugar da onipresença judicial fundada na Constituição, colocando o legislador sobre o Tribunal Constitucional Federal[32].

A partir dessa visão em torno da Constituição, denominada por muitos de *neoconstitucionalismo*, Eduardo Cambi fala em *neoprocessualismo*, tendo como premissas fundamentais: a) a relação da Constituição com o processo, havendo supremacia sobre o direito infraconstitucional; b) direito fundamental à ordem jurídica justa, direito fundamental ao processo justo e visão publicística do processo; c) direito fundamental à tutela jurisdicional, instrumentalidade do processo e a construção de técnicas processuais adequadas à realização dos direitos materiais; d) a conciliação da instrumentalidade do processo com o garantismo[33] constitucional[34].

Alegre: Sérgio Antonio Fabris, 1997, p. 13.

30. Esclarece Eduardo Cambi que o neoconstitucionalismo pode ser sintetizado, estudado em três aspectos distintos: histórico, filosófico e teórico. Pelo aspecto histórico, as transformações mais importantes foram depois da Segunda Grande Guerra Mundial, salientando a Lei Fundamental de Bonn (1949), as Constituições italiana (1947), portuguesa (1976), espanhola (1978) e a própria Constituição brasileira (1988); pelo aspecto filosófico, o estudo das vertentes teóricas que compõem o pós-positivismo; pelo aspecto teórico, o estudo engloba o reconhecimento da força normativa da Constituição, a expansão da jurisdição constitucional e o desenvolvimento de uma nova dogmática da interpretação constitucional. (Cambi, Eduardo. Neoconstitucionalismo e neoprocessualimo. In: Fux, Luiz; Nery Junior, Nelson; Wambier, Teresa Arruda Alvim (Coord.). *Processo e Constituição*: estudos em homenagem ao professor José Carlos Barbosa Moreira. São Paulo: Revista dos Tribunais, 2006, p. 662-83, p. 663-5.

31. Almeida, Gregório Assagra de. *Codificação do direito processual coletivo brasileiro*, Belo Horizonte: Del Rey, 2007, p. 37 (grifo do autor).

32. Ibid., p. 38.

33. Deve-se entender por garantismo, na síntese de Aury Lopes Junior, como a tutela dos direitos fundamentais que constitui a base substancial da democracia: "[...] é importante destacar que o *garantismo* não tem nenhuma relação com o mero legalismo, formalismo ou mero processualismo. Consiste na tutela dos direitos fundamentais, os quais – da vida à liberdade pessoal, das liberdades civis e políticas às expectativas sociais de subsistência, dos direitos individuais aos coletivos – representam os valores, os bens e os interesses, materiais e prepolíticos, que fundam e justificam a existência daqueles *artifícios* – como chamou Hobbes – que são o Direito e o Estado, cujo desfrute por parte de todos constitui a base substancial da democracia. Dessa afirmação de Ferrajoli é possível extrair um imperativo básico: o Direito existe para tutelar os direitos fundamentais". (In: Lopes Júnior, Aury. Instrumentalidade garantista do processo penal. Disponível em: <http://www.juspodivm.com.br>. Acesso em: 19 mar. 2008, p. 6).

34. Cambi, Eduardo. Neoconstitucionalismo e neoprocessualimo. In: Fux, Luiz; Nery Junior, Nelson; Wambier, Teresa Arruda Alvim. (Coord.). *Processo e Constituição*: estudos em homenagem ao professor José Carlos Barbosa Moreira, São Paulo: Revista dos Tribunais, 2006, p. 672-680.

A leitura constitucional impõe que se estenda a qualidade de parte no processo civil. Trata-se de uma interpretação aberta e flexível, o que facilitará o ingresso em juizo, fomentando a participação no contraditório de todos os interessados. É a legitimação da própria atividade jurisdicional no Estado Democrático de Direito.

É dever do Poder Judiciário interpretar e aplicar a lei em conformidade com os direitos fundamentais. A vinculação dos órgãos judiciais aos direitos fundamentais, na lição de Canotilho, citado por Ingo Wolfgang Sarlet, decorre da constitucionalização da própria organização dos tribunais e do procedimento judicial, que, além de deverem ser compreendidos à luz dos direitos fundamentais, por estes são influenciados, expressando-se, de outra parte, na vinculação do conteúdo dos atos jurisdicionais aos direitos fundamentais, que, neste sentido, atuam como autênticas medidas de decisão material, determinando e direcionando as decisões judiciais[35].

Portanto, em respeito aos direitos fundamentais, entendendo como tal, os direitos das pessoas individual ou institucional com assento na Constituição Federal, uma maior abrangência das garantias constitucionais do acesso à justiça e do contraditório, a constitucionalização do direito processual civil e a força da dimensão publicística do direito processual, uma nova visão do conceito de parte se impõe, não pode ser ele meramente formal nem material, mas um conjunto de valores, um conceito pluralista e aberto, que não interfere nos efeitos diretos da decisão judicial nem nos limites subjetivos da coisa julgada, porque normalmente as partes atingidas diretamente por esses efeitos são as titulares da relação jurídica material, figurando geralmente como parte demandante ou demandada no processo, com exceção do substituído, que só poderá ser alcançado pela coisa julgada se lhe for dada a devida oportunidade de conhecimento do processo ou se fixar o critério da coisa julgada *secundum eventum litis*.

35. Sarlet, Ingo Wolfgand. *A eficácia dos direitos fundamentais*, 2. ed. Porto Alegre: Livraria do Advogado, 2001, p. 334.

6

Prova ilícita frente à dignidade da pessoa humana

LUÍS HENRIQUE BARBANTE FRANZÉ*

Sumário: Introdução. 1. Dignidade da pessoa humana. 2. Evolução histórica da tutela jurisdicional. 3. Visão constitucionalizada do processo. 3.1. Interpretação constitucional da norma. 3.2. Característica da limitabilidade dos direitos individuais. 3.3. Princípio da proporcionalidade. 4. Evolução histórica da prova. 5. Importância da prova no processo. 6. Definição de prova ilícita. 7. Argumentos favoráveis e contrários à prova ilícita. 8. *Exclusionary rule* e sua aplicação no direito brasileiro. 9. Teoria dos frutos da árvore envenenada. 10. Considerações finais.

INTRODUÇÃO

Nosso interesse pelo tema foi despertado em razão do escopo que a atividade jurisdicional deve guardar em relação ao jurisdicionado. Ora, ao avocar para si o exercício da tutela jurisdicional, é inegável que o Estado também ficou incumbido de realizar a justiça da forma mais ampla possível, notadamente por meio da busca pela verdade real, sem ferir a dignidade da pessoa humana.

Nesse contexto – e até por respeito à segurança jurídica da parte adversa –, cada parte deve se desincumbir do respectivo ônus de prova que lhe cabe. Cumulativamente, a CF/1988, impede a obtenção de provas por meios ilícitos (art. 5º, LVI).

Todavia, existem situações peculiares que somente podem ser provadas por meio de violação ao direito material como, por exemplo, quando o único meio

---

* Pós-Doutorando pela Faculdade de Direito de Lisboa. Doutor em Processo Civil pela PUC/SP. Mestre em processo civil. Professor no curso de mestrado do Centro Universitário Eurípedes de Marília - Univem. Professor na Universidade Metodista de Piracicaba (Unimep). Advogado.

para demonstrar o sequestro é a gravação do pedido de resgate. Ora, neste caso poderia ser usada a referida prova sem prejuizo da dignidade e privacidade do sequestrador? O direito da vítima e de a sociedade ver punida esta intolerável conduta deve prevalecer sobre o direito individual do sequestrador?

Certamente existem muitas outras variantes deste tema, mas ficamos impedidos de adentrar em razão do objetivo deste exame.

1. DIGNIDADE DA PESSOA HUMANA

Logo no inciso III do art. 1º, a CF/1988 elenca a dignidade da pessoa humana como um dos fundamentos do Estado Democrático de Direito.

Por seu turno, a expressão "dignidade da pessoa humana" deve ser vista como o núcleo básico inerente a qualquer ser humano, que não pode ser desprezado. Como explica André Ramos Tavares: "é o reconhecimento de que todos detêm qualidades morais que exigem um respeito, definidoras que são de um ser único na espécie"[1].

Diante dos limites deste estudo, não adentraremos às inúmeras outras discussões sobre o alcance desta expressão.

Porém, como bem lembra Robert Alexy, é importante salientarmos que este princípio também não é absoluto, mas, se caracterizadas as suas condições de existência, ele deve preceder aos demais[2].

Em suma, para o processo atingir a sua função maior de alcançar a justiça e, consequentemente, preservar a dignidade da pessoa humana, é imprescindível que seja visto em sua fase instrumentalista, por meio da lente da Constituição e mediante uma interpretação que faça uso do princípio da proporcionalidade, consoante passaremos a ver nos itens subsequentes.

2. EVOLUÇÃO HISTÓRICA DA TUTELA JURISDICIONAL

Para que possamos analisar o atual cenário em que está inserida a prova ilícita, é imprescindível o breve exame das principais fases históricas relacionadas à interação entre a *coerção* estabelecida no direito processual, para o descumprimento das *condutas* previstas no direito substantivo (material)[3].

A PRIMEIRA foi a fase *civilista*, onde o direito material e o processual eram vistos praticamente como um mesmo objeto[4].

1. Tavares, André Ramos. *Curso de direito constitucional*, 2. ed. São Paulo: Saraiva, 2003, p. 406.
2. Alexy, Robert. *Teoría de los derechos fundamentales*, Madrid: Centro de Estudios Constitucionales, 1993, p. 108-9.
3. Este tema é apresentado por Eduardo Couture, pelo esquema a saber: Dada a hipótese "A", deve ser a conduta "B" e, se não for, pode haver coerção "C", se prévio processo "P" (*Fundamentos del derecho procesal civil*, 3. ed., Buenos Aires: Depalma, p. 483).
4. Aliás, bem lembra João Batista Lopes, que a fase civilista é definida pela célebre frase de Celso, ao expressar: "A concepção civilista do direito de ação remonta ao Direito Romano e se expressa na conhecida definição de Celso: a ação é o direito de perseguir (pedir) em juizo o que nos é devido (*Nihil aliud est actio quam ius, quod sibi debeatur, in judicio persequendi*)" (*Ação declaratória*, 5. ed. São Paulo: Revista dos Tribunais, 2002, p. 20).

A SEGUNDA fase, rotulada de *autonomista*, teve forte ênfase na Alemanha, onde foi dada maior envergadura ao estudo da natureza jurídica do direito processual[5], tendo Adolf Wach como um de seus precursores[6], ao observar que o processo tinha natureza pública, pois era endereçado tanto em relação à parte adversa, como em relação ao Estado.

Mas, o enaltecimento demasiado dos conceitos processuais gerou certo esquecimento da dignidade da pessoa do jurisdicionado[7]. Com o objetivo de resolver este impasse, foi iniciada a TERCEIRA etapa, denominada *instrumentalista*, onde foi resgatado o direito material do lesado em relação ao rito pelo qual ele deve ser postulado.

Portanto, o processo passou a ser visto como um meio (instrumento) para alcançar o fim materializado por um processo justo, ou seja, delineado pelos princípios, garantias e valores constitucionais[8-9].

No transcorrer desta fase instrumentalista, que ainda vivenciamos, tivemos algumas situações importantíssimas, a saber:

a) o direito de ação foi constitucionalizado, tal como verificamos com o inciso XXXV, do art. 5º, da CF. Assim, independentemente de existir uma ação prevista (tipificada), o direito processual deve amparar qualquer lesão ou ameaça ao direito[10];

---

5. Nesse sentido: Cintra, Antonio Carlos Araújo e outros, *Teoria geral do processo*, 14. ed. São Paulo: Malheiros, 1998, p. 42.
6. Esta linha de pensamento é trazida por: Wach, Adolf. *Manual de derecho procesal civil*. Traduzido em espanhol por Tomas Banzhaf. Buenos Aires: Europa-América. 1977, v. I, p. 21-189. Sobre esta corrente, José Manoel de Arruda Alvim Netto considera o estudo de Wach como o mais importante para a evolução da fase civilista para a autonomista. (*Manual de direito processual civil*, v. I, p. 343).
7. Nesse sentido: Cintra, Antonio Carlos Araújo e outros. *Teoria geral do processo*, 14. ed. São Paulo: Malheiros, 1998, p. 43.
8. Não utilizamos a expressão *ordem jurídica justa*, pois, como bem leciona João Batista Lopes, "Não se trata de garantir decisões justas mesmo quando em conflito com a ordem vigente, mas sim, de assegurar a todo o cidadão o processo justo, isto é, adequado aos princípios, garantias e valores consagrados na Constituição". (Lopes, João Batista. *Ação declaratória*, 5. ed. São Paulo: Revista dos Tribunais, 2002, p. 31).
9. Como ressalva com propriedade Cândido Rangel Dinamarco: "Falar em tutela jurisdicional, nesse contexto moderno, constitui legítimo desdobramento do postulado da instrumentalidade do processo". (*Tutela jurisdicional. Revista de Processo*, São Paulo: Revista dos Tribunais, n. 81, 2004, p. 55).
10. Defendendo a amplitude constitucional do direito de ação, Andrea Proto Pisani salienta a necessidade da concessão das tutelas diversas das ordinárias (tutelas diferenciadas), para que a tutela jurisdicional seja entregue com efetividade (Pisani, Andrea Proto. *Sulla tutela giurisdizionale differenziata. Rivista di Diritto Processuale*, Padova: CEDAM, out./dez. 1979, p. 536-9). Também admitem a amplitude constitucional do direito de ação, dentre outros: Andolina, Italo Augusto. *Il giusto processo nell'esperienza italiana e comunitaria*, Revista de Processo, São Paulo: Revista dos Tribunais, n. 126, 2005, p. 95-139; Armelin, Donaldo. *Tutela jurisdicional diferenciada*, São Paulo: Revista dos Tribunais, 2002, p. 45-55; Cappelletti, Mauro; Garth, Bryant. *Acesso à justiça*, traduzido por Ellen Gracie Northfleet, Porto Alegre: Sérgio Antonio Fabris, 2002, p. 9-30; Comoglio, Luigi Paolo. *Garanzie minime del "giusto processo" civile negli ordinamenti Ispano-Latino Americani*, Revista de Processo, n. 112. São Paulo: Joen, 1996, p. 158-76; Dinamarco, Cândido Rangel. *Nova era do processo civil*, São Paulo: Malheiros, 2005, p. 11-21; Fazzalari, Elio. *Istituzioni di diritto processuale*, Padova: CEDAM, 1975, p. 49-51; Lopes, João Batista. *Curso de direito processual civil*, São Paulo: Atlas 2005, v. I, p. 38-57; Marinoni, Luiz Guilherme. *Novas linhas do processo civil*, 3. ed. São Paulo: Malheiros, 1999, p. 199-220; Nery Júnior, Nelson. *Princípios do processo civil na Constituição Federal*, 2. ed., São Paulo: Revista dos Tribunais, 1994, p. 19-162; Redenti, Enrico. *Diritto processuale civile*, 2. ed., Milano: Giuffrè, 1957, v. II, p. 3-22; Yarshell, Flávio Luiz. *Tutela jurisdicional*, São Paulo: Atlas, 1999, p. 127-9.

b) a compreensão de que a entrega da tutela jurisdicional a quem tiver razão deve ser vista como um princípio-síntese[11] e como objetivo final. Portanto, os demais princípios devem ser vistos a partir dessa premissa, para não serem absolutos[12].

Logo, a fase instrumentalista busca a melhor interação entre os direitos processual e material. Assim, o processo também deve ser visto como um instrumento para realizar principalmente o direito material lesado ou ameaçado, consistindo em um instrumento fundamental para preservar a dignidade da pessoa humana.

3. VISÃO CONSTITUCIONALIZADA DO PROCESSO

O Estado possui o monopólio da jurisdição, sendo o processo o veículo (instrumento) que a entrega. A partir dessa premissa, não podemos perder de vista o princípio da supremacia constitucional, principalmente diante dos princípios constitucionais processuais. Mas para uma melhor análise, subdividiremos este tópico nos itens que se seguem.

3.1. Interpretação constitucional da norma

A Constituição é o fundamento jurídico de validade de todas as leis, pois é o ato originário pelo qual o Estado também determina a organização dos poderes supremos e dos princípios[13].

Em paralelo, o direito constitucional de ação representa o poder de o interessado provocar a atividade jurisdicional do Estado, ante a determinada situação concreta[14].

Por estas razões, o estudo constitucional do processo é apontado como uma das características mais relevantes da atual fase científica do direito processual[15]. E diante desta amplitude, o processo deve se pautar pelo devido processo legal, além de assegurar as formas instrumentais adequadas para entregar a tutela jurisdicional,

---

11. Dinamarco, Cândido Rangel. *Nova era do processo civil*, p. 12-14.
12. Chamando a atenção para o enfoque que teve de ser dado ao contexto do processo, frente ao acesso à justiça, Mauro Cappelletti e Bryant Garth explicam que: "O novo enfoque de acesso à Justiça, no entanto, tem alcance muito mais amplo. Essa 'terceira onda' de reforma inclui a advocacia, judicial ou extrajudicial, seja por meio de advogados particulares ou públicos, 'mas vai além'. Ela centra sua atenção no conjunto geral de instituições e mecanismos, pessoas e procedimentos utilizados para processar e mesmo prevenir disputas nas sociedades modernas. Nós o denominamos 'o enfoque do acesso à Justiça' por sua abrangência. Seu método não consiste em abandonar as técnicas das suas primeiras ondas de reforma, mas em tratá-las como apenas algumas de uma série de possibilidades para melhorar o acesso". (*Acesso à justiça*. Traduzido por Ellen Gracie Northfleet, Porto Alegre: Sérgio Antonio Fabris, 2002, p. 67-8).
13. Como adverte Luiz Alberto David Araujo, especificamente, em relação à Constituição de 1988, é inegável o seu intento em resgatar os valores democráticos (*O mandado de injunção e os dez anos da constituição de 1988: Um diagnóstico da jurisprudência do Supremo Tribunal Federal*, p. 15).
14. Bedaque, José Roberto dos Santos. *Direito e processo*, São Paulo: Malheiros, 1995, p. 68.
15. Conforme salientam Antonio Carlos Araújo Cintra e outros, os estudos pioneiros sobre esta vertente da constituição foram promovidos por: James Goldschmidt, Piero Calamandrei, Eduardo Couture e Enrico Tulio Liebman. Atualmente são corroborados, dentre outros, por: Mauro Cappelletti, Luigi Paolo Comoglio, Augusto Mário Morello, Roberto Berizonce, Alfredo Buzaid, José Frederico Marques e Kazuo Watanabe (*Teoria geral do processo*, 14. ed. São Paulo: Malheiros, 1998, p. 79).

dando a cada um o que lhe pertence e nada mais, para que seja alcançada a almejada ordem jurídica justa[16-17].

Atualmente, a *tutela jurisdicional* exige que a *prestação jurisdicional* seja justa. Por exemplo, mil sentenças equivocadas proferidas em um só dia, é *prestação jurisdicional*, mas, por serem injustas, não materializam a tutela jurisdicional que o Estado está obrigado a conceder.

3.2. Característica da limitabilidade dos direitos individuais

É justamente no art. 5º da CF/1988 que o legislador constituinte elencou exemplificativamente os direitos e garantias fundamentais. Dentre os referidos direitos, inclusive, encontra-se a proibição à utilização da prova ilícita[18].

Contudo, tais direitos individuais não são absolutos, sob pena de provocar injustiças. A título de exemplo, mencionamos a pessoa, em coma, que necessita de urgente transfusão e seu tipo sanguíneo estaria em uma carta no seu bolso. Nesta situação, o médico não poderia abrir a correspondência para verificar o seu tipo sanguíneo? O direito à inviolabilidade das comunicações deveria ser afastado em favor do direito à vida?

Para equacionarmos esse problema, a doutrina atribuiu, aos direitos individuais, a característica da *limitabilidade*, para o fim de aclarar que os direitos individuais não são absolutos e, observado o caso concreto, o bem maior protegido deve prevalecer sobre o bem menor.

Por fim, a característica da limitabilidade deve ser interpretada à luz do princípio da proporcionalidade, que verificaremos no tópico seguinte.

3.3. Princípio da proporcionalidade

Este princípio é um dos principais meios para equacionar os conflitos entre os direitos fundamentais[19], pois atenta para os bens envolvidos, procurando fazer prevalecer o interesse público frente ao particular.

Sobre os requisitos para a sua incidência da proporcionalidade, concordamos com o estudo de Nicolas Gonzalez-Cuellar Serrano, ao elencar[20]:

a) *adequação*, pois a medida deve ser na exata proporção, isto é, nem mais, nem menos do que o suficiente para o jurisdicionado atingir o fim perseguido;

16. Para isso, como lembra José Afonso da Silva, é necessária a garantia do contraditório, o pleno direito de defesa, a isonomia processual e a bilateralidade dos atos procedimentais (*Curso de direito constitucional positivo*, 19. ed. São Paulo: Malheiros, p. 565).

17. Como adverte Ada Pellegrini Grinover: vãs seriam as liberdades do indivíduo, se não pudessem ser reivindicadas e defendidas em juizo. (*Garantia constitucional do direito de ação*, São Paulo: Revista dos Tribunais, 1973, p. 17).

18. Nesse sentido: CF, art. 5º, LVI: *"(...) são inadmissíveis, no processo, as provas obtidas por meios ilícitos"*.

19. Lopes, João Batista. *Curso de direito processual civil*, São Paulo: Atlas, 2005, v. I, p. 235.

20. Serrano, Nicolas Gonzalez-Cuellar. *Proporcionalidad y derechos fundamentales en el proceso penal*. Madrid: Colex, 1990. Caps. VII e VIII.

b) *necessidade*, para ficar evidenciado que, sem a medida postulada, não será possível a obtenção do fim perseguido;

c) *proporcionalidade em sentido estrito*, ou seja, a medida deve ser dada em favor do maior valor em conflito[21].

Se ajustarmos estas premissas para o nosso tema, concluiremos que o direito de exclusão da prova ilícita apenas poderá ser sobrepujado se a medida for: *necessária* (sem ela não pode ser feita a prova pretendida); *adequada* (nem mais, nem menos do que o suficiente para a demonstração do fato a ser provado) e a *proporcionalidade em sentido estrito* (o interesse público deve ser maior que o individual).

Como exemplo, mencionamos a existência de fortes indícios de *lavagem de dinheiro* contra determinado político. Neste caso, não poderá ser invocado o seu direito individual de privacidade para impedir a necessária quebra de seu sigilo bancário, em detrimento do interesse público. Os pressupostos para a proporcionalidade estão presentes, pois seria *desproporcional* privilegiar o interesse particular em detrimento de toda a coletividade que tem o direito de saber o paradeiro dos tributos recolhidos. Além disso, a medida é *necessária*, pois não há outro meio para demonstrar o desvio financeiro, bem como é *adequada*, já que não está indo além do razoável, ou seja, a quebra do sigilo é o mínimo possível para a obtenção da prova necessária.

A aplicação do princípio da proporcionalidade, em situações casuísticas e excepcionais, representa um meio para impedir as injustiças.

De fato, existe quem defenda a aplicação do princípio da proporcionalidade, apenas a favor do Réu[22]. Mas discordamos desse posicionamento, pois a situação não é tão simples assim, mostrando-se de rigor a análise casuística, independentemente se favorece o Réu ou o Autor.

Embora mencionando o princípio da razoabilidade (ao invés da proporcionalidade), há acórdão do Superior Tribunal de Justiça admitindo o uso da prova ilícita, em situações excepcionais[23].

Desta forma, se o agente desrespeitar a dignidade da pessoa humana, por meio de ofensas à liberdade pública do terceiro e, por conseguinte, da própria sociedade, não poderá invocar, em sua defesa, a ilicitude da prova. É o caso, por exemplo, do

---

21. Uma definição similar é adotada por Teori Albino Zavascki, ao expressar que o aplicador da regra deverá se atentar para os limites, a saber: "*a)* 'princípio da necessidade', segundo o qual a regra de solução (que é limitadora de direito fundamental) somente será legítima quando for real o conflito, ou seja, quando efetivamente não for possível estabelecer um modo de convivência simultânea dos direitos fundamentais sob tensão; b) 'princípio da menor restrição possível', também chamado de princípio da proibição de excessos, que está associado, sob certo aspecto, também ao princípio da proporcionalidade, segundo o qual a restrição a direito fundamental, operada pela regra de solução, não poderá ir além do limite mínimo indispensável à harmonização pretendida; c) princípio da salvaguarda do núcleo essencial, a rigor já contido no princípio anterior, segundo o qual não é legítima a regra de solução que, a pretexto de harmonizar a convivência entre direitos fundamentais, opera a eliminação de um deles ou lhe retira a sua substância elementar". (*Antecipação da tutela*, 4. ed. São Paulo: Saraiva, 2005, p. 63).

22. Sobre o tema: Moraes, Alexandre de. *Direito Constitucional*, 12. ed. São Paulo: Atlas, 2002, p. 127.

23. STJ, 6ª Turma, Mandado de Segurança nº 6.129, Rel. Min. Adhemar Maciel, publicado no *DJU* de 12/08/1996, p. 27942.

sequestrador que não pode postular pela decretação da ilicitude do uso de carta que escreveu de próprio punho pedindo resgate à família da vítima[24].

Em suma, a análise da aplicação do princípio da proporcionalidade deve ser casuística (caso a caso), não podendo ser admitido o entendimento de que apenas poderia beneficiar o Réu, em detrimento do respeito à dignidade da pessoa humana da vítima e da sociedade.

4. EVOLUÇÃO HISTÓRICA DA PROVA

O primeiro período histórico era conhecido por *religioso*, onde os meios de prova tiveram o escopo de obter a pseudoverdade a qualquer custo, ainda que a mesma não correspondesse com a realidade. Após, veio o período *laical*, onde a razão e a busca pela verdade real começaram a ganhar espaço.

Exemplificativamente, os meios de prova no período religioso eram os seguintes: a) *ordálias* ou *juizos de Deus*, onde a pessoa era submetida a provações tais como fogo, água fervendo, serpentes e – se não fosse ferida –, era porque estava dizendo a verdade, já que Deus o havia protegido; b) *juramento*, pelo qual, se o cidadão fosse ferido, seria castigo da divindade que foi objeto do juramento; c) *duelos* ou *combates judiciários* pelos quais quem estivesse com a verdade sairia vencedor do embate.

Após, no transcorrer do período laical, gradativamente, começou uma conscientização de que a razão deve nortear a produção da prova. Atualmente, não há como negarmos essa realidade, pois a busca pela verdade real, além de dever ser um escopo do processo, apenas será possível por meio de provas que refletem a realidade[25].

Do contrário, se o Judiciário se contentar com meios de prova que não demonstrem a realidade (apenas para se desincumbir da entrega de sua função), teremos uma mera prestação jurisdicional, mas sem a justiça imposta para materializar a imprescindível tutela jurisdicional, em detrimento da dignidade da pessoa humana em relação à vítima.

5. IMPORTÂNCIA DA PROVA NO PROCESSO

Invariavelmente, existe uma máxima no direito, onde *alegar e não provar* e *nada alegar* são termos equivalentes. Muitas vezes a parte alega, recorre, contudo, esquece o principal, ou seja, não demonstra ao Judiciário as suas alegações. Daí a relevância da prova.

É justamente nesse contexto que deve ser definida a prova. Por isso, concordamos com José Frederico Marques, ao definir que a prova: "constitui o meio e modo de que usam os litigantes para convencer o juiz da verdade da afirmação de um fato, bem

24. Nesse sentido: Moraes, Alexandre de. *Constituição do Brasil Interpretada*, 12. ed. São Paulo: Atlas, 2002, p. 381-2.
25. Nesse ensaio, utilizamos a expressão "realidade", pois somos contrários à distinção entre verdade real e formal. Ora verdade é verdade, ou seja, a realidade, e nada mais.

como o meio e modo de que se serve o juiz para formar sua convicção sobre os fatos que constituem a base empírica da lide"[26].

Trazido o conceito de prova, temos que verificar quem é o destinatário da mesma. A leitura apressada do art. 131, do CPC, poderia induzir a conclusão de que seria o juiz este destinatário[27].

Não entendemos deste modo, pois basta atentarmos para a real possibilidade de o tribunal reformar a decisão de primeira instância, para concluirmos que o destinatário da prova é o judiciário (e não propriamente o juiz de primeira instância)[28].

Desse modo, concordamos com a definição de prova, como sendo os meios de demonstrar a realidade dos fatos, destinados ao judiciário (e não exclusivamente ao juiz de primeira instância), nos termos do rito prévio determinado pela legislação processual.

6. DEFINIÇÃO DE PROVA ILÍCITA

Na busca por esta definição, usaremos inicialmente a doutrina de Pietro Nuvolone, que é citado por Nelson Nery Junior[29], ao sustentar a existência de duas espécies de prova, a saber:

a) Ilegal, *advinda* da violação ao direito material e processual, ou seja, o ordenamento seria violado como um todo.
b) Ilícita, consistente na violação ao direito material.

Mas, nesta classificação, indagamos: Onde se encaixaria a prova ilegítima?

Na verdade, existe um gênero denominado *prova ilegal* e, este gênero, abrange a *prova ilícita*, que consiste na violação ao direito material e a *prova ilegítima*, que é a violação ao direito processual, como bem assinala Luciano Henrique Diniz Ramires[30-31].

Por exemplo, se um depoimento é obtido mediante tortura, haveria violação ao direito material (CF, art. 5º, III) e, portanto, estaríamos diante da prova ilícita. A

26. Marques, José Frederico. *Manual de direito processual civil*. 6. ed., São Paulo: Saraiva, v. II, 1981, p. 179.
27. CPC, art. 131: "*O juiz apreciará livremente a prova, atendendo aos fatos e circunstâncias constantes dos autos, ainda que não alegados pelas partes; mas deverá indicar, na sentença, os motivos que lhe formaram o convencimento.*"
28. Talvez por essa razão, ao definirem prova, Nelson Nery Junior e Rosa Maria Andrade Nery afirmam que: "é da substância do direito processual fornecer o rol dos meios de prova admitidos no processo, a discriminação detalhada da forma e do momento de sua produção, bem como a forma e os limites de sua avaliação pelo julgador." (*Código de processo civil comentado*, São Paulo: Revista dos Tribunais, 1997, p. 611).
29. *Princípios do processo civil na Constituição Federal*, cit., p. 145.
30. Nesta linha de raciocínio, Alexandre de Moraes esclarece que: "As provas ilícitas não se confundem com as provas ilegais e as ilegítimas. Enquanto, conforme já analisado, as provas ilícitas são as obtidas com infringência ao direito material, as provas ilegítimas são as obtidas com desrespeito ao direito processual. Por sua vez, as provas ilegais seriam o gênero do qual as espécies são as provas ilícitas e ilegítimas, pois configuram-se pela obtenção com violação da natureza material ou processual ao ordenamento jurídico". (*Constituição do Brasil Interpretada*, cit., p. 372).
31. Sobre o tema, também ressalva Luciano Henrique Diniz Ramires que: "Desta forma, a ilicitude da prova surge, quando da utilização de meios ilegais ou imorais para sua obtenção, maculando a prova com ilegalidade". (*As provas como instrumentos de efetividade no processo civil*, p. 71).

ilicitude vem desde a origem da prova, impedindo a sua repetição, já que a vítima não pode ser torturada novamente.

De outro lado, se a testemunha for ouvida sem permitir o contraditório da parte adversa, estará violado o direito processual (CPC, art. 407) e, por conseguinte, caracterizará a prova ilegítima. Interessante que a ilegitimidade não vem com a formação da prova (origem), mas surge a partir da introdução da mesma no processo e, por isso, se repetida com observância do rito legal, poderá ser legitimada.

Nesse contexto, podemos concluir que: a) não é absoluto o direito trazido pelo inciso LVI do art. 5º da CF/1988; b) a prova ilícita consiste na violação ao direito material.

7. ARGUMENTOS FAVORÁVEIS E CONTRÁRIOS À PROVA ILÍCITA

A corrente que admite a prova ilícita usa os argumentos, a saber[32]:

a) A busca principal do processo é a justiça e não a verdade formal, que muitas vezes é diversa da realidade.
b) A autonomia das normas processuais supera a ilicitude material.
c) A prova possui caráter metajurídico, pois visa trazer a verdade ao processo. Por exemplo, se for achada uma importante obra arqueológica, o seu estudo trará relevantes informações para a história, independentemente de como foram obtidas. Assim, estamos diante do princípio do "*male captum, bene retentum*", já que importa a disponibilidade física da prova e não o meio como foi obtida.
d) Não pode haver dupla sanção pelo mesmo ato, pois o infrator do direito material já responderá pelas respectivas penalidades e, portanto, não pode ser apenado novamente com a inadmissibilidade da prova.
e) Um fato trazido pela ilicitude da prova não pode definir um não fato ao deixar de aceitar a prova ilícita.

De outro lado, a corrente contrária à prova ilícita se baseia nos embasamentos que seguem:

a) o processo deve ser resolvido dentro das normas processuais;
b) a admissão da prova ilícita viola os princípios da probidade e lealdade processual;
c) o autor do ato ilícito não pode se beneficiar do mesmo;
d) o afastamento da prova ilícita inibiria os potenciais infratores;
e) a nulidade da ilicitude seria estendida para todo o procedimento posterior e, por isso, alcançaria a prova ilícita.

Conforme passaremos a ver da sequência, não há como admitirmos uma ou outra corrente de forma absoluta.

32. Estes argumentos foram trazidos por Alex Carocca Pérez (*Uma primeira aproximación al tema de la prueba ilícita en Chile.* Chile: Universidad de Talca. *Lus et praxis.* Derecho en la región, nº 2, 1998, p. 311-18).

8. *EXCLUSIONARY RULE* E SUA APLICAÇÃO NO DIREITO BRASILEIRO

Desenvolveu-se na jurisprudência norte-americana, a teoria que determina a exclusão das provas ilícitas do processo, denominada *exclusionary rule*[33].

Contemplando a referida regra, há acórdão do Supremo Tribunal Federal, na ação penal nº 307-3, que determinou a exclusão da prova ilícita, por mais relevante que seja o fato apurado[34].

Interessante observarmos que a determinação do acórdão pela aplicação cega do inciso LVI do art. 5º da CF/1988 redunda em ofensa ao princípio da *limitabilidade e proporcionalidade* dos direitos e garantias constitucionais, pois na colisão com outros direitos, o interesse particular não poderia subsistir[35].

33. Caso líder: Mapp *v.* Ohio, 367 U.S. 643, 1961.

34. Assim decidiu o acórdão do Supremo Tribunal Federal, Tribunal Pleno, Ação Penal nº 307-3-DF, rel. Min. Ilmar Galvão, publicado no *DJU* de 13/10/1995: "A norma inscrita no art. 5º, LVI, da Lei Fundamental promulgada em 1988, consagrou, entre nós, com fundamento em sólido magistério doutrinário (Ada Pellegrini Grinover, Novas tendências do direito processual, p. 60/82, 1990, Forense Universitária; Mauro Cappelletti, Efficacia di prove illegittimamente ammesse e comportamento della parte, em Rivista di Diritto Civile, p. 112, 1961; Vicenzo Vigoriti, Prove illecite e costituzione, em Rivista di Diritto Processuale, p. 64 e 70, 1968), o postulado de que a prova obtida por meios ilícitos deve ser repudiada – e repudiada sempre – pelos juizes e Tribunais, por mais relevantes que sejam os fatos por ela apurados, uma vez que se subsume ela ao conceito de inconstitucionalidade (Ada Pellegrini Grinover, op. cit., p. 62, 1990, Forense Universitária)".

35. No mesmo sentido, o acórdão do Supremo Tribunal Federal, 2ª T., HC nº 93050-RJ, rel. Min. Celso de Mello, publicado no *DJe* de 31/07/2008, com trecho da ementa expressando: (...) A *'Exclusionary Rule'* consagrada pela jurisprudência da Suprema Corte dos Estados Unidos da América como limitação ao poder do Estado de produzir prova em sede processual penal. – A Constituição da República, em norma revestida de conteúdo vedatório (CF, art. 5º, LVI), desautoriza, por incompatível com os postulados que regem uma sociedade fundada em bases democráticas (CF, art. 1º), qualquer prova cuja obtenção, pelo Poder Público, derive de transgressão a cláusulas de ordem constitucional, repelindo, por isso mesmo, quaisquer elementos probatórios que resultem de violação do direito material (ou, até mesmo, do direito processual), não prevalecendo, em consequência, no ordenamento normativo brasileiro, em matéria de atividade probatória, a fórmula autoritária do *'male captum, bene retentum'*. Doutrina. Precedentes. – A circunstância de a administração estatal achar-se investida de poderes excepcionais que lhe permitem exercer a fiscalização em sede tributária não a exonera do dever de observar, para efeito do legítimo desempenho de tais prerrogativas, os limites impostos pela Constituição e pelas leis da República, sob pena de os órgãos governamentais incidirem em frontal desrespeito às garantias constitucionalmente asseguradas aos cidadãos em geral e aos contribuintes em particular. – Os procedimentos dos agentes da administração tributária que contrariem os postulados consagrados pela Constituição da República revelam-se inaceitáveis e não podem ser corroborados pelo Supremo Tribunal Federal, sob pena de inadmissível subversão dos postulados constitucionais que definem, de modo estrito, os limites – inultrapassáveis – que restringem os poderes do Estado em suas relações com os contribuintes e com terceiros. A Questão da doutrina dos frutos da árvore envenenada ("Fruits of the poisonous tree"): A questão da ilicitude por derivação. – Ninguém pode ser investigado, denunciado ou condenado com base, unicamente, em provas ilícitas, quer se trate de ilicitude originária, quer se cuide de ilicitude por derivação. Qualquer novo dado probatório, ainda que produzido, de modo válido, em momento subsequente, não pode apoiar-se, não pode ter fundamento causal nem derivar de prova comprometida pela mácula da ilicitude originária. – A exclusão da prova originariamente ilícita – ou daquela afetada pelo vício da ilicitude por derivação – representa um dos meios mais expressivos destinados a conferir efetividade à garantia do *'due process of law'* e a tornar mais intensa, pelo banimento da prova ilicitamente obtida, a tutela constitucional que preserva os direitos e prerrogativas que assistem a qualquer acusado em sede processual penal. Doutrina. Precedentes. – A doutrina da ilicitude por derivação (teoria dos 'frutos da árvore envenenada') repudia, por constitucionalmente inadmissíveis, os meios probatórios, que, não obstante produzidos, validamente, em momento ulterior, acham-se afetados, no entanto, pelo vício (gravíssimo) da ilicitude originária, que a eles se transmite, contaminando-os, por efeito de repercussão causal. Hipótese em que os novos dados probatórios somente foram conhecidos, pelo Poder Público, em razão de anterior transgressão praticada, originariamente, pelos agentes estatais, que desrespeitaram a garantia constitucional da inviolabilidade domiciliar".

Nem se alegue que a CF/1988 dispõe suficientemente sobre as hipóteses de afastamento da prova ilícita (CF, art. 5º, XII). E isso porque existem inúmeras situações alheias ao referido rol que ficariam sem proteção do legislador.

Nesse sentido, o exemplo trazido por Luiz Alberto David de Araujo e Vidal Serrano Nunes, ao afirmarem que[36]:

> Exemplo dessa situação é a de uma ameaça, ou de uma extorsão, concretizada por telefone. A preservação da posição subjetiva da vítima de um desses crimes deve, no caso, sobrepor-se ao direito à intimidade do agente do delito, legitimando assim, a gravação, mesmo porque, no caso, não haveria estímulos a respostas esperadas pelo autor da gravação nem assim qualquer possibilidade de embuste por parte deste, que só obraria na defesa de sua posição subjetiva, inclusive no que pertine a sua incolumidade física.

Ora, se adotarmos cegamente a regra da *exclusionary rule*, atingiríamos o absurdo de, em regra, não podermos condenar o autor do crime de extorsão, pois a gravação, (que seria a prova mais contundente), não seria permitida.

Em outras palavras, recairíamos no paradoxo de que apenas existiriam direitos e garantias fundamentais para o infrator, em detrimento da dignidade da vítima e da sociedade. E, neste caso, estaríamos *rasgando* o texto constitucional.

Justamente por essa razão, entendemos que andou bem o Superior Tribunal de Justiça, ao repelir a aplicação absoluta do inciso LVI do art. 5º da CF e afirmar que[37]:

> Escuta telefônica com ordem judicial. Réu condenado por formação de quadrilha armada, que se acha cumprindo pena em penitenciária, não tem como invocar direitos fundamentais do homem livre para desentranhar prova (decodificação de fita magnética) feita pela Polícia. O inciso LVI do art. 5º, da Constituição, que fala que "são inadmissíveis (...) as provas obtidas por meio ilícito", não tem conotação absoluta. Há sempre um substrato ético a orientar o exegeta na busca de valores maiores na construção da Sociedade. A própria Constituição Federal brasileira, que é dirigente e programática, oferece ao juiz, através da atualização constitucional (*Verfassungsaktualisierung*), base para o entendimento de que a cláusula invocada é relativa.

Salientamos que o acórdão citado – embora rotulando de razoabilidade –, asseverou pela necessidade de interpretação proporcionalizada da regra da exclusão (*exclusionary rule*), ao expressar[38]:

> A jurisprudência norte-americana, mencionada em precedente do Supremo Tribunal Federal, não é tranquila. Sempre é invocável o princípio da razoabilidade (*reasonableness*). O "Princípio da exclusão das provas ilicitamente obtidas" também lá pede temperamentos.

36. Araujo, Luiz Alberto David e Nunes Júnior, Vidal Serrano. *Curso de direito constitucional*, p. 110.
37. STJ, 1ª Turma, Mandado de Segurança nº 6.129, rel. Min. Adhemar Maciel, publicado no *DJU* de 12/08/1996, p. 27942.
38. STJ, 1ª Turma, Mandado de Segurança nº 6.129, rel. Min. Adhemar Maciel, publicado no *DJU* de 12/08/1996, p. 27942.

Sendo certo que os direitos não são absolutos, bem como a regra da exclusão não pode ser tida como de aplicação absoluta em nosso ordenamento, passamos a verificar os casos de sua aplicação.

Tal como observamos no tópico referente ao princípio da proporcionalidade, deve ser analisado caso a caso, pois estamos diante de matéria que exige uma verificação casuística. Já o critério a ser adotado é a valoração de desrespeito do ato diante da dignidade da pessoa humana (devendo ser considerado não só o Autor, mas também a vítima), de forma que não seja violada dignidade tanto da vítima, quanto do Autor e, principalmente, da sociedade, que tem o direito de ver a aplicação da lei, até como medida educativa.

Por essas razões, concluímos que a regra da exclusão da prova ilícita clama por temperamentos e deve ser analisada casuisticamente, até porque, os direitos e garantias individuais não são absolutos, devendo ser interpretados diante da característica da limitabilidade e do princípio da proporcionalidade, bem como também devendo ceder na colisão com o interesse público, se houver a necessidade e adequação.

9. TEORIA DOS FRUTOS DA ÁRVORE ENVENENADA

Foi originada no direito americano, a teoria dos frutos da árvore envenenada. Por ela, as provas derivadas da prova ilícita (frutos), também seriam ilícitas (contaminadas) e, portanto, não poderiam ser consideradas.

Exemplificativamente, se um dos réus confessou mediante tortura e, por essa razão, os demais réus também confessaram (frutos advindos da prova ilícita), haveria comunicabilidade destas provas.

Após certa hesitação, o Supremo Tribunal Federal já se posicionou pela adoção da teoria da contaminação dos frutos da árvore envenenada, ou seja, afastou a utilização das provas derivadas da ilícita.

O acórdão líder do Supremo Tribunal Federal, que adotou esse entendimento, expressou[39]:

> "Frutos da Árvore Envenenada" – Examinando novamente o problema da validade de provas cuja obtenção não teria sido possível sem o conhecimento de informações provenientes de escuta telefônica autorizada por juiz – prova que o STF considera ilícita, até que seja regulamentado o art. 5º, XII, da CF ("é inviolável o sigilo da correspondência e das comunicações telegráficas, de dados e comunicações telefônicas, salvo, no último caso, por ordem judicial, nas hipóteses e na forma que a lei estabelecer para fins de investigação criminal ou instrução processual penal") –, o Tribunal, por maioria de votos, aplicando a doutrina dos "frutos da árvore envenenada", concedeu *habeas corpus* impetrado em favor do advogado acusado do crime de exploração de prestígio (CP, art. 357, parágrafo único), por haver solicitado a seu cliente (preso em penitenciária) determinada importância em

39. STF, Tribunal Pleno, Habeas Corpus nº 72.588-PB, rel. Min. Maurício Corrêa, publicado no *Informativo do STF* nº 35, de 10 a 14 de junho de 1996.

dinheiro, a pretexto de entregá-la ao juiz de sua causa. Entendeu-se que o testemunho do cliente, ao qual se chegara exclusivamente em razão de escuta telefônica, estaria "contaminado" pela ilicitude da prova originária. Vencidos os Ministros Carlos Velloso, Octavio Gallotti, Sydney Sanches, Néri da Silveira e Moreira Alves, que indeferiram o *habeas corpus*, ao fundamento de que somente a prova ilícita – no caso, a escuta – deveria ser desprezada[40].

Discordamos desse entendimento e, para melhor fundamentação, passaremos a analisar o mencionado caso julgado, onde os fatos se deram da seguinte forma:

a) inicialmente foi gravada a conversa entre um advogado e seu cliente;
b) após, por meio da referida gravação, foi constatada a presença do crime de exploração de prestígio, pelo causídico.

Conforme verificamos nos tópicos anteriores, o Estado deve entregar à justiça plena, inclusive punindo os infratores para servir de exemplo à sociedade. A omissão do Estado na entrega da tutela jurisdicional, pautada pela verdade real, gera a indesejável sensação de impunidade[41].

Em outras palavras, sendo constatada a prática do ato ilícito (exploração de prestígio), o Judiciário não pode deixar de aplicar o direito ao caso concreto, sob o pretexto da ilicitude da prova[42].

Ora, nesta hipótese a prova utilizada (gravação), além de adequada, pois não era mais nem menos que o suficiente para produzir a referida prova, era necessária, já que se tratava do único meio de demonstração da prática do ilícito, não podendo o réu postular pelo seu direito de privacidade, em detrimento do direito de toda a sociedade ver punida uma conduta que afronta os seus valores.

Justamente por essa razão, entendemos que o princípio da proporcionalidade, na espécie, não poderia ter sido afastado. Enfim, resta-nos aguardar que esse entendimento seja retificado pelo STF.

Aliás, sobre essa realidade, há alguns anos atrás, o Ministro Gilmar Mendes, do Supremo Tribunal Federal, informou que a Corte Constitucional iria rever alguns de seus posicionamentos, ao afirmar sobre a interceptação telefônica, que[43]:

> Um deles seria a interceptação telefônica, a qual o STF vinha rejeitando como prova lícita, até poucos anos atrás. Atualmente, o tribunal modificou sua posição, já tendo aceitado a interceptação como prova lícita em casos nos quais o interesse público prevalece sobre o direito à privacidade.

40. Sobre essa matéria, lembra Alexandre de Moraes, ao afirmar que: "Assim, a atual posição majoritária do STF entende que a prova ilícita originária contamina as demais provas dela decorrentes, de acordo com a teoria dos frutos da árvore envenenada. Em conclusão, as provas ilícitas, bem como todas aquelas delas derivadas, são constitucionalmente inadmissíveis, devendo, pois, ser desentranhadas do processo, não tendo, porém, o condão de anulá-lo, permanecendo válidas as demais provas lícitas e autônomas delas não decorrentes, que servirão para a formação da convicção do magistrado". (*Constituição do Brasil Interpretada*, cit., p. 378).
41. A rigor, entendemos equivocada a distinção entre verdade formal e real, pois a verdade é única.
42. Em verdade, este entendimento do STF guarda muita proximidade do *non liquet*, que existia no direito romano, onde o magistrado, simplesmente, dizia que não existiam provas e, por essa razão, não entregava o direito.
43. Notícias do Superior Tribunal de Justiça de 08/05/2003.

Ainda com relação à interceptação telefônica, cabe salientarmos que a matéria é regulamentada no âmbito infraconstitucional, pela Lei nº 9.296/1996. Porém, no intuito de evitar abusos, recentemente, o Conselho Nacional de Justiça, por meio da Resolução nº 59, de 09/09/2008, traçou procedimento para uniformizar esta prática.

Interessante que, se houver decisão judicial determinando a busca e apreensão, há acórdão do STF que não admite a aplicação da nulidade advinda dos frutos da árvore envenenada[44].

Nesse contexto, concluímos que: a) o STF tem admitido a aplicação da teoria do *fruits of the poisonous tree*; b) todavia, entendemos que esta regra não pode ser aplicada cegamente, mas, sim, mediante a *batuta* do princípio da proporcionalidade, sob pena de ferir a dignidade da pessoa humana.

10. CONSIDERAÇÕES FINAIS

Podemos concluir que o Estado, ao avocar para si a tutela jurisdicional, também atraiu a obrigação de entregá-la com efetividade e justiça, ou seja, entregar tudo que a parte tem direito e nada mais que ela tem direito[45], em tempo razoável, sob pena de violar a dignidade da pessoa humana.

Desse modo, o princípio da supremacia constitucional ocupa espaço fundamental no Estado Democrático de Direito, pois permite que as normas infraconstitucionais sejam vistas a partir da Constituição Federal, e não o contrário.

Porém, se houver colisão entre os direitos fundamentais, um bom meio para auxiliar a interpretação é a análise casuística, pautada pelo princípio da proporcionalidade, para que prevaleça o interesse maior envolvido, quando for *necessário e adequado.*

Dentro dessa visão, a interpretação do inciso LVI do art. 5º da CF não pode ser literal, a ponto de afastar cegamente toda e qualquer prova ilícita sem verificar casuisticamente os valores envolvidos.

Em paralelo, é inegável que a visão da prova evoluiu muito em relação às ordálias. Atualmente deve ser compreendida como um meio para propiciar a busca pela realidade referente à lide, sob pena de materializar a negativa de entrega da tutela jurisdicional.

Quanto ao enquadramento, as provas ilícitas devem ser vistas como espécies do gênero provas ilegais. Em outras palavras, a prova *ilegal* (gênero), abarca as seguintes espécies: a) prova *ilegítima*, que ofende o direito processual, podendo ser repetida,

44. Supremo Tribunal Federal, Tribunal Pleno, 1º T. 87.543, rel. Min. Ricardo Lewandowski, *DJU* de 09/03/2007, com ementa expressando: "Penal. Processo penal. Habeas Corpus. Prova ilícita. Princípio dos frutos da árvore envenenada. Art. 5º, LVI, da CF/1988. Ausência de autorização judicial para a busca e apreensão. Afirmação expressamente contraditada na decisão atacada. Alegações da defesa não examinadas. Inocorrência. Ordem denegada. I - As alegações formuladas conflitam, expressamente, com o que foi consignado na decisão atacada. II - Diante da autorização judicial para a busca e apreensão, não existe ilegalidade a ser sanada. III - Teses da defesa devidamente rechaçadas na sentença. IV - Ordem denegada."

45. Chiovenda, Giuseppe. *Instituciones de derecho procesal civil.* Trad. Gomes Orbaneja. Madrid: Revista de Derecho Privado, 1936, v. I, p. 49.

se sanado o vício, pois a sua ilegalidade ocorre posteriormente, ou seja, no momento em que é introduzida no processo (e não em sua origem); b) prova *ilícita*, que viola o direito material, não podendo ser repetida, pois não há como sanar a ilegalidade, já que ocorre em sua origem (nasce viciada).

Por seu turno, o CPC/1973 elenca as provas típicas (arts. 342 a 443), mas também admite as provas atípicas, desde que obtidas por meios moralmente legítimos (CPC, art. 332). Essa expressão abarca o princípio da proporcionalidade, pois é moral que o interesse público prevaleça sobre o individual, quando *adequado* (nem mais nem menos que o suficiente para o fim perseguido) e *necessário* (sem a medida não há como obter o resultado pretendido).

A partir daí, a regra da exclusão da prova ilícita clama por temperamentos e deve ser analisada casuisticamente, até porque os direitos e garantias individuais não são absolutos, devendo ser limitados quando presentes os pressupostos do princípio da proporcionalidade.

Sobre a teoria dos frutos da árvore envenenada, realmente, o STF tem admitido a aplicação da teoria do *fruits of the poisonous tree*. Contudo, entendemos que esta regra não pode ser aplicada cegamente, mas, sim, sob a batuta do princípio da proporcionalidade.

7

O consenso e a reparação do dano como soluções de conflitos penais

JAIRO JOSÉ GÊNOVA*

Sumário: Introdução. 1. Origem do consenso. 2. Fundamentos do consenso. 2.1. Flexibilização do princípio da legalidade no processo penal. 2.2. A revalorização da vítima. 3. Modelo pacificador ou restaurativo. 3.1. Modelo pacificador: conciliação. 3.2. Modelo restaurativo: reparação do dano. 4. Reparação do dano e seus reflexos no âmbito penal. 4.1. A reparação do dano em uma relação de dependência. 4.1.1. Reparação do dano como causa extintiva da punibilidade. 4.1.2. Reparação do dano como requisito para mitigação da coerção estatal. 4.2. Reparação do dano como consequência jurídico-penal autônoma. 5. Consenso entre autor do delito e o Estado. 6. Críticas ao consenso. 7. Considerações finais.

INTRODUÇÃO

A evolução do Direito Penal acompanha, *pari passu*, a evolução do próprio homem. Nessa evolução, o homem abandonou os julgamentos pelos próprios ofendidos, os juizos ordálicos e a inquisição, consagrando o processo garantista com a adoção de princípios fundamentais como os da ampla defesa e da presunção da inocência. Colocou à margem a responsabilidade objetiva para consagrar a responsabilidade subjetiva. Substituiu as penas cruéis e infamantes para adotar a privação da liberdade e as penas alternativas à prisão como as mais comuns formas de sanção penal.

Das legislações complexas, sem sistematização, que previam tipos penais pitorescos e risíveis, evoluímos para a subsidiariedade, a intervenção mínima, enfim, para o Direito Penal da *ultima ratio*.

Estamos no início do século XXI, vivenciando uma sociedade tecnológica, massificada e global que exige um novo tipo de abordagem ao Direito Penal.

* Promotor de Justiça do Estado de São Paulo, Mestre e Doutor em Direito Penal pela Pontifícia Universidade Católica de São Paulo (PUC/SP) e Professor dos cursos de Graduação e Pós-Graduação "Stricto Sensu" do Centro Universitário Eurípides de Marília – Univem.

Novos valores precisam ser tutelados e outros, outrora de vital importância, não mais carecem de tutela penal, pois, sendo o Direito Penal a "fisionomia" de uma sociedade num determinado momento de sua evolução histórica, impossível é compreendê-lo isolado dos pressupostos éticos, sociais, econômicos e políticos contemporâneos[1].

Paralelamente, as espécies de pena e suas finalidades também se alteraram com o passar dos tempos. Em nome de um Direito Penal humano, a adoção da pena privativa de liberdade, que constitui o núcleo central da maioria dos sistemas punitivos do mundo, representou um grande avanço, ao substituir a pena capital e as penas corporais.

Não obstante, o tempo mostrou que essa espécie de pena também passou a ser degradante na medida em que não ressocializa nem evita novos crimes. A perda da liberdade cria novas regras de comportamento entre os encarcerados com o objetivo de preservar a integridade do grupo. Trata-se de uma solução imperfeita, pois não restaura o *"status quo"* e acarreta mais custos dos que benefícios sociais[2].

Os problemas do modelo clássico de resolução dos conflitos penais e suas consequências, com as sequelas da prisão, a tensão entre os fins declarados da pena e a realidade de sua aplicação, têm impulsionado a busca de respostas alternativas como a reparação do dano, conciliação e mediação, fórmulas mais naturais, compreensíveis e menos lesivas, de resposta ou de reação ao delito[3]. Há necessidade de se buscarem alternativas racionais para a solução dos conflitos sociais, que podem render benefícios tanto ao Direito Penal como ao Processo Penal. Em suma, dado o caráter subsidiário e o princípio da dignidade humana, imanentes ao Direito Penal moderno, é preciso encontrar soluções penais mais benignas para as pessoas envolvidas no delito. A pena já não mais pode ser vista apenas como castigo (teoria da retribuição) ou como forma de prevenção (teorias relativas), mas também cumprir uma função reparadora[4].

Dentro desse panorama, vivenciamos três modelos de resolução dos conflitos penais: a) *clássico*, consistente na aplicação da resposta punitiva estatal, visando à reprovação do delito praticado e à prevenção de delitos futuros, utilizando-se o processo comum acusatório; b) *ressocializador*, que atribuiu à pena a finalidade de ressocialização do autor do crime, intervindo na pessoa do agente para reintegrá-lo à sociedade; c) *consensual*, fundado nos institutos da conciliação, composição, transação e negociação[5].

No que toca ao presente artigo, interessa-nos o modelo consensual para a solução dos litígios de menor gravidade.

---

1. Bettiol, Giuseppe. *Direito penal*. Trad. Paulo José da Costa Júnior e Alberto Silva Franco, São Paulo: Revista dos Tribunais, 1976, v. 3, p. 44.
2. Roberti, Maura. *A intervenção mínima como princípio no direito penal brasileiro*, p. 41.
3. Sanzberro, Guadalupe Pérez. *Reparación y conciliación en el sistema penal*: Abertura de una nueva via?, p. 10.
4. Palermo, Pablo Galain. La reparación del dano como "tercera vía" punitiva? Especial consideración a la posición de Claus Roxin. *Revista Brasileira de Ciências Criminais*. São Paulo, Revista dos Tribunais, nº 55, jul./ago., 2005, p. 168.
5. García-Pablos de Molina & Gomes, Luiz Flávio. *Criminologia*, 5. ed. São Paulo: Revista dos Tribunais, 2006.

1. ORIGEM DO CONSENSO

A semente da justiça consensual pode ser apontada como a *composição* ou *preço da paz* que existia na fase primitiva do Direito Penal e consistia na conciliação entre o autor e a vítima, pela qual aquele entregava prestação pecuniária a esta como forma de reparar o dano.

No direito romano era possível a composição entre as partes nos crimes privados. Na Alemanha antiga era admitida a composição dos danos entre autor e vítima para os crimes de menor gravidade. Já no início do século XX, em razão do grande número de condenações por crimes de pouca gravidade, iniciou-se no direito tedesco um processo de suavização do princípio da obrigatoriedade no processo penal, com a edição de sucessivas leis germânicas[6] possibilitando a aplicação de sanções alternativas à prisão[7].

Na Espanha o consenso ganhou força com a introdução do processo abreviado e, por meio da Circular nº 1/1989, da Procuradoria-Geral do Estado, foi impulsionada a atuação discricionária dos operadores jurídicos nos crimes menos graves. Nessa circular está o fundamento do consenso, que

> fez eco com as recentes correntes processuais do entorno europeu, segundo as quais, no processo penal, frente a zonas de conflito, própria de toda a demanda entre as partes, devem prever-se zonas de consenso que eliminem conflitos desnecessários aos fins do processo e da função ressocializadora da pena. Enquanto as primeiras devem reservar-se para a persecução da criminalidade grave, que é reflexo do conflito, a criminalidade menor, com frequência não conflitiva e integrada por fatos que são incidentais na vida de seu autor, deve conduzir soluções consensuais que contribuam para a não estigmatização de quem, por ocasional seu delito e em razão da própria aceitação de sua responsabilidade, está revelando já uma atitude ressocializadora[8].

No Brasil, o consenso encontra origem na Constituição de 1824, que atribuía ao Juiz de Paz a função de conciliação prévia, condição obrigatória para início de qualquer processo. A Constituição de 1988 deu passos decisivos na implementação da justiça penal negociada, com a previsão dos institutos da *conciliação* e *transação penal* (art. 98, I).

A premissa de que o crime não é cometido contra a vítima, mas primordialmente contra a sociedade (o que legitima a intervenção vertical do Estado), vem sendo paulatinamente modificada para ceder espaço às vias alternativas, como a mediação, que se estabelece numa relação horizontal entre as pessoas intervenientes. É preciso tirar a primazia do Direito Penal como fonte de justiça, para reconduzi-la ao direito das obrigações como meio de recondução à paz e ao restabelecimento de uma situação original. Colocar frente a frente os agentes do conflito, para que avaliem suas

6. Uma das mais recentes foi a Lei de Agilização da Justiça, de 1993.
7. Giacomolli, Nereu José. *Legalidade, oportunidade e consenso no processo penal na perspectiva das garantias constitucionais:* Alemanha, Espanha, Itália, Portugal, Brasil. Porto Alegre: Livraria do Advogado, 2006.
8. Ibid., p. 171-2.

condutas e reavaliem a si mesmos, pode dar resultados mais promissores do que o simples castigo[9].

A par disso, o avanço do cientificismo do direito processual não foi suficiente para resolver os crônicos problemas da Justiça: morosidade, custos elevados, dificuldade de acesso, excesso de formalismo, fazendo com que o caráter utilitário do processo perdesse toda sua razão de ser[10].

O desafio que se coloca é a substituição de um modelo de aplicação do direito fundado na punição, para o espaço do diálogo.

2. FUNDAMENTOS DO CONSENSO

2.1. Flexibilização do princípio da legalidade no processo penal

Há muito vigora no direito processual penal o princípio da legalidade, pelo qual o desenvolvimento e o término do processo penal não podem estar submetidos à vontade das partes ou das autoridades que nele atuam. Dessa legalidade deriva a obrigatoriedade de atuação dos órgãos estatais, retirando das partes qualquer possibilidade de pôr fim ao processo mediante uma pena consentida. Esse modelo é adequado para as hipóteses de graves violações a bens jurídicos, mas não para delitos menores.

Em posição antagônica, o princípio da oportunidade permite a flexibilização da persecução penal, autorizando o acusador oficial a exercitar ou não a ação penal e o julgador a aplicar penas menos severas de acordo com as circunstâncias do caso concreto. Assim, as partes têm uma atuação discricionária, optando pela solução que melhor corresponda ao anseio de justiça. Esse modelo é adequado para a criminalidade menor, com a adoção de mecanismos alternativos à política criminal clássica, por meio de vias processuais simplificadas, abrindo-se espaço ao princípio da oportunidade, numa lógica de eficácia e de ideal de justiça.

O princípio da oportunidade tem por fundamento a preponderância da justiça material sobre a formal. A Justiça Penal moderna exige um Estado menos intervencionista e uma maior participação das partes, buscando uma solução menos hierarquizada, menos formalizada e menos coativa, que se ajusta perfeitamente ao princípio da dignidade humana. O Estado recua, restringe seu domínio, para valorizar a livre determinação das partes envolvidas no conflito.

Entretanto, a oportunidade, que possibilita a discricionariedade, não significa arbítrio.

> Trata-se de um poder de opção de vias, soluções e medidas admitidas na lei; ou seja, tem sempre uma conformação normativa, um reduto legalmente inultrapassável; logo, tende sempre para uma "discricionariedade vinculada"[11].

---

9. Melo, Eduardo Rezende. Justiça Restaurativa e seus desafios histórico-culturais. *Revista de Estudos Criminais*, n. 21, jan./mar., 2006, p. 118.
10. Scarance Fernandes, Antonio. O concenso na Justiça penal. *Revista da AJUFE*, n. 59, p. 45-95, out./dez., 1998.
11. Teixeira, Carlos Adérito. *Princípio da oportunidade:* manifestação em sede processual penal e sua conformação jurídico-constitucional. Coimbra: Almedina, 2000, p. 33.

A simplificação dos procedimentos e das sanções foi recomendada pelo Comitê de Ministros do Conselho da Europa, na reunião de Helsinque de 1986 e, segundo Giacomolli,

> a Recomendação (87) 18, de 17 de setembro de 1987, do mesmo órgão, na parte dispositiva, aconselha expressamente a adoção da oportunidade no exercício da ação penal, dos procedimentos sumários, das transações criminais e da simplificação dos procedimentos[12].

A legislação alemã, com sucessivas reformas, foi abrindo espaço para o princípio da oportunidade, no que foi seguida pelos ordenamentos austríaco, espanhol e português. O direito tedesco introduziu a oportunidade para a pequena criminalidade, com várias vertentes, possibilitando a abstenção do exercício da ação penal até o arquivamento do processo em caso de probabilidade de não aplicação da pena[13]. Nos Estados Unidos, a *plea bargaining*, instituto que possibilita a mediação entre o órgão acusador e o acusado, foi considerado pela Corte Suprema como componente essencial da administração da justiça[14].

Para Cláudia Maria Cruz Santos, "o que se pretende é olhar para o crime não numa perspectiva de passado, mas pensando essencialmente no futuro", reafirmando o entendimento de que o Direito deve ser utilizado para ajudar as pessoas a se tornarem mais responsáveis e felizes[15]. Enquanto no modelo clássico a Justiça trabalha com o princípio da *ruptura*, na nova fórmula trabalha com o princípio do *liame*. No lugar da Justiça baseada no conflito e na ficção, a Justiça do futuro firmar-se-á na *cooperação*[16].

No Brasil, a previsão constitucional da conciliação e da transação[17] abriu espaço para as práticas despenalizadoras com medidas que de algum modo restringem a liberdade ou afetam o patrimônio e outros direitos sem, contudo, constituir sanções criminais típicas.

2.2. A revalorização da vítima

Um dos fundamentos basilares do consenso é a necessidade do resgate da dignidade da vítima no âmbito do processo penal, pois a possibilidade de discutir no juizo penal uma indenização pelos danos sofridos a valoriza sobremaneira.

No direito primitivo a vítima tinha participação na solução dos conflitos por meio da *composição* que consistia na conciliação entre o ofensor e o ofendido ou *preço da paz* que se concretizava com a reparação do dano à tribo à qual a vítima pertencia.

12. Ob. cit., p. 35.
13. Ibid., p. 79.
14. Moreira, José Carlos Barbosa. La transacción brasileña y el derecho norteamericano. *Ciencias Penales*, n. 17, marzo/2000, p. 51.
15. Santos, Cláudia Maria Cruz. A mediação penal, a justiça restaurativa e o sistema criminal – algumas reflexões suscitadas pelo anteprojecto que introduz a mediação penal "de adultos" em Portugal. In: *Direito penal especial, processo penal e direitos fundamentais: visão luso-brasileira*, São Paulo: Quartier Latin, 2006, p. 381.
16. Nalini, José Renato. O Brasil e a mediação penal. *Revista dos juizados especiais*, nº 8, abr./jun. 1998, p. 50.
17. Art. 98, I, da Constituição Federal de 1988.

A partir do século XII, com a assunção do poder punitivo pelo Estado, a vítima passou a um lugar secundário no conflito penal, no nível do dispensável. Argumentava-se que, como titular primário do bem jurídico atingido, não teria racionalidade para solucionar o conflito, razão pela qual a vítima foi reduzida a um mero objeto do delito.

Como acentua Natalie Ribeiro Pletsch,

> quando o Estado passou a integrar o jogo processual, apropriando-se do direito de punir, a vítima foi destituída do papel de jogadora principal (...) O sistema penal tornou-se um instrumento de controle estatal direto sobre os súditos, não sendo mais relevante o dano produzido (restituição do *status quo ante* ou compensação do dano sofrido) pelo ofendido[18].

Sob esse enfoque, o crime faz surgir uma relação entre o Estado e o agente e não mais entre as partes integrantes do conflito (autor-vítima). Os atores principais passaram a ser as autoridades e os advogados. O próprio réu tem pouquíssima participação, pois se comunica com o sistema por meio do seu advogado, sendo desestimulado e até inibido a dialogar com as outras partes.

Essa postura de exclusão da vítima é fruto de um sistema de Justiça Criminal que resolve o caso jurídico, mas não resolve o problema das pessoas envolvidas no conflito. Como anotado por Canotilho, no plano penal e processual, o hipergarantismo está centrado no criminoso com quase completo desprezo do ofendido e somente nos tempos mais recentes se conseguiu a "redescoberta da vítima" e se ousou falar da carta dos direitos das vítimas de actos (*sic*) criminosos[19].

Diante disso, a alternativa bastante consistente e profícua é voltar os olhos para a vítima. Para o professor Scarance Fernandes,

> o movimento de valorização da vítima levou a Assembleia Geral da Organização das Nações Unidas a aprovar, em 1985, por meio da Resolução nº 40/34, a Declaração sobre os Princípios Fundamentais de Justiça para as Vítimas de Delito e Abuso de Poder que, dentre outras coisas, assegura ao ofendido o acesso à justiça e tratamento adequado no âmbito da estrutura judiciária, bem como o ressarcimento pelo réu[20].

Em 15 de março de 2001, a Decisão Marco do Conselho da Europa criou o estatuto da vítima no processo penal, impulsionando a mediação nas causas penais, com um acordo entre a vítima e o autor, acordo denominado de *Justiça Restaurativa.* Na atualidade, o problema não é mais saber se a vítima deve ou não integrar o processo, mas sim como fazê-lo.

Nas palavras de Hassemer,

18. Pletsch, Natalie Ribeiro. *Formação da prova no jogo processual penal:* o atuar dos sujeitos e a construção da sentença, São Paulo: IBCCRIM, 2007, p. 94.
19. Canotilho, José Joaquim Gomes. Justiça constitucional e justiça penal. *Revista Brasileira de Ciências Criminais*, nº 58, jan./fev., 2006, p. 330.
20. Scarance Fernandes, Antonio. *O papel da vítima no processo penal*, São Paulo: Malheiros, 1995, p. 21-2.

> a estrita orientação ao delinquente do conceito de ressocialização, já está superada; a vítima aparece não mais como uma simples figura que no seu papel encarna um posicionamento sistemático de quem sofre a ação que recai sobre um bem jurídico, e sim como uma pessoa viva (de carne e osso) cujos legítimos interesses haverão de ser considerados também de um ponto de vista sistemático, dentro da teoria dos fins da pena[21].

Reintroduzir a vítima no processo de solução dos conflitos penais, dando-lhe voz, é um provimento que restabelece a confiança no ordenamento jurídico e passa necessariamente pela reparação do dano e pela restauração da paz como fins do direito penal[22].

Surge, assim, uma forte tendência de substituir os processos acusatórios por um processo em que a conciliação, com a restauração dos valores lesados, assume um papel importante como medida alternativa ao conhecido sistema vicariante (pena ou medida de segurança).

É preciso implementar mecanismos que reorientem os fins do Direito Penal para as necessidades das vítimas, conferindo-lhe dignidade. Isso faz com que as partes vejam um tipo de justiça diferente, sintam-se muito mais relacionadas com esta forma de intervenção e tenham o sentimento de que elas mesmas estão criando justiça em lugar de, passivamente, receber justiça[23].

Elena Larrauri aponta o abolicionismo e a vitimologia como fontes inspiradoras da composição entre autor e réu. Para a professora da Universidade de Barcelona, o abolicionismo penal pretende que as vítimas recuperem o conflito com o ofensor, o que estaria próximo das funções da justiça restauradora que coloca autor e vítima no centro da discussão. Entretanto, são institutos distintos, porque o abolicionismo prescinde da Justiça Penal, enquanto a Justiça Restauradora mantém o conceito de delito[24].

3. MODELO PACIFICADOR OU RESTAURATIVO

O modelo consensual contempla as várias formas de solução de um litígio sem a atuação vertical e coativa do Estado. A *mediação*, gênero da qual a *conciliação*, a *composição civil* e a *transação* são espécies, refere-se a uma atividade de terceira pessoa neutra que ajuda os sujeitos envolvidos em um conflito a encontrar uma solução pacífica.

O modelo consensual de Justiça Penal se divide em vários submodelos: a) *pacificador ou restaurativo*, que visa à pacificação social do conflito via conciliação, reparação

21. Apud Amaral, Cláudio do Prado. *Despenalização pela reparação de danos:* a terceira via, Leme: J.H. Mizuno, 2005, p. 20.
22. Sica, Leonardo. *Justiça restaurativa e mediação penal:* o novo modelo de justiça criminal e de gestão do crime, Rio de Janeiro: Lumen Juris, 2007.
23. Neuman, Elias. *Mediación penal*: Alternativa de la prisión. La repersonalización del conflicto. Funciones del mediador. Condiciones para ser mediador. La homologación del convenio. El regreso a la armonía social, 2. ed. rest. e amp. Buenos Aires: Editorial Universidad, 2005.
24. Larrauri, Elena. Tendencias actuales de la justicia restauradora. *Revista Brasileira de Ciências Criminais*. São Paulo: Revista dos Tribunais, nº 51, nov./dez., 2004, p. 69.

dos danos, despenalização etc.; b) *justiça criminal negociada* entre o agente e o Estado (a transação penal); c) *justiça criminal negociada*, com base na confissão do infrator (*plea bargaining* americana, p. ex.).

Trataremos apenas dos dois primeiros modelos.

3.1. Modelo pacificador: conciliação

A *conciliação* objetiva a harmonização entre os litigantes, a paz entre pessoas que se desentenderam. A conciliação entre os atores do conflito erigido à categoria de infração penal é de fundamental importância dentro dessa ótica de um Direito Penal pacificador.

Em muitos crimes de ação privada e de ação pública condicionada à representação, a conciliação ocorre sem qualquer contraprestação por parte do autor do crime. No cotidiano forense é comum autor e vítima de um crime de ameaça, contra a honra etc., se sentarem à frente de um conciliador, apresentarem seus argumentos, apararem arestas e se reconciliarem, com a consequente renúncia expressa à pretensão punitiva.

Essa é a verdadeira conciliação, que põe fim à demanda de modo positivo à estabilidade social, melhorando a vida futura dos envolvidos, restabelecendo a coesão e a paz na comunidade em que se inserem.

Há muito o Direito brasileiro conhece a conciliação, uma vez que o Código de Processo Penal a prevê para os crimes contra a honra (art. 520)[25]. Mais recentemente, a conciliação como causa extintiva da punibilidade foi prevista no art. 72 da Lei nº 9.099/1995, para os crimes de menor potencial ofensivo, assim considerados pelo art. 61 da mesma lei, aqueles cuja pena máxima cominada não seja superior a dois anos. Salienta-se que a conciliação só é cabível nos crimes de pouca lesividade cuja ação penal seja privada ou pública condicionada à representação.

Cremos que a conciliação pode ser aplicável a outros crimes além daqueles considerados pela lei como de pouca lesividade. É que o princípio da proporcionalidade nem sempre é adotado pelo legislador. A título de exemplo, alguns crimes patrimoniais são bastante singelos, às vezes praticados no âmbito do trabalho doméstico, em empresas, como apropriação indébita de valores relativamente baixos, que poderiam ser resolvidos pela conciliação entre as partes. Quem milita na área criminal sabe que, em muitos desses casos, a própria vítima já se entendeu com o autor e, quando ouvida em juizo, expressamente manifesta seu desinteresse pela condenação do acusado, pois com ele já entrou em acordo.

Nessa perspectiva pacificadora é que propomos o alargamento das hipóteses de admissibilidade da conciliação.

25. Por esse dispositivo, promovida a queixa-crime, o juiz, antes de recebê-la, ouvirá as partes sem a presença de advogado e tentará a conciliação. Sendo frutífera, a queixa será arquivada.

3.2. Modelo restaurativo: reparação do dano

A prática de qualquer fato delituoso pode provocar um dano patrimonial ou moral ao ofendido, fazendo surgir a obrigação de o agente reparar o dano, como determinado pelo art. 927 do Código Civil.

Entretanto, há muito a reparação do dano vem sendo tratada pela legislação penal. O Código Criminal do Império de 1830 (arts. 21 a 32) já previa a obrigação de indenizar, postura que sofreu críticas de Thomaz Alves Junior, para quem

> a doutrina da satisfação é inteiramente de direito civil, e rigorosa e juridicamente fallando não está bem collocada em um Código Penal. A satisfação não é uma pena, mas o meio de satisfazer o dano causado com o delicto[26].

O atual Código Penal, em especial após a reforma da parte geral em 1984, deu muita ênfase à reparação do dano causado pelo delito, prevendo-a como causa de diminuição de pena, requisitos para a concessão de benefícios, efeito genérico da condenação etc.

A introdução da reparação do dano no sistema penal cumpre o postulado político de respeitar a autonomia da vontade, tanto do agente como da vítima, para que eles, se possível, componham o delito, sendo uma das formas mais simples e eficientes de consenso.

Em sentido mais amplo, a reparação consiste na punição do autor do fato, com uma das sanções previstas no Direito Penal. Embora não aceitando essa concepção, Dobón afirma que sob esse enfoque "se produz a reparação quando se restaura a relação vertical, perturbada pelo delito, do delinquente com o Direito, o Estado, a vítima e a comunidade jurídica"[27]. Assim entendida, qualquer reação ao fato punível, qualquer pena e, inclusive, as medidas de segurança, seriam subclasses de reparação.

Sob outro enfoque, a reparação consiste em desfazer a obra antijurídica e colocar o mundo na posição que teria antes de começar o delito, que é a reparação ideal com a restituição do *status quo ante*, reparação *in natura*[28].

Ocorre que a restauração da situação anterior é possível em alguns crimes (furto, p. ex.), mas não em outros (lesão corporal, homicídio etc.), razão pela qual ela não é cabível em sua plenitude no Direito Penal, havendo necessidade de outras formas de reparação que possibilitem a satisfação do ofendido.

No presente trabalho a reparação do dano será tratada como *compensação* ou *ressarcimento econômico* ou, ainda, *indenização* restauradora da lesão ao bem jurídico causada pelo fato criminoso.

26. Alves Junior, Thomaz. *Anotações theoricas e praticas ao código criminal.* Rio de Janeiro: Typ. De Pinheiro & Companhia, 1864, p. 415.
27. Dobón, María del Carmen Alastuey. *La reparación a la víctima en el marco de las sanciones penales,* Valencia: Tirant lo Blanch, 2000, p. 38.
28. Maier, Júlio B. J. Es la reparación una tercera vía del derecho penal?. *Revista Brasileira de Ciências Criminais,* São Paulo, Revista dos Tribunais, nº 50, set./out., 2004, p. 55.

4. REPARAÇÃO DO DANO E SEUS REFLEXOS NO ÂMBITO PENAL

A moderna doutrina penal vem sustentando que a reparação do dano está em condições de desempenhar um papel mais relevante no Direito Penal, interferindo diretamente nas sanções aplicáveis ao autor do crime.

Sob essa perspectiva, a reparação pode estar numa *relação de dependência* com as sanções penais ou como *consequência autônoma do delito.*

4.1. A reparação do dano em uma relação de dependência

Fala-se em *relação de dependência* quando a reparação do dano acarreta consequências jurídico-penais na sanção penal, sendo levada em consideração na fixação da pena, possibilitando a concessão de alguns benefícios. Em outras palavras, ela repercute na intensidade da reação estatal, favorecendo o autor pela mitigação da pena e, o ofendido, pela restauração da situação anterior.

Na última década do século XX o legislador brasileiro passou a dar maior atenção à *reparação do dano* no âmbito penal, beneficiando a vítima no aspecto material e o autor do crime, no campo penal e processual. Em inúmeros diplomas legais a reparação do dano passou a ser tratada como medida despenalizadora, como causa extintiva da punibilidade, requisito para a suspensão do processo, causa de redução da pena etc.

A possibilidade de a reparação do dano influir nas sanções não é nova, pois a Lei nº 2.110, de 1909, previa a reparação do dano no peculato doloso como causa de extinção da pena privativa de liberdade e da pena pecuniária, bem como a isenção de pena no peculato culposo.

Na legislação estrangeira pode-se apontar o Código Penal grego de 1834, que previa a extinção da punibilidade pela reparação do dano nos crimes de furto, estelionato e apropriação indébita. O Código Penal alemão de 1871, com as modificações que entraram em vigor em 1975, prevê a possibilidade, em alguns casos, do arquivamento do inquérito.

Sobre o tema, afirma Waléria Garcelan Loma Garcia:

> o exame da legislação penal estrangeira revela a existência de institutos com características semelhantes ao nosso instituto do *arrependimento posterior* e demonstra que o legislador penal alienígena utiliza a reparação do dano à vítima como medida de política criminal para descriminalizar infrações penais, reduzir as sanções ou substituí-las por outras menos graves, simplificar ou evitar o processo penal e reduzir a carga do sistema judiciário e penitenciário[29].

Podem-se dividir as consequências da reparação do dano como relação de dependência em dois grupos: a) como causa extintiva da punibilidade; b) como requisito para a mitigação da coerção estatal.

29. Garcia, Waléria Garcelan Loma. *Arrependimento posterior*, Belo Horizonte: Del Rey, 1997, p. 178.

4.1.1. Reparação do dano como causa extintiva da punibilidade

A reparação do dano como causa de extinção da punibilidade foi prevista pela primeira vez no ano de 1909 para os crimes de peculato doloso e culposo.

Seguindo a tendência de incentivar o autor do delito a reparar o dano causado à vítima, o Supremo Tribunal Federal, por decisão do Pleno, de 15 de dezembro de 1976, editou a Súmula nº 554[30] que obsta a ação penal em caso de pagamento de cheque sem provisão de fundos.

A Lei nº 9.249/1995, no art. 34, prevê a reparação do dano como causa extintiva da punibilidade nos crimes de natureza fiscal[31]. Ainda no âmbito de crimes contra o erário, a Lei nº 9.983/2000 criou inúmeros tipos penais, dentre eles a apropriação indébita previdenciária (art. 168-A, CP) e a sonegação de contribuição previdenciária (art. 337-A, CP), mas, ao mesmo tempo, previu a extinção da punibilidade para a hipótese de reparação do dano.

Por fim, a Lei nº 9.964/2000, que instituiu o Programa de Recuperação Fiscal (REFIS), com as modificações feitas pela Lei nº 10.684/2003, criou, para os crimes de sonegação fiscal e contra a ordem econômica, causa suspensiva da pretensão punitiva pelo fato de a empresa ser incluída no programa, bem como causa extintiva da punibilidade pelo pagamento integral do débito.

Curiosamente, o legislador brasileiro só se preocupou em prever a extinção da punibilidade pela reparação do dano em crimes que atingem bem jurídico coletivo, como administração pública, patrimônio público e da previdência social. Em outras palavras, o *ius puniendi* é utilizado como meio de cobrança de tributos e contribuições sociais, adotando-se o chamado "Direito Penal arrecadador". Recebido o crédito, o Estado abre mão do direito de punir.

Diante do Direito Penal de *ultima ratio*, essa postura do Estado torna duvidosa a necessidade de criminalização dessas condutas, pois na verdade a ameaça de sanção penal é utilizada tão somente como meio de realização das políticas públicas. De duas uma: ou a conduta de sonegar tributos é grave e não pode haver a extinção pela reparação do dano, ou não é grave e deve ter sua pena reduzida para incluí-la no rol daqueles de pouca lesividade.

Para outros crimes, de menor gravidade e que atingem bens jurídicos individuais, como o furto simples, a apropriação indébita, o estelionato fundamental etc., a reparação do dano acarreta tão somente a redução da pena (art. 16 do CP).

Essa absurda contradição não passou despercebida de Lenio Luiz Streck que afirma:

> O art. 34 da Lei nº 9.249/1995 trouxe evidentes benefícios aos sonegadores de impostos e de contribuições sociais, ao introduzir a possibilidade de o sonegador ficar isento do crime em caso de pagamento do tributo antes do recebimento da denúncia criminal. Enquanto

30. O pagamento de cheque emitido sem provisão de fundos, após o recebimento da denúncia, não obsta ao prosseguimento da ação penal.
31. Os previstos na Lei nº 8.137/1990.

isso, ao *cidadão-comum-não sonegador*, em caso de crime contra o patrimônio em que não tenha restado prejuizo à vítima (restituição ou recuperação da *res*), há somente o benefício do desconto da pena (art. 16 do Código Penal)[32].

Em suma, embora o Estado tenha criado profundas desigualdades no tratamento da reparação do dano, doutrina e jurisprudência (com raras exceções) não se deram conta da gravidade do problema e não se dispuseram a buscar, na dogmática jurídica, uma solução calcada nos princípios constitucionais, em especial os da proporcionalidade e da igualdade.

Adotado o princípio da proporcionalidade, não há motivos jurídicos ou de política criminal para que o legislador preveja, para fatos semelhantes, consequências distintas para a reparação do dano.

A melhor solução seria considerar a reparação do dano como uma causa extintiva da punibilidade para os crimes que atingem bens jurídicos disponíveis, praticados sem violência ou grave ameaça à pessoa (honra, intimidade, patrimônio etc). Para os crimes que atingem bens coletivos, a reparação do dano deveria funcionar tão somente como causa de redução da pena.

A possibilidade de a reparação do dano pôr fim à persecução penal em relação a pequenos delitos (hoje considerados de menor potencial ofensivo) tem caráter pedagógico e satisfativo. Pedagógico porque o autor do crime, ao ter que reparar a vítima para se safar de uma reprimenda, verá que sofreu consequências imediatas por seu ato, eliminando possível sensação de impunidade. Satisfativo porque à vítima interessa muito mais a recomposição do seu patrimônio do que o castigo ao autor do crime.

Concluímos sustentando que, nos crimes de menor potencial ofensivo, a reparação do dano deve ser adotada como causa extintiva da punibilidade, o mesmo ocorrendo naqueles fora desse rol que atingem bens jurídicos disponíveis.

4.1.2. Reparação do dano como requisito para mitigação da coerção estatal

A restauração do bem lesado por via composição dos danos também é prevista pelo ordenamento normativo brasileiro como forma de mitigação da coerção estatal, com matizes bem diversificados.

Um dos institutos importantes é a suspensão condicional do processo (art. 89 da Lei nº 9.099/1995), que impede o curso da ação penal, possibilitando ao autor do crime se livrar do próprio processo e, por consequência, da sanção, por meio do cumprimento de algumas condições, dentre elas a de reparar o dano.

No Código Penal, a reparação do dano possibilita: a) atenuação da pena (arts. 16 e 65, III, *b*); b) suspensão da execução da pena (*sursis*), livrando o condenado de cumprir a sanção que lhe foi imposta (art. 78, § 2º); c) o livramento condicional que antecipa

32. Streck, Lenio Luiz. *Hermenêutica jurídica e(m) crise:* uma exploração hermenêutica da construção do direito, 2. ed. rev. e ampl. Porto Alegre: Livraria do Advogado, 2000, p. 48, nota 58.

o término do encarceramento (art. 83, IV); d) a reabilitação criminal que faz apagar todos os efeitos penais da condenação (art. 94, III).

No Código Penal de 1969, que não chegou a entrar em vigor, a reparação do dano nos crimes patrimoniais não violentos possibilitava a aplicação das penas cominadas à forma privilegiada (art. 164, § 2º). Essa solução é extremamente salutar, pois como alhures anotado, mais interessa à vítima de um crime patrimonial a restauração do patrimônio lesado do que a punição do autor da infração.

Temos que devem ser aumentados os espaços para a reparação do dano como causa de mitigação da sanção dos crimes que atingem bens jurídicos individuais, pois, no que toca aos crimes contra o erário, o legislador age de forma bastante complacente, reconhecendo a extinção da punibilidade quando a reparação do dano ocorra mesmo após o trânsito em julgado da sentença.

4.2. Reparação do dano como consequência jurídico-penal autônoma

Um segmento da doutrina alemã, capitaneado por Roxin[33], que em 1992 propôs o Projeto Alternativo de reparação, sustenta que a reparação do dano está em condições de desempenhar um papel mais relevante no Direito Penal, constituindo-se de um instituto de natureza penal que se diferencia da responsabilidade civil, tanto no conteúdo como nas funções, integrando-se ao Direito Penal como uma "terceira via" junto à pena e às medidas de segurança.

A denominação *terceira via*, também denominada de *novo catálogo de sanções*, significa que a reparação do dano cumpre uma *terceira função* da pena, juntamente com a retribuição e a prevenção.

Destarte, a reparação poderia integrar-se ao Direito Penal como *consequência jurídico-penal autônoma*, juntando-se às penas e às medidas de segurança, como espécie de sanção em si mesma. A reparação do dano deveria estar no rol das penas e o juiz, ao condenar alguém, fixaria, como sanção, única e exclusivamente a obrigação de reparar o dano.

Trata-se de uma alternativa eficiente, pois o autor toma consciência da ilicitude de sua conduta e a reparação o faz reintegrar-se à comunidade jurídica, ao mesmo tempo que supera os perigos do tratamento penitenciário clássico[34].

A legislação brasileira não tem adotado a reparação como pena principal, utilizando-a tão somente como medida despenalizadora.

5. CONSENSO ENTRE AUTOR DO DELITO E O ESTADO

Dentro de uma perspectiva de despenalização para os conflitos de natureza penal de pouca gravidade, surge a possibilidade de o Estado, por intermédio do Ministério Público, fazer acordo com o autor de uma infração penal.

33. Apud Dobon, ob. cit., p. 66.
34. Amaral, ob. cit., p. 143.

O direito brasileiro conhece duas formas de consenso entre o órgão acusador e o autor do crime: a transação penal e a suspensão condicional do processo, ambas introduzidas no sistema normativo pela Lei nº 9.099/1995.

A *transação penal* consiste na proposta, pelo Ministério Público, de pena não privativa de liberdade e aceitação, pelo autor do crime, sem discussão do mérito. Tem a vantagem de agilizar a solução da lide, sem maiores traumas para o autor do crime que deixa de sofrer as graves consequências de um longo processo e de uma eventual pena privativa de liberdade.

Entendemos que a aplicação desse instituto deve ser ampliada à medida que os operadores do Direito tiverem a possibilidade de avaliar, no caso concreto, a necessidade ou não de penas mais graves. Muitos crimes patrimoniais são de pouca lesividade e uma pena alternativa à prisão, aplicada de imediato, sem as delongas de um processo, é suficiente para os fins a que se destina.

O legislador pátrio adotou, como critério da pouca lesividade, a pena máxima cominada. Entretanto, esse critério é bastante simplista e, na prática, nem sempre está em consonância com os princípios constitucionais da ofensividade e proporcionalidade.

Melhor explicando, se alguém surrar uma pessoa em praça pública, na presença de inúmeras pessoas, deixando-a com o corpo todo marcado e impossibilitando-a de trabalhar por 20 dias, mas sem maiores sequelas, a conduta é tipificada no art. 129, *caput*, do Código Penal e considerada de pouca ofensividade. Por outro lado, se o mesmo autor subtrair uma bicicleta da vítima, objeto esse que vem a ser recuperado e restituído ao ofendido, o crime não é de pequena lesividade.

Analisando os dois casos sob a ótica dos princípios constitucionais da ofensividade e da proporcionalidade, é evidente que o crime de lesão corporal é mais grave.

Por isso, sustentamos que os agentes do Direito podem, dentro das razões fundantes dos institutos positivados, estender a transação a crimes com penas máximas cominadas superiores a 2 anos, como nos crimes patrimoniais não violentos, simples ou privilegiados, colocando a reparação do dano como condição necessária para o benefício.

6. CRÍTICAS AO CONSENSO

As mudanças do sistema de Justiça Criminal passando da fórmula do sistema acusatório, com os princípios básicos do contraditório e da ampla defesa para a consensualidade encontram fervorosos opositores. Hassemer concorda que os acordos desformalizam o processo penal, abreviam-no, barateiam-no e expandem a capacidade da Justiça Penal, mas alerta que eles atentam contra um grande número de princípios constitucionais, a saber: a) princípio da publicidade das audiências, porque a conciliação requer discrição; b) princípio do juiz natural, na medida em que permite que a audiência seja presidida por juizes leigos; c) princípio da legalidade material, pois a decisão final se guiará mais pela oportunidade e perspectivas de desfecho das partes intervenientes[35].

Hans Joachim Hirsch afirma que a condenação à reparação do dano não significa nada de novo, posto que também pode ser obtida por meio de um procedimento civil. Ademais, apenas quando o autor recebe um "justo castigo" a vítima se vê ressarcida em seus interesses[36]. Sustenta, ainda, que a reparação só poderia ser vantajosa, se possível a conversão em prisão no caso de descumprimento e em casos de tentativa ou condutas que não produzem danos, não há possibilidade de reparação.

Aury Lopes Junior sustenta que o sistema negocial viola a função garantista do Direito Penal e Processual, pois a violência repressiva da pena não passa mais pelo controle jurisdicional, transformando o processo em uma "negociata" no seu sentido mais depreciativo. Arremata dizendo que a degeneração do sistema chega a tal ponto que o saber e a razão são substituídos pelo poder atribuído ao Ministério Público[37].

Em síntese, essa posição está fincada nas diretrizes garantistas e sustenta-se que

> eliminar do ordenamento constitucional e infraconstitucional os marcos do modelo garantidor da responsabilidade penal de um direito penal democrático, é correr um risco de se dar um passo adiante sem que tenham sido incorporados os direitos humanos fundamentais aos valores praticados pelos operadores jurídicos (...) O sistema punitivo, parte menor do sistema de controle social em que está inserido, há de ter um controle estritamente legal, por parâmetros muito bem definidos para que direitos adquiridos ao longo de anos de luta democrática não sejam jogados por terra[38].

Embora sujeito a críticas, o consenso no Direito Penal, que acarreta a sensível redução do encarceramento de autores de crimes, constitui alternativa despenalizadora eficaz. Ou, nas palavras de Cezar Roberto Bitencourt, enquanto não surge algo melhor e mais inteligente que o Direito Penal, as penas alternativas procuram diminuir a crise da pena de prisão, que não atende a um dos objetivos da sanção criminal que é reeducar o apenado[39]. E mesmo as penas alternativas poderiam ser evitadas pelo consenso entre as partes, em especial pela reparação dos danos.

Pensamos ser possível a convivência dos institutos despenalizadores, aplicados fora do rigor formal da justiça clássica, com os postulados do garantismo. As formas de despenalização existentes na legislação brasileira, em especial as previstas na Lei nº 9.099/1995, não aboliram o devido processo legal, nem a defesa técnica, tanto que

---

35. Hassemer, Winfried. História das ideias penais na Alemanha do pós-guerra. *Revista Brasileira de Ciências Criminais*. São Paulo, Revista dos Tribunais, v. 6, abr./jun., 1994, p. 65.
36. Apud Palermo, ob. cit., p. 196.
37. Lopes Junior, Aury. A instrumentalidade garantista do processo penal. *Revista Ibero-americana de Ciências Penais*. Porto Alegre, Centro de Estudos Ibero-americano de Ciências Penais, nº 2, jan./abr., 2001, p. 27-9.
38. Shecaira, Sérgio Salomão. Controle social punitivo e experiência brasileira: uma visão crítica da Lei nº 9.099/1995, sob a perspectiva criminológica. *Revista brasileira de ciências criminais*, São Paulo: Revista dos Tribunais, v. 29, jan./mar., 2000, p. 410.
39. Bitencourt, Cezar Roberto. *Juizados Especiais Criminais e alternativas à pena de prisão*, 2. ed., rev. e ampl. Porto Alegre: Livraria do Advogado, 1996, p. 24.

exigem que o autor da infração esteja assistido por advogado. Não bastasse isso, todo e qualquer consenso passa pelo crivo do Judiciário que tem o dever de rejeitá-lo se constatar que fere garantias individuais.

Assim, o Direito Penal moderno procura dar efetividade ao sistema jurisdicional de modo mais simplificado e sem maiores agressões a bens jurídicos fundamentais do agente, sem abrir mão das garantias necessárias a toda pessoa acusada de algum delito.

Como se nota, é preciso inovar para tornar a Justiça Penal mais eficaz e menos dispendiosa, com a implementação da mediação, medida que proporciona novos equilíbrios na realização da Justiça. É preciso um novo olhar para os valores da Justiça Penal, saindo do primado do interesse público e do monopólio estatal para o primado do interesse das pessoas envolvidas e de uma Justiça Criminal participativa; mitigar a culpabilidade individual voltada para o passado, para estabelecer uma responsabilidade voltada para o futuro; abrandar o uso dogmático do Direito positivado, para sedimentar o uso crítico e alternativo do Direito; abrandar a indisponibilidade da ação penal e valorar o princípio da oportunidade.

7. CONSIDERAÇÕES FINAIS

Do que foi exposto, pode-se concluir que:

a) o modelo clássico de justiça penal, com atuação vertical do Estado e aplicação de penas privativas de liberdade, deve ficar reservado para os crimes graves, que atentam contra bens jurídicos vitais da pessoa;

b) o consenso tem por fundamento a preponderância da justiça material sobre a formal, com maior participação dos protagonistas do conflito penal, buscando uma solução menos hierarquizada e coativa, fazendo com que as partes "criem" justiça, em vez de "receber" justiça;

c) no modelo consensual, há uma revalorização da vítima que passa a ter um papel importante na solução do litígio, na medida em que busca uma satisfação pelo dano que lhe foi causado pelo autor;

d) a adoção do modelo consensual passa necessariamente pela relativização do princípio da legalidade, abrindo maiores espaços para o princípio da oportunidade no processo penal;

e) a possibilidade de reparação do dano causado pelo delito como medida despenalizadora, quer como causa extintiva da punibilidade, quer como forma de mitigação da sanção, precisa ser ampliada, pois é uma das formas de revalorização do ofendido pelo crime e da preservação da dignidade do autor de delitos de pouca gravidade; e

f) os agentes do Direito não podem ficar restritos ao conceito legal de menor potencialidade lesiva, devendo, no caso concreto, analisar os fatos sob a ótica dos princípios da ofensividade e da proporcionalidade.

8

A revolução constitucional paradigmática dos direitos de crianças e adolescentes

WILSON DONIZETI LIBERATI*

Sumário: Introdução. 1. A doutrina da completude de direitos da pessoa em desenvolvimento. 2. O atendimento prioritário de todos os direitos infanto-juvenis. 3. O direito fundamental da liberdade, do respeito e da dignidade da criança e do adolescente. 4. Considerações finais.

INTRODUÇÃO

A atual Constituição Federal propôs um novo olhar sobre os direitos sociais e, em especial, os direitos infanto-juvenis: incorporou em seu texto proposta modificadora de paradigma que exigia a plena observância dos direitos fundamentais de crianças e adolescentes.

A mudança teve um objetivo primordial: garantir direitos que até então não eram conhecidos ou que não representavam um bem jurídico passível de tutela. Criança não precisava de direitos, mas sim de tutela social. O choque foi enorme, pois, a partir do comando constitucional do art. 227, reconheceu-se que crianças e adolescentes eram protagonistas de direitos e cuidados especiais, significando o reconhecimento de um *status* especial atribuído aos seus direitos fundamentais, elegidos como sendo merecedores de distinta proteção, eis que mais vulneráveis que os adultos.

* Doutor em Direito Civil (USP); Mestre em Direito das Relações Sociais (PUC/SP); Professor do Programa de Mestrado em Direito do Centro Universitário Eurípedes de Marília – Univem.

Mas a novel revolução paradigmática não ocorreu numa sala fechada com pessoas discutindo o que deveria ser feito ou colocado na Constituição; a elegância e a coragem da mudança residiram, sobretudo, no chamamento das diversas correntes de pensamento, de cunho social e jurídico-institucional, na participação popular, que ofereceu subsídios para a construção de um direito da criança embasado na realidade do povo. Nascia uma nova maneira de fazer leis: pela consulta popular, pela oitiva dos cidadãos sobre o que deveria ser mudado (ou incluído) na nova Constituição. Os movimentos sociais se organizaram e apresentaram à Assembleia Constituinte a proposta de regra fundante, que resultou na edição do artigo 227.

A extraordinária novidade foi, então, que crianças e adolescentes eram titulares de *todos* os direitos fundamentais de um ser humano, e mais aqueles próprios que englobavam seu processo de desenvolvimento, ou seja, de sua idade. Era o sistema da completude de direitos que se iniciava em nosso mundo jurídico, que o legislador traduziu por *proteção integral*.

A especial mudança legislativa – e também querida pelo povo – foi que, mesmo garantidos os direitos, corria-se o risco de não serem efetivados. Daí a propositura de um novo elemento que instituiu o *atendimento prioritário* dos direitos da criança e do adolescente. O art. 227 insculpiu no texto constitucional que "*é dever da família, da sociedade e do Estado assegurar à criança e ao adolescente, com* absoluta prioridade, *o direito à vida, à saúde...*", descrevendo um rol extenso de direitos fundamentais.

Pela nova regra constitucional os direitos da criança e do adolescente devem ser garantidos em sua totalidade, considerados, também, os direitos próprios da idade e desenvolvimento, regulamentados pelo Estatuto da Criança e do Adolescente. Além de assegurados integralmente, todos os direitos devem ser "executados" de maneira rápida, com prioridade.

O desafio desses novos paradigmas foi lançado muito antes da Constituição, quando o País participava da comissão para redação do texto da Convenção sobre os Direitos da Criança, aprovado pela Organização das Nações Unidas em 1989. Nosso sistema constitucional, um ano antes, preconizava aquelas mudanças com *status* constitucional.

1. A DOUTRINA DA COMPLETUDE DE DIREITOS DA PESSOA EM DESENVOLVIMENTO

Com a expressão *Doutrina da Proteção Integral dos Direitos da Criança e do Adolescente* tem-se referência a um conjunto de instrumentos jurídicos de caráter nacional e internacional que representam um salto qualitativo e fundamental na consideração social da infância.

Essa doutrina surgiu no cenário jurídico inspirada nos movimentos internacionais de proteção à infância, materializados em tratados e convenções, especialmente: a) Convenção sobre os Direitos da Criança; b) Regras Mínimas das Nações Unidas para a Administração da Justiça Juvenil (Regras de Beijing); c) Regras Mínimas das Nações Unidas para a Proteção dos Jovens Privados de Liberdade; e d) Diretrizes das Nações Unidas para a Prevenção da Delinquência Juvenil (Diretrizes de Riad).

A semente inicial, entretanto, da "proteção especial" direcionada à criança foi consagrada na Declaração de Genebra, de 26 de março de 1924, que determinava "a necessidade de proporcionar à criança uma proteção especial". Esse princípio foi acolhido pela Declaração Universal dos Direitos Humanos, proclamada pela Assembleia Geral das Nações Unidas em 1948. Essa Declaração chamava a atenção para que a criança tivesse "direitos a cuidados e assistências especiais".

Ainda no âmbito internacional, contribuíram para o fortalecimento da doutrina da completude de direitos de crianças e adolescentes a Declaração dos Direitos da Criança, de 1959[1], a Convenção Americana sobre os Direitos Humanos, conhecida como Pacto de San José da Costa Rica, de 1969[2], as Regras de Beijing[3], de 1985, e a Convenção sobre os Direitos da Criança, de 1989, que reuniu toda a normativa internacional anterior, constituindo um instrumento fundamental de transformação e de implantação de uma nova percepção da condição da infância.

Como consequência da implementação desse princípio de proteção de direitos, a doutrina da proteção integral tornou-se um novo símbolo, um novo paradigma, um novo parâmetro, que, como acentuam Mendéz e Beloff (1988)[4],

> cumpre uma função hermenêutica dentro dos limites do próprio direito da infanto-adolescência, ao mesmo tempo em que permite interpretar, sistematicamente, suas disposições, reconhecendo o caráter integral dos direitos da infância... Ele obriga diversas autoridades, inclusive instituições privadas, a avaliar os interesses superiores da criança como uma consideração primordial para o exercício de suas atribuições.

Como fundamento jurídico dos tratados internacionais já citados, a doutrina da proteção integral preconiza que o direito da criança não deve e não pode ser exclusivo de uma "categoria" de menor, classificado como "carente", "abandonado" ou "infrator", mas deve dirigir-se a todas as crianças e a todos os adolescentes, sem distinção. As medidas de proteção devem abranger todos os direitos proclamados pelos tratados internacionais e pelas leis internas dos Estados.

A doutrina da proteção integral, entre nós, foi consagrada no art. 227 da Constituição Federal, rompendo, definitivamente, com a doutrina da "situação

1. O Preâmbulo dessa Declaração afirmava que, "*em razão de sua falta de maturidade física e intelectual, tem necessidade de proteção especial e cuidados especiais, notadamente de uma proteção jurídica apropriada antes e depois do nascimento*".
2. Dizia, no art. 19, que "*toda criança tem direito às medidas de proteção, que, na sua condição de menor, requer, da parte da família, da sociedade e do Estado*".
3. Declararam que "*os Estados-Membros devem procurar, de acordo com seus interesses, promover o bem-estar do menor e da família e... devem esforçar-se em desenvolver condições que assegurem ao menor uma vida útil à comunidade e fomentar o processo de desenvolvimento pessoal e de educação...*".
4. Mendéz, Emilio García; Beloff, Mary. *Infância, ley e democracia*, Buenos Aires: Depalma, 1998, p. 78.

irregular", que se encontrava em vigor, por força da Lei nº 6.697/1979 – Código de Menores.

Dispõe o art. 227 da Constituição:

> *É dever da família, da sociedade e do Estado assegurar à criança e ao adolescente, com absoluta prioridade, o direito à vida, à saúde, à alimentação, à educação, ao lazer, à profissionalização, à cultura, à dignidade, ao respeito, à liberdade e à convivência familiar e comunitária, além de colocá-los a salvo de toda forma de negligência, discriminação, exploração, violência, crueldade e opressão.*

Ao regulamentar o dispositivo constitucional citado, o Estatuto da Criança e do Adolescente (Lei nº 8.069/1990) reproduziu o conceito da proteção integral em seus arts. 1º ao 6º.

Pela primeira vez na história das Constituições brasileiras o problema da criança é tratado como uma questão pública e abordado de forma profunda, atingindo, radicalmente, o sistema jurídico. Essa mudança é significativa, pois considera, a partir de agora, que crianças e adolescentes são pessoas em desenvolvimento e sujeitos de direitos, independente de sua condição social. E a lei deverá respeitar essa condição peculiar, característica singular desse sujeito, que, até então, tinha direitos, mas que não podia exercê-los, por estar vinculado e submisso ao pátrio poder. Nessa perspectiva, criança e adolescente são os protagonistas de seus próprios direitos.

A modificação estrutural do Direito da Criança e do Adolescente fica mais evidente quando se busca, no sistema anterior, sustentado pelo Código de Menores, a doutrina da "situação irregular", cujo princípio, destacado por Martins (1988)[5], decorria do fato de que "o menor estava numa situação de desenvolvimento natural, por sua deficiência etária, mental e jurídica, e não tinha capacitação para se autodefender de fato ou de direito".

Numa comparação entre as doutrinas percebe-se que a doutrina anterior estava eivada de conteúdo manifestamente discriminatório, onde, por exemplo, a "criança" era o filho "bem nascido", e o "menor", o infrator[6].

Analisando a situação da criança na América Latina, Mendéz (1998)[7] conclui que existem dois tipos de infância: "uma minoria com as necessidades básicas amplamente satisfeitas (crianças); e uma minoria com suas necessidades básicas total ou parcialmente insatisfeitas (os menores).

A mudança de paradigma entre as duas doutrinas refletiu, mais intensamente, nos aspectos relacionados à organização e gestão dos serviços de atendimento,

5. Martins, Anísio Garcia. *Direito do menor.* São Paulo: Leud, 1988, p. 68.
6. Exemplos citados por Saraiva, João Batista da Costa. *Adolescente e Ato Infracional – Garantias Processuais e Medidas Sócio-educativas*, Porto Alegre: Livraria do Advogado, 1999, p. 19.
7. Mendéz, Emilio García. Legislação de Menores na América Latina: uma doutrina em situação irregular. *Cadernos de direito da criança e do adolescente*, nº 2, 2. ed. Recife: ABMP, 1998, p. 22.

considerando, entretanto, que sua principal proposta de mudança outorgou o *status* de sujeito de direitos às crianças e adolescentes.

Por ordem constitucional os direitos de todas as crianças e adolescentes devem ser universalmente reconhecidos, por serem especiais e específicos, considerando-se a peculiar condição da pessoa em desenvolvimento.

A *peculiaridade* dessa condição específica da criança é reconhecida pela lei como uma característica intrínseca daquele sujeito de direitos.

A condição peculiar de pessoa em desenvolvimento sugere, primeiramente, que a criança e o adolescente não conhecem inteiramente os seus direitos, não têm condições de defendê-los e fazê-los valer de modo pleno, não sendo ainda capazes, principalmente as crianças, de suprir, por si mesmas, as suas necessidades.

Costa (1992)[8], no entanto, esclarece que a característica pessoal da criança e do adolescente, como pessoas em condição peculiar de desenvolvimento,

> não pode ser definida apenas a partir do que a criança não sabe, não tem condições e não é capaz. Cada fase do desenvolvimento deve ser reconhecida como revestida de singularidade e de completude relativa, ou seja, a criança e o adolescente não são seres inacabados, a caminho de uma plenitude a ser consumada na idade adulta, enquanto portadora de responsabilidades pessoais, cívicas e produtivas plenas. Cada etapa é, à sua maneira, um período de plenitude, que deve ser compreendida e acatada pelo mundo adulto, ou seja, pela família, pela sociedade e pelo Estado.

Quando se fala em proteção integral dos direitos supõe-se que o sistema legal garanta a satisfação de todas as necessidades de todas as crianças e adolescentes de até 18 anos de idade, privilegiando, sobretudo, seu direito à vida, à saúde, à educação, à convivência familiar e comunitária, ao lazer, ao esporte, à profissionalização, à liberdade, enfim, todos os direitos da pessoa humana.

Segundo Cury, Paula e Marçura (1999)[9],

> a proteção integral tem, como fundamento, a concepção de que crianças e adolescentes são sujeitos de direitos, frente à família, à sociedade e ao Estado. Rompe com a ideia de que sejam simples objetos de intervenção do mundo adulto, colocando-os como titulares de direitos comuns a toda e qualquer pessoa, bem como de direitos especiais decorrentes da condição peculiar de pessoas em desenvolvimento.

A recém-adotada doutrina da proteção integral – fundamento do Estatuto da Criança e do Adolescente – está assentada no princípio de que todas as crianças e todos os adolescentes, sem distinção, desfrutam dos mesmos direitos e se sujeitam a obrigações compatíveis com a peculiar condição de pessoa em desenvolvimento.

---

8. Costa, Antônio Carlos Gomes da. In: Cury, Munir; Amaral e Silva, Antônio Fernando do; Mendéz, Emilio García (coords.). *Estatuto da criança e do adolescente comentado:* comentários jurídicos e sociais, São Paulo: Malheiros, 1992, p. 39.
9. Cury, Munir; Paula, Paulo Afonso Garrido de; Marçura, Jurandir Norberto. *Estatuto da criança e do adolescente anotado,* 2. ed. São Paulo: Revista dos Tribunais, 1999, p. 19.

Na visão de Amaral e Silva (1996)[10], o novo Direito da Criança e do Adolescente traz "normas e institutos exclusivos, não de alguns, mas de todas as crianças e adolescentes. Consagra, na ordem jurídica, a doutrina da proteção integral; reúne, sistematiza e normatiza a proteção preconizada pelas Nações Unidas".

O Direito, que é caracterizado pela coercibilidade, passa a garantir às crianças e adolescentes "todos os direitos fundamentais inerentes à pessoa humana, assegurando-lhes todas as oportunidades e facilidades, a fim de lhes facultar o desenvolvimento físico, mental, moral, espiritual e social, em condições de liberdade e dignidade", conforme dispõe o art. 3º do Estatuto.

O novo Direito da Criança e do Adolescente, materializado na Lei nº 8.069/1990, não é apenas uma carta de intenções, mas normas com direitos objetivamente colocados, capazes de possibilitar a invocação subjetiva para cumprimento coercitivo; por conseguinte, assegura às crianças e adolescentes medidas de proteção e ações de responsabilidade por ofensa aos seus direitos.

Por fim, a doutrina da proteção integral reconhece que todas as crianças e adolescentes são detentores de todos os direitos que têm os adultos e que sejam aplicáveis à sua idade, além dos direitos especiais que decorrem, precisamente, da especial condição de pessoas em desenvolvimento.

2. O ATENDIMENTO PRIORITÁRIO DE TODOS OS DIREITOS INFANTO-JUVENIS

As diretrizes internacionais, consubstanciadas nas convenções e tratados, que versavam sobre a proteção à infância, de um modo ou de outro, buscavam o bem-estar da criança.

O atendimento prioritário dos interesses infanto-juvenis foi melhor traduzido no art. 3º da Convenção das Nações Unidas sobre os Direitos da Criança, ao estabelecer que

> *todas as ações relativas às crianças, levadas a efeito por instituições públicas ou privadas de bem-estar social, tribunais, autoridades administrativas ou órgãos legislativos, devem considerar,* primordialmente *(com* prevalência*), o interesse maior da criança.*

Sob essa denominação, a Convenção definiu o objetivo de estender a proteção legal à criança, de forma completa, integral e com absoluta prevalência.

A ordem de prioridade no atendimento daqueles direitos, inserida no texto da Convenção, é uma garantia vinculada à ordem jurídica mais expressiva na medida em que sua proposta foi recepcionada pela Constituição Federal, a fim de assegurar a efetividade aos direitos subjetivos. Trata-se de um princípio jurídico-garantista na formulação pragmática, por situar-se como um limite à discriminação das autoridades.

10. Amaral e Silva, Antônio Fernando do. *O novo direito da criança e do adolescente e a justiça da infância e da juventude*, Florianópolis: Diretoria de Doc. e Publicações do TJ/SC, 1996, p. 4.

O texto da Convenção, constituindo um poderoso instrumento de incentivo à criação de condições políticas, jurídicas e culturais, propõe melhorar a condição de vida das crianças e adolescentes. Converter o tema da infância em prioridade absoluta constitui o pré-requisito político e cultural dessas transformações.

Com esse propósito, a Constituição Federal de 1988 inseriu um princípio[11] – até então inédito – que previa o atendimento diferenciado e privilegiado de todos os direitos de crianças e adolescentes: o princípio da absoluta prioridade. Esse princípio está insculpido no art. 227, que aqui transcrevemos parcialmente: "*É dever da família, da sociedade e do Estado assegurar à criança e ao adolescente, com* absoluta prioridade"(...)

O termo *prioridade*, classificado por Ferreira Filho (1999)[12], em seu sentido mais comum é:

> 1. qualidade do que está em primeiro lugar ou do que aparece primeiro; primazia; 2. preferência dada a alguém relativamente ao tempo de realização de seu direito, com preterição do de outros; primazia; 3. qualidade duma coisa que é posta em primeiro lugar, numa série ou ordem.

Por sua vez, o vocábulo *absoluta*, consagrado pelo mesmo autor, significa "ilimitada, irrestrita, plena, incondicional".

Em conjunto, os vocábulos firmam o significado do princípio constitucional consagrado, determinando, *erga omnes*, a primazia do atendimento sobre quaisquer outros direitos.

Analisado de forma superficial, esse princípio poderia sugerir e implicar um desnível de tratamento e de garantia de direitos proposto pela Constituição, ao mesmo tempo que assegura que "todos são iguais perante a lei". E é justamente com fundamento neste dispositivo constitucional que o princípio da absoluta prioridade do atendimento dos direitos da criança e do adolescente se faz paritário com os direitos dos demais cidadãos: a criança e o adolescente, em sua peculiar condição de desenvolvimento, requerem um tratamento jurídico especial.

O respeito à diferença entre os sujeitos de direito – e especificamente da criança e adolescente – não implica discriminação ou violação do princípio da isonomia consagrado pela Constituição.

---

11. Cf. Tucci, Rogério Lauria. *Princípio e Regras Orientadoras do Novo Processo Penal Brasileiro*, Rio de Janeiro: Forense, 1986, p. 4-9. O autor apresenta três significados de princípios: um lógico, um normativo e o outro metafísico e objetivo, preferindo concluir por um conceito que engloba todos os aspectos, proposto por Nicola Abbagnano, *in Dicionário de Filosofia*, São Paulo: Mestre Jou, 1970, p. 760, que diz: "princípio é aquilo que é ponto de partida ou do ser ou do tornar-se ou do conhecer". Acrescenta, ainda, em consonância com Luís Washington Vita, in *Introdução à Filosofia*, São Paulo: Melhoramentos, 1964, p. 67, que "os princípios são juizos – afirmações – sem os quais é impossível construir o sistema de relações em que cada ciência consiste". Cf. também Dworkin, Ronald. *A Matter of Principle*. Cambridge: Harvard University Press, 1985, p. 72-103.
12. Ferreira Filho, Manoel Gonçalves. *Direitos humanos fundamentais*, 3. ed. São Paulo: Saraiva, 1999, p. 148.

Quando o Estado de Direito foi implantado buscou-se a igualdade de todos perante a lei, sem privilégios, ou seja, não poderia mais haver exceções que permitissem que indivíduos ou grupos tivessem tratamento diferenciado. Por isso, salientou Ferreira Filho (1999)[13], que "a uniformidade do direito não significa, todavia, que não haja distinções no tratamento jurídico. As distinções são, ao contrário, uma própria exigência da igualdade".

É certo que a igualdade, preconizada pelo texto constitucional, consiste em tratar igualmente os iguais e desigualmente os desiguais, na medida em que se desigualam. Se houvesse a possibilidade jurídica de tratar igualmente os desiguais ou desigualmente os iguais, isso importaria em injustiça e em violação do princípio da igualdade.

A diferença de condição dos sujeitos de direito – no caso, criança e adolescente – de certa forma, "compensa" a desigualdade; e é por isso que a Constituição propõe esse reajustamento proporcional de situações desiguais, visando à igualdade, que é baseada na relação entre o critério de diferenciação e a finalidade pretendida pela Constituição: a isonomia.

Portanto, o tratamento jurídico diferenciado proposto pela Constituição, determinando que sejam atendidos, com absoluta prioridade, os direitos da criança e do adolescente, não fere o princípio da igualdade perante a lei, porque propõe uma nova condição especial (condição peculiar de desenvolvimento) daqueles sujeitos de direitos.

O princípio constitucional da prevalência do atendimento, apoio e proteção à infância e juventude estabelece a necessidade de cuidar, de modo especial, daquelas pessoas, por sua natural fragilidade ou por estarem numa fase em que se completa sua formação com riscos maiores.

Reproduzindo o preceito constitucional exarado no art. 227, o Estatuto da Criança e do Adolescente definiu e materializou o conceito de *absoluta prioridade* no parágrafo único do art. 4º, que dispõe:

> *a) primazia de receber proteção e socorro em quaisquer circunstâncias; b) precedência de atendimento nos serviços públicos ou de relevância pública; c) preferência na formulação e na execução das políticas sociais públicas; d) destinação privilegiada de recursos públicos nas áreas relacionadas com a proteção à infância e à juventude.*

Por certo, a enumeração de prioridades contida nesse parágrafo é apenas exemplificativa e representa o mínimo exigível de situações em que deverá ser assegurada a preferência à infância e à juventude.

Em outra oportunidade[14], manifestei-me sobre o significado da expressão "absoluta prioridade", sustentando que

13. *Direitos Humanos Fundamentais*, cit., p. 111.
14. Liberati, Wilson Donizeti. *Comentários ao estatuto da criança e do adolescente*, 10. ed. São Paulo: Malheiros, 2008, p. 17.

> se deve entender que a criança e o adolescente deverão estar, em primeiro lugar, na escala de preocupação dos governantes; deve-se entender que, primeiro, devem ser atendidas todas as necessidades das crianças e adolescentes... Por *absoluta prioridade*, entende-se que, a área administrativa, enquanto não existirem creches, escolas, postos de saúde, atendimento preventivo e emergencial às gestantes, dignas moradias e trabalho, não se deverão asfaltar ruas, construir praças, sambódromos, monumentos artísticos etc., porque a vida, a saúde, o lar, a prevenção de doenças são mais importantes que as obras de concreto, que ficam para demonstrar o poder do governante.

Quando a Constituição Federal determina o tratamento prioritário à criança e ao adolescente, quer assegurar que sua vontade seja respeitada[15]. Aquilo que é identificado como vontade da Constituição deve ser honestamente preservada, mesmo que, para isso, se tenha de renunciar a alguns benefícios ou até a algumas vantagens justas. A preservação de um princípio constitucional fortalece o respeito à Constituição e assegura um bem jurídico indispensável à essência do Estado democrático. Ao contrário, a sucumbência do princípio constitucional põe em risco todo o arcabouço de conquistas jurídicas até então asseguradas, com o risco de não mais serem recuperadas. Sob esse aspecto, o citado princípio é regra de eficácia plena e aplicabilidade imediata[16].

Preocupante é a advertência de Marchesan (1988)[17], de que

> oprimir a eficácia do princípio da prioridade absoluta é condenar seus destinatários à marginalidade, à opressão, ao descaso. É fazer de um diploma que se pretende revolucionário, o Estatuto da Criança e do Adolescente, instrumento de acomodação.

Todavia, a garantia da proteção integral dos direitos e o atendimento prioritário só têm razão de ser se forem atendidas determinações radicais como a relativização da discricionariedade administrativa e a decretação da improbidade administrativa.

Por fim, ressalta-se que a aludida prioridade não é obrigação exclusiva do Estado; o texto constitucional convoca a família e a sociedade, para que, em suas respectivas atribuições, imprimam preferencial cuidado em relação às crianças e adolescentes.

---

15. Nesse sentido, o Tribunal de Justiça do Distrito Federal, na Apelação Cível nº 62, de 16/04/1993 - Acórdão nº 3.835, julgou que "Do estudo atento desses dispositivos legais e constitucionais, se dessume que não é facultado à Administração alegar falta de recursos orçamentários para a construção dos estabelecimentos aludidos, uma vez que a Lei Maior exige prioridade absoluta - art. 227 - e determina a inclusão de recursos no orçamento. Se, de fato, não os há, é porque houve desobediência, consciente ou não, pouco importa, aos dispositivos constitucionais precitados, encabeçados pelo § 7º do art. 227".
16. TJRS, Ap. Cív. nº 596017897, 7ª C. Cível - A exigência de absoluta prioridade não deve ter conteúdo *meramente retórico*, mas se confunde com uma regra direcionada, especificamente, ao Administrador Público".
17. Marchesan, Ana Maria Moreira. O Princípio da Prioridade Absoluta aos Direitos da Criança e do Adolescente e a Discricionariedade Administrativa, *Revista Igualdade*, Curitiba, v. 6, nº 21, 1998, p. 25.

3. O DIREITO FUNDAMENTAL DA LIBERDADE, DO RESPEITO E DA DIGNIDADE DA CRIANÇA E DO ADOLESCENTE

O art. 3º do Estatuto da Criança e do Adolescente dispõe:

> *A criança e o adolescente gozam de todos os direitos fundamentais inerentes à pessoa humana, sem prejuizo da proteção integral de que trata esta Lei, assegurando-se-lhes, por lei ou por outros meios, todas as oportunidades e facilidades, a fim de lhes facultar o desenvolvimento físico, mental, moral, espiritual e social, em condições de liberdade e de dignidade.*

Com essa garantia jurídica especial, o Estatuto inscreveu nos arts. 15 a 18 o rol de direitos fundamentais da *liberdade*, do *respeito* e da *dignidade*. A criança e o adolescente têm direito à liberdade, ao respeito e à dignidade como pessoas humanas em processo de desenvolvimento e como sujeitos de direitos civis, humanos e sociais garantidos na Constituição e nas leis[18].

O direito à *liberdade*, regulamentado no art. 16, compreende os seguintes aspectos:

> *I — ir, vir e estar nos logradouros públicos e espaços comunitários, ressalvadas as restrições legais;*
> *II — opinião e expressão;*
> *III — crença e culto religioso;*
> *IV — brincar, praticar esportes e divertir-se;*
> *V — participar da vida familiar e comunitária, sem discriminação;*
> *VI — participar da vida política, na forma da lei;*
> *VII — buscar refúgio, auxílio e orientação.*

Por sua vez, o art. 17 dispõe sobre o direito ao *respeito* que consiste na inviolabilidade da integridade física, psíquica e moral da criança e do adolescente, abrangendo a preservação da imagem, da identidade, da autonomia, dos valores, ideias e crenças, dos espaços e objetos pessoais.

O direito fundamental à *dignidade* está representado no art. 18, salientando que é dever de todos velar pela dignidade da criança e do adolescente, pondo-os a salvo de qualquer tratamento desumano, violento, aterrorizante, vexatório ou constrangedor.

Portanto, a liberdade, o respeito e a dignidade constituem direitos humanos fundamentais da criança e do adolescente, assegurados pela Constituição Federal e pelo Estatuto.

Esses direitos são valores intrínsecos que asseguram as condições que determinam o desenvolvimento da personalidade infanto-juvenil, e sem os quais o ser *frágil* tem frustrada a sua evolução. Não foi sem importância que o art. 6º, *in fine*, do Estatuto elegeu "*a condição peculiar da criança e do adolescente como pessoas em desenvolvimento*", como meta teleológica da garantia de direitos.

---

18. ECA, art. 15.

É por isso que se diz, com acerto, que a criança e o adolescente são pessoas completas integralmente, em todos os sentidos – inclusive na proteção de seus direitos. Em cada momento de seu desenvolvimento crianças e adolescentes são titulares de uma gama de direitos próprios de sua idade que devem ser preservados naquele momento de suas vidas. O exemplo mais contundente é o do teste do pezinho: esse exame somente surtirá o efeito preventivo desejado se a criança o fizer na primeira semana de vida. Depois disso, o exame não tem qualquer valor protetivo. Outra situação: a criança tem direito de acesso e permanência no ensino fundamental a partir dos seis ou sete anos de idade. É nesse momento de sua vida que deve ser garantido o número de vagas nas escolas de ensino fundamental, pois é justamente aí que a criança irá usufruir desse direito[19].

Os exemplos podem ser multiplicados ao extremo[20]. Todavia, o que é necessário lembrar, com base na Constituição e no Estatuto, é que os direitos (principalmente os fundamentais) da criança e do adolescente devem ser assegurados respeitando a evolução etária/mental/psicológica da criança e do adolescente[21].

19. "Trata-se de ação civil pública proposta pelo MP com objetivo de garantir a menores de família sem recursos o direito de matrícula e frequência na rede municipal de creches. O Min. Relator destacou que a CF/1988, no art. 208, o ECA (Lei nº 8.069/1990) e a Lei de Diretrizes e Base da Educação (Lei nº 9.394/1996, art 4º, IV) asseguram o atendimento em creches e pré-escolas da rede pública às crianças de zero a seis anos. Compete à Administração Pública propiciar e assegurar esse atendimento, mas não cabe ao administrador público escolher entre prestá-lo ou não, pois constitui um dever administrativo estabelecido em lei de um lado e, do outro, o direito assegurado ao menor de ver-se assistido pelo Estado. Assim, não há que se questionar a intervenção do Judiciário porquanto se trata de aferição do cumprimento da exigência da lei. Para o Min. Relator, na espécie, não restou provada a falta de disponibilidade orçamentária alegada pela municipalidade. A divergência inaugurada pela Min. Eliana Calmon entendia que o MP autor não demonstrou as condições necessárias à obrigação de fazer postulada na inicial. Isso posto, a Turma, por maioria, ao prosseguir o julgamento, deu provimento ao recurso. STJ. Precedente citado: REsp nº 575.280-SP, *DJ* 25/10/2004". REsp nº 510.598-SP, Rel. Min. João Otávio de Noronha, j. em 17/04/2007).

20. *Indenização danos morais – relação paterno-filial – princípio da dignidade da pessoa humana – princípio da afetividade.* A dor sofrida pelo filho, em virtude do abandono paterno, que o privou do direito à convivência, ao amparo afetivo, moral e psíquico, deve ser indenizável, com fulcro no princípio da dignidade da pessoa humana. (TJMG, Ap. Cív. nº 408.550-5, 7ª C. Cív., j. 01/04/2004, Rel. Juiz Unias Silva).

21. ECA, art. 240: "*Produzir ou dirigir representação teatral, televisiva, cinematográfica, atividade fotográfica ou de qualquer outro meio visual, utilizando-se de criança ou adolescente em cena pornográfica, de sexo explícito ou vexatória: Pena – reclusão, de 2 (dois) a 6 (seis) anos, e multa. § 1º Incorre na mesma pena quem, nas condições referidas neste artigo, contracena com criança ou adolescente. § 2º A pena é de reclusão de 3 (três) a 8 (oito) anos: I – se o agente comete o crime no exercício de cargo ou função; II – se o agente comete o crime com o fim de obter para si ou para outrem vantagem patrimonial*". ECA, art. 241: "*Apresentar, produzir, vender, fornecer, divulgar ou publicar, por qualquer meio de comunicação, inclusive rede mundial de computadores ou internet, fotografias ou imagens com pornografia ou cenas de sexo explícito envolvendo criança ou adolescente: Pena – reclusão de 2 (dois) a 6 (seis) anos, e multa. § 1º Incorre na mesma pena quem: I – agencia, autoriza, facilita ou, de qualquer modo, intermedeia a participação de criança ou adolescente em produção referida neste artigo; II – assegura os meios ou serviços para o armazenamento das fotografias, cenas ou imagens produzidas na forma do* caput *deste artigo; III – assegura, por qualquer meio, o acesso, na rede mundial de computadores ou internet, das fotografias, cenas ou imagens produzidas na forma do* caput *deste artigo. § 2º A pena é de reclusão de 3 (três) a 8 (oito) anos: I – se o agente comete o crime prevalecendo-se do exercício de cargo ou função; II – se o agente comete o crime com o fim de obter para si ou para outrem vantagem patrimonial*". ECA, art. 244-A: "*Submeter criança ou adolescente, como tais definidos no* caput *do art. 2º desta Lei, à prostituição ou à exploração sexual: Pena – reclusão de quatro a dez anos, e multa. § 1º Incorrem nas mesmas penas o proprietário, o gerente ou o responsável pelo local em que se verifique a submissão de criança ou adolescente às práticas referidas no* caput *deste artigo. § 2º Constitui efeito obrigatório da condenação a cassação da licença de localização e de funcionamento do estabelecimento*".

A vocação pessoal e social da criança e do adolescente é crescer; fora do contexto familiar e comunitário a criança e o adolescente não sobreviverão. Além da família, a criança e o adolescente devem permanecer em estreito contato civilizatório com a escola, o clube, a igreja, com grupos de amigos, grupo de escoteiros etc., que serão como que uma argamassa para o seu desenvolvimento. Se isso não acontecer, a criança e o adolescente ficarão excluídos da comunidade, por ação ou omissão dos pais, da sociedade ou do Estado[22]. O homem não se realiza fora da sociedade. Sua dimensão social ficará incompleta podendo surgir, daí, um viés comportamental criminoso.

A liberdade e a igualdade são valores que estão intrinsecamente ligados à dignidade da pessoa. A não observância desses direitos implica em degradar a própria pessoa titular dos direitos.

4. CONSIDERAÇÕES FINAIS

O grande mérito da atual Constituição Federal, no que diz respeito à garantia dos direitos infanto-juvenis, foi o de ouvir a população sobre suas necessidades, principalmente daqueles segmentos mais próximos ao problema.

Como resultado a esse chamamento, os movimentos sociais, aliados à esfera jurídica, inauguraram extraordinário veículo de comunicação e implantação de direitos: as emendas constitucionais populares.

Em virtude disso, nosso ordenamento jurídico específico, destinado à garantia de direitos de crianças e adolescentes, recebe significativo impulso e valoração, que, por meio do Estatuto da Criança e do Adolescente, vê regulamentado o mandamento constitucional exarado no art. 227.

A partir de então, o maior desafio tem sido a completa implantação dessas (novas) regras previstas no Estatuto. Regras essas que, se colocadas em prática em sua totalidade, serão instrumentos eficazes de integração da cidadania.

Não existe milagre. A lei, por si só, não pode alterar comportamentos, principalmente aqueles costumes arraigados na sociedade que considera crianças e adolescentes como "menores" em direitos e incompletos em sua cidadania.

A abolição do "menorismo" como estigma social e jurídico encerrou seu ciclo, via legislativa, com a Constituição Federal e o Estatuto da Criança e do Adolescente. Todavia, ainda no meio social e, principalmente, no jurídico, perfila um ranço saudosista, incompatível com a nova teleologia do Direito da Criança e do Adolescente, que preconiza a completude de direitos e com atendimento prioritário.

Ainda vamos aprender a valorizar e aplicar as novas mudanças nesta área, transformando nosso modo de ver e respeitar a dignidade de nossas crianças e adolescentes.

22. ECA, art. 98.

Parte II

Construção do saber jurídico

9

Direito como função promocional da pessoa humana: inclusão da pessoa com deficiência – fraternidade

LAFAYETTE POZZOLI*

> "O problema não é suprimir o interesse privado, mas purificá-lo e enobrecê-lo; prendê-lo em estruturas sociais orientadas para o bem comum, e também (eis aqui o ponto capital), transformá-lo interiormente pelo senso da comunhão e da amizade fraternal."
>
> JACQUES MARITAIN

Sumário: Introdução. Primeira Parte – Estrutura lógica do Estado e do direito. 1. Evolução do Estado. 2. Instrumentos que o Estado dispõe para controle. 3. A função promocional do direito. 4. Estrutura lógica das normas. 5. Lógica do razoável. Segunda Parte – Efetividade dos direitos e legitimidade do Estado. 1. Humanismo constitucional. 2. Os direitos e deveres do ser humano. 3. O direito como função promocional da pessoa humana. 4. As novas concepções de inclusão social. 5. Marco importante no trabalho de conscientização: 1981. 6. Sistema de quotas – ações afirmativas. 7. Considerações finais.

INTRODUÇÃO

Para melhor orientar o trabalho de sistematização e possibilitar a compreensão, numa amplitude maior, do conjunto de normas jurídicas que regulam

* Advogado, Pós-doutorado em Filosofia do Direito e do Estado pela Università "La Sapienza", Itália. Doutor e Mestre em Filosofia do Direito e do Estado pela PUC/SP. Pró-Reitor de Pós-Graduação, Pesquisa e Extensão do Centro Universitário Eurípedes de Marília – Univem, Coordenador e professor no Programa de Pós-Graduação em Direito – Mestrado – e na Graduação do Univem. Professor na Faculdade de Direito da PUC/SP. Consultor Internacional em Legislação para pessoa com deficiência pela OIT – Organização Internacional do Trabalho. Consultor avaliador do INEP (MEC) para Cursos Jurídicos. Foi membro do Tribunal de Ética da OAB/SP – TED-1. Sócio efetivo do IASP – Instituto dos Advogados de São Paulo. Secretário-Geral do Instituto Jacques Maritain do Brasil. Foi Professor Assistente no Curso de TGD, ministrado pelo saudoso Professor André Franco Montoro – Pós-Graduação PUC/SP. Publicou diversas obras, dentre elas: *Pessoa Portadora de deficiência – direitos e garantias*, 1. ed. Edipro, 1992; 2. ed., Editora Damásio de Jesus, 2005; *Justiça dos Tribunais ou da Cidadania*, Cidade Nova, 1996; *Maritain e o Direito*, Loyola, 2001; *Defesa dos Direitos das Pessoas com Deficiência*, RT, 2006, Coletânea organizada por Luiz Alberto David Araujo.

as atividades relativas ao exercício da cidadania e a interação na sociedade pelo Estado, propiciando um efetivo processo de inclusão social, é necessário pressupor três situações que se projetam por todos os quadrantes do direito moderno: a) o direito contemporâneo tornou-se um instrumento de gestão governamental; b) o direito contemporâneo caracteriza-se pelo processo de contínua mudança no conteúdo das normas jurídicas; c) estão presentes no direito contemporâneo vetores que apontam para uma função promocional da pessoa humana.

Embora tomaremos, para fins de análise, o segmento da pessoa com deficiência[1], o raciocínio pode ser aplicado aos diversos segmentos existentes na sociedade. Nesse sentido é significativa uma análise sobre o tipo de democracia, que pode apontar para uma democracia participativa, que temos implantada no Brasil (*sic*!). Um estudo que poderá ajudar a se ter uma visão abrangente do processo de inclusão social em curso no momento.

Será realizada uma análise sobre a Convenção Internacional sobre os Direitos das Pessoas com Deficiência, da ONU, de 2006, que coloca como propósito, no art. 1º: "*O propósito dessa Convenção é promover, proteger e assegurar o gozo completo e igual de todos os direitos humanos e liberdades fundamentais pelas pessoas com deficiência e promover o respeito da sua dignidade inerente*". Uma intenção que pode ser melhor considerada tendo o direito como função promocional da pessoa humana[2].

Enfim, o caminho tomado para o desenvolvimento do presente estudo será uma análise sobre os princípios constitucionais, não se furtando ao da fraternidade, fundado no princípio da dignidade humana que está esculpido na Constituição Federal, que funciona como farol para o ordenamento jurídico, as normas em geral, e tendo sempre a história correlacionada com a realidade atual. Um método que poderá proporcionar uma apreciação da inclusão social de todos os segmentos da sociedade, tendo como referência, aqui neste artigo, o direito como função promocional da pessoa humana.

Primeira parte

ESTRUTURA LÓGICA DO ESTADO E DO DIREITO

1. EVOLUÇÃO DO ESTADO

A gênese das três situações consignadas para o direito contemporâneo, citadas na introdução (direito como instrumento de gestão governamental; direito caracteriza-se pelo processo de contínua mudança; direito como função promocional da pessoa humana), se localizam, historicamente, no final do período medieval, momento inicial

1. Referencial: Pozzoli, Lafayette e Queiroz Assis, Olney. *Pessoa Portadora de deficiência – direitos e garantias*, São Paulo: Damásio de Jesus, 2. ed., 2005; Pozzoli, Lafayette; in *Defesa dos Direitos das Pessoas com Deficiência*. Coletânea organizada por Luiz Alberto David Araujo, São Paulo: Revista dos Tribunais, 2006.

2. Cf. Ferreira Santos, Fernando, *Princípio Constitucional da Dignidade da Pessoa Humana*, São Paulo: Celso Bastos, 1998.

da consolidação das novas relações decorrentes do modo de produção capitalista. Com a consolidação do Estado Moderno tem início o processo que culminou no monopólio pelo Estado do poder de dizer o direito.

O direito – como expressão da soberania estatal e tendo nesta o seu único foco irradiador – resulta num instrumento de gestão da sociedade que busca dar segurança e garantia aos cidadãos. Com fundamento na soberania estatal é posto um conjunto de normas jurídicas que regulam a efetivação dos direitos e garantias. Este conjunto é conservado, aplicado e, a todo momento, modificado[3].

O desenvolvimento do sistema capitalista e a subsequente elevação da complexidade social impôs, gradativamente, ao Estado a função de produzir uma legislação que passa a ter a condição de principal fonte do direito. Esta codificação surge em virtude de um duplo imperativo sócio-econômico. O primeiro calcado na imperiosidade de garantir a segurança das expectativas e atender, dessa maneira, às necessidades do cálculo econômico-racional de uma economia capitalista em expansão. O segundo tratava de fornecer ao Estado, através da lei, um instrumento eficaz de intervenção na vida social, tanto para possibilitar o financiamento e a concentração industrial, quanto para dar cobertura às necessidades a longo prazo do sistema, atribuindo-se-lhe a função de prestador de serviços básicos. Portanto, realçou o papel do direito como instrumento de gestão e comando da sociedade.

De fato, com o aumento da complexidade da sociedade industrial, o Estado, que antes exercia basicamente a função de garantidor da ordem pública, expandiu seu campo de atuação para além dessa função meramente repressiva. Já no século passado o Estado tomava para si a responsabilidade pela execução dos serviços básicos, como educação e saúde. Modernamente, o Estado teve que ampliar esse conjunto de atribuições para responder à crescente complexidade sócio-econômica de uma economia capitalista em expansão, de modo que o seu papel primordial tem sido o de regulamentador da sociedade.

Ao dispor de mecanismos jurídicos que lhe possibilitam agir no campo monetário e fiscal, interferir no sistema de preços, financiar atividades de pesquisa e até mesmo participar diretamente da produção, o Estado, efetivamente, consolidou a sua função de controlar, estimular e planejar as atividades da sociedade.

O resultado dessa ação estatal no âmbito do direito foi o de transformar a lei num instrumento de gestão governamental. Assim, na consecução dos fins a que se propõe, o Estado se utiliza de mecanismos jurídicos que lhe permitem criar, manter ou modificar estruturas. A lei tem, nesse contexto, a função de assinalar metas e objetivos para o futuro, configurando ou afirmando novas relações econômicas. A política social e econômica que caracteriza o Estado Moderno busca seu fundamento na legislação. Esta é uma das causas da enorme importância que a legislação tem modernamente.

3. Cf. Mota de Souza, Carlos Aurélio. *Segurança jurídica e jurisprudência – um enfoque filosófico-jurídico*, São Paulo: LTr, 1996.

Essa presença ostensiva do Estado se explica, em parte, pela necessidade de equacionar o cálculo econômico de uma economia em crise. Em um Estado com sua economia em crise, o seu cálculo é reorganizado em espaços de tempo relativamente curtos. A utilização do direito como instrumento dessa reorganização implica não só um número excessivo de normas jurídicas, mas também uma intensa mutabilidade do conteúdo das mesmas.

Ademais, o aumento das funções do Estado implica o surgimento de um aparelho burocrático de grande proporção que deve ser administrado pelo próprio Estado. Portanto, a institucionalização da mutabilidade do conteúdo do direito resulta, também, da submissão deste à funcionalidade da burocracia estatal. Mas, tal controle será melhor averiguado na sequência.

2. INSTRUMENTOS QUE O ESTADO DISPÕE PARA CONTROLE

Para operacionalizar a sua função de regulamentador da sociedade, o Estado dispõe de instrumentos jurídicos que lhe possibilitam ordenar a sua própria máquina administrativa e ao mesmo tempo coordenar a atividade econômica através de um imenso sistema de estímulos e incentivos, determinando preços, salários, criando tributos, promovendo isenções fiscais, aumentando ou simplificando e reduzindo as obrigações administrativas etc.

Esta posição do Estado intervencionista reflete em todos os campos do universo jurídico, no direito administrativo, tributário, previdenciário, trabalhista, penal etc. Enfim, não há momento mais propício para se perceber a força conformadora do econômico sobre o jurídico, mas também não há melhor exemplo de ação recíproca.

À medida que o papel do econômico se torna mais presente e mais intrincado o seu funcionamento, esta complexidade e este funcionamento refletem diretamente no direito. A função do Estado cresce em complexidade. No exercício dessa função percebemos de modo cabal a utilização do direito como instrumento de gestão governamental e de comando da sociedade. Por isso mesmo, o direito moderno se caracteriza pelo processo de contínua mudança de seu conteúdo, com a manutenção da sua forma.

Assim, em decorrência da velocidade sem precedentes das mudanças no nosso tempo e, pelo desafio que estas mudanças significam para a ordem legal, sustenta-se que a mudança pode ser efetuada pela lei. Ora, a lei realmente pode estabilizar, legalizar e coordenar uma mudança já ocorrida, mas a mudança em si é sempre resultado de uma ação extralegal. Razão pela qual é possível afirmar que a positivação dos direitos humanos não é obra de um legislador que subitamente foi despertado pela crueza de uma injustiça, pelo contrário, surge da necessidade de reorganizar o corpo social.

Essas mudanças contínuas que observamos no conteúdo do direito estão intimamente ligadas às relações que se desenvolvem ou se modificam na estrutura econômica. São relações que se pautam pelos interesses dos grupos que ali atuam e pelo próprio crescimento da complexidade da sociedade. A ordem jurídica, portanto, pode ser vista como o reflexo da realidade social subjacente, mas também como fator condicionante dessa realidade.

O aumento da complexidade da sociedade industrial impõe novas relações, que modificam as já existentes. A recomposição jurídica do novo estado de coisas é realizada mediante um processo legislativo que envolve a elaboração de uma quantidade imensa de normas jurídicas que, por sua vez, revogam outras tantas normas jurídicas.

A necessidade de equacionar o cálculo econômico, o avanço tecnológico, os novos hábitos sociais, impulsionam e intensificam o processo legislativo. A partir daí inicia-se uma produção contínua de disposições normativas que resulta numa dispersão da legislação. Deparamos com a superposição de novas normas sobre as antigas, sendo que aquelas, muitas vezes, não derrogam estas inteiramente. Este fenômeno implica um processo de fusão de leis com leis, regulamentos com regulamentos, deliberações com deliberações, portarias com portarias.

Por isto que o direito utilizado como instrumento de atuação, de controle e de planejamento pelo Estado, implica dar maior ênfase às normas de organização, de condicionamentos que antecipam os comportamentos desejáveis. Nesse sentido, o profissional do direito, além de sistematizador e intérprete, passa a ser também um teórico do aconselhamento, exercendo uma espécie de advocacia preventiva, na medida em que indica opções, oportunidades, avalia a necessidade e a demora nos processos judiciais, tudo isto conforme um cálculo de custo-benefício.

Com efeito, deve ser considerado como operador do direito aquele profissional advindo dos bancos acadêmicos jurídicos. Mas, também é aplicador do direito o leigo que, por exemplo, compra um imóvel e elabora o respectivo contrato - através de agência imobiliária ou particularmente - sempre com observância à legislação vigente.

Assim, não é difícil identificar no direito um instrumento promocional da pessoa humana, não sendo tão somente um direito punitivo. Passamos à análise do direito como função promocional das pessoas e das instituições.

3. A FUNÇÃO PROMOCIONAL DO DIREITO

A tarefa do operador do direito, em sistematizar um conjunto de normas jurídicas, nunca poderá resultar numa sistemática fechada, com pretensões a resolver, através de mecanismos meramente lógicos, todos os problemas que lhe são postos.

Não se reduzindo a mecanismos lógicos, o direito pode ser visto como um discurso persuasivo, um discurso de conversão, dotado de uma força evocadora, ideológica e que leva o destinatário da norma jurídica a ver verdade naquilo que até então não conseguia identificar. Nesse sentido, a adesão do destinatário do discurso normativo nunca é simples submissão, mas decisão, comprometimento e participação. O direito aparece, pois, como uma lógica de argumentação, uma lógica de juízos de valor, onde o comportamento preferível, desejável, toma contornos relevantes.

Portanto, o direito, hoje, deve ser visto, também, como um direito que tem uma função promocional, que se interessa por comportamentos tidos como desejáveis e, por isso, não se circunscreve a proibir, obrigar ou permitir, mas almeja estimular comportamentos, através de medidas diretas ou indiretas.

Ilustrando, não se pode negar que o Estatuto da Microempresa, já nos anos 80 do século passado, originariamente, foi uma mensagem dirigida às centenas de milhares de pequenos empresários que atuavam na economia informal no sentido de se regularizarem perante os órgãos estatais. Também não se pode negar a expectativa do Poder Executivo de que ocorra uma adesão em massa dos pequenos empresários ao recente sistema instituído pela Lei do Simples[4].

Ora, um direito desse tipo não pode, evidentemente, restringir-se ao tema da validade formal, mas requer, para uma apropriada consideração do princípio da efetividade, a análise da conduta dos destinatários da norma. Quer dizer, é necessário verificar se a norma produziu efeitos concretos, se ela se firmou, se obteve sucesso.

Anotamos que a visão do direito como um sistema aberto encontra apoio metodológico na teoria da linguagem, notadamente na pragmática da qual Tércio Sampaio Ferraz Júnior é, no Brasil, o principal expoente desta linha de pensamento. Na pragmática há uma preocupação com o comportamento do destinatário da norma. Por isso mesmo, na análise do efetivo cumprimento da norma, tem papel preponderante a análise do seu impacto persuasório, isto é, a análise do trabalho argumentativo que caracteriza a prática do direito.

Como exemplo desta realidade podemos citar as isenções tributárias concedidas às empresas de pequeno porte que, enquanto previstas em normas esparsas do ordenamento jurídico, pouco interesse surtiram nos empresários clandestinos. Porém, com o advento do processo de desburocratização do Estado, quando consolidadas no Estatuto da Microempresa de 1984 produziram impacto de considerável repercussão.

Ainda, é preciso acentuar que o entendimento e as arguições de que o direito tem finalidades sociais é extremamente útil. É relevante, para as necessidades práticas do profissional do direito, lidar com o direito como um sistema aberto aos fatos sociais que o abrangem e circunscrevem. Permite, inclusive, evidenciar a interpretação como constitutiva de um direito atualizado, que leva em conta o novo no fato social.

Todavia, embora seja o direito positivo o ponto de partida de uma argumentação jurídica processual, o fato é que todos os operadores do direito necessitam ir além do direito positivo para melhor explicar o próprio direito posto.

Ademais, é possível afirmar que o direito é uma técnica de invenção, algo que não está pronto, mas está sendo constantemente construído nas interações sociais. Da

4. A Lei Federal nº 9.317/1996, institui o Sistema Integrado de Pagamento de Impostos e Contribuições das Microempresas e das Empresas de Pequeno Porte – Simples.

mesma forma deve ser consignado que se é verdade que o profissional do direito trata com proposições normativas e não com fatos, não é menos verdade que a experiência jurídica pressupõe uma referibilidade destas proposições normativas a comportamentos reais. Assim, carece agora analisar a estrutura lógica da própria norma.

4. ESTRUTURA LÓGICA DAS NORMAS

André Franco Montoro, no estimulante e vigoroso *Estudos de Filosofia do Direito*[5], analisando a estrutura lógica da norma jurídica, consigna, como a maioria dos juristas, uma endonorma indicadora do comando contido na própria norma, seja a sanção propriamente dita ou a declaração de um direito ou dever. A diferença na análise proferida pelo saudoso Professor fica por conta dos efeitos jurídicos produzidos a partir da endonorma, analisando as perinormas positiva e negativa, isto porque a função do direito vai além da aplicação das sanções punitivas.

Ilustrando: através da norma do art. 64, do Código de Defesa do Consumidor[6], temos a seguinte análise, considerando os efeitos múltiplos da respectiva norma:

> *Art. 64. Deixar de comunicar à autoridade competente e aos consumidores a nocividade ou periculosidade de produtos cujo conhecimento seja posterior à sua colocação no mercado:*
>
> *Pena – Detenção de 6 (seis) meses a 2 (dois) anos e multa.*
>
> *Parágrafo Único. Incorrerá nas mesmas penas quem deixar de retirar do mercado, imediatamente quando determinado pela autoridade competente, os produtos nocivos ou perigosos, na forma deste artigo.*

Endonorma

Dado o conhecimento da nocividade ou periculosidade de produto, já circulante no mercado, o produtor deverá isto comunicar imediatamente às autoridades competentes e aos consumidores.

Perinormas Positivas

⇒ não ser processado por descumprir as normas do Código de Defesa do Consumidor;

⇒ não ser processado criminalmente, possibilidade de acordo com o art. 61 do CDC;

⇒ não sofrer as sanções administrativas previstas no art. 56 do CDC;

⇒ não responder civilmente pelas indenizações (Código Civil, art. 186), oriundas de fato omissivo;

⇒ se processado deverá ser absolvido, ou ter o inquérito arquivado;

⇒ ser respeitado nos meios mercantis no qual atua, pelo fato de respeitar e considerar os consumidores, zelando pelo seu bem-estar.

5. Livro *Estudos de Filosofia do Direito*, publicado no 1º semestre de 1999 – 3ª edição, com 343 páginas, modificada e ampliada pelo autor. Esta foi a última publicação em vida de André Franco Montoro, falecido em julho/1999. A 2ª edição foi publicada em 1995, com 276 páginas.

6. Código de Defesa do Consumidor – Lei nº 8.078/1990.

Perinormas Negativas

⇒ as consequências penais estabelecidas no CDC, que seriam a detenção e a multa;

⇒ a incidência de infração penal do CDC, que afasta a incidência do delito previsto no Código Penal em virtude do princípio da especialidade;

⇒ a incidência das medidas administrativas estabelecidas no CDC, art. 56, além de sanções oriundas dos órgãos estaduais e municipais, como por exemplo a interdição, pela saúde pública;

⇒ a possibilidade de ressarcir os consumidores através de indenizações advindas do fato omissivo praticado pelo produtor/comerciante;

⇒ o seu produto passar a ser malvisto pelos consumidores, os quais vão acabar optando pela não utilização do mesmo, acarretando assim, futura quebra do produtor/comerciante.

É a nova forma de ver/analisar/aplicar o direito. Aliás, o uso de estímulos positivos de maneira preponderante em relação aos aspectos negativos passa a ser uma característica das diversas ciências, não se circunscrevendo tão somente ao direito, afinal os humanistas, o humanismo, estão presentes nos diversos setores da sociedade[7].

Norberto Bobbio é também um dos expoentes da concepção do direito como instrumento promocional. Aliás, afirma ser o *direito premial*, valendo-se de técnicas de encorajamento aos comportamentos desejados do cidadão. A sua teoria do *direito premial* é amplamente compartida por juristas brasileiros e com reflexos na legislação, como procurou demonstrar-se com a referência anterior à Lei do Simples.

Do mesmo modo, instrumentos como a chamada *Súmula Vinculante*[8] pode ajudar no empreendimento de um Poder Judiciário que busca no respeito ao cidadão a sua maneira de fazer justiça.

5. LÓGICA DO RAZOÁVEL

Seguindo a orientação da lógica do direito promocional, ou lógica do razoável, outro instituto jurídico criado pelo Constituinte de 1988 foi a Iniciativa Legislativa Popular. Face à omissão da parte do Legislador, surge, então, o problema do preenchimento da respectiva lacuna, ou seja, a questão de controlar juridicamente a omissão legislativa. Trata-se de trabalho integrado ao exercício da cidadania, dependente de uma ação individual do cidadão.

Assim, podem os cidadãos – através de entidades representativas – propor a iniciativa de uma lei, em qualquer esfera, conforme lhes faculta a Constituição. É evidente que referido projeto tem o seu trâmite normal dentro do Parlamento, inclusive sob o crivo dos institutos jurídicos da sanção ou veto presidencial. Porém, uma legitimidade

7. Cf. Morente, Manuel Garcia, *Fundamentos de filosofia*, São Paulo: Mestre Jou, 1980.
8. Súmula Vinculante – aprovada pela EC-45 de 2004, Art. 103-A, CF/1988, regulamentada pela Lei nº 11.417/2006.

alcançada no projeto poderá ajudar no encaminhamento para aprovação e efetividade da respectiva norma.

A admissão da Iniciativa Legislativa Popular na Constituição Federal demonstrou uma preocupação do constituinte quanto à colaboração direta do cidadão com o órgão legislativo representativo. Este desempenha o papel de obter garantia de que a lei surja como autêntica expressão da vontade popular. Porém, diante de críticas como no procedimento da convocação do corpo eleitoral – para eleger os representantes – criou-se, portanto, um instrumento que possa suprir a respectiva falha e dar maior vazão no desempenho do processo representativo, que é a iniciativa popular.

Existem outras formas de manifestações diretas do todo social na feitura de leis. Na democracia da Grécia[9] as decisões políticas que eram tomadas nas assembleias populares haviam de refletir-se depois em textos normativos. O sufrágio universal acabou por substituir em grande parte esta forma de manifestação direta, principalmente nas democracias contemporâneas, salvo nos cantões suíços, onde em reduzidos núcleos populacionais é ainda possível captar a vontade popular na praça pública da cidade e, em alguns aspectos, na República de San Marino, encravada no território italiano.

Não obstante as observações acima, a Constituição brasileira adotou como forma de auscultar a vontade popular o plebiscito, o referendo e a iniciativa legislativa popular. São institutos que dependem de regulamentação por meio de leis ordinárias. O princípio basilar deles foi traçado no art. 1º, parágrafo único, da Constituição Federal: "*Todo poder emana do povo, que o exerce por meio de representantes eleitos ou* diretamente, *nos termos desta Constituição*" (Grifo nosso).

A parte final do artigo transcrito traz para a própria Constituição as formas definidoras da aplicabilidade da democracia direta.

A Iniciativa Legislativa Popular está prevista nos arts. 14, inciso III[10], e 61, § 2º[11], da Constituição Federal e tende a assegurar a participação daqueles que ficam à margem da dinâmica política, nos intervalos das eleições, com seus interesses simplesmente implícitos na representatividade em que as decisões são tomadas pela maioria, salvo aquelas que não são objeto de deliberação, como, por exemplo, os direitos e garantias fundamentais.

A Lei de Crimes Hediondos foi fruto de um projeto de iniciativa popular. Aconteceu que no início dos anos 90, após a morte cruel e violenta da atriz Daniela Perez, sua mãe empreendeu uma campanha pública para implementar o projeto de iniciativa popular, valendo-se da oportuna participação da Rede Globo de Televisão.

9. Cf. Platão. *A República*, 5. ed. Lisboa: Fundação Calouste Gulbenkian, 1987.

10. Art. 14, III, da Constituição Federal: "*A soberania popular será exercida pelo sufrágio universal e pelo voto direto e secreto, com valor igual para todos, e, nos termos da lei, mediante: (...) III – iniciativa popular*".

11. Art. 61, § 2º, da Constituição Federal: "*A iniciativa popular pode ser exercida pela apresentação à Câmara dos Deputados de projeto de lei subscrito por, no mínimo, um por cento do eleitorado nacional, distribuído pelo menos por cinco Estados, com não menos de três décimos por cento dos eleitores de cada um deles*".

Outro exemplo, diz respeito ao projeto de Iniciativa Popular contra a corrupção eleitoral que transformou em lei aprovada no Congresso Nacional e sancionada pelo Presidente da República. A Lei nº 9.840, de 28 de setembro de 1999, visa dar à Justiça Eleitoral condições para coibir com mais eficácia o crime da compra de votos de eleitores, e foi subscrito, enquanto projeto, por mais de um milhão de brasileiros.

Com a aprovação da Lei contra a corrupção eleitoral avançamos muito rumo à completa eliminação desse flagelo de nossa democracia que é a compra de votos. A tarefa, após sua aprovação, é torná-lo cada vez mais conhecido, para que sua aplicação seja fiscalizada por todos, como exercício de cidadania.

Mas, quando nenhum dos instrumentos citados for eficaz, o que fazer? Resta valer-se do Poder Judiciário como forma de efetivação de direitos, através, por exemplo, da Ação Direta de Inconstitucionalidade por Omissão, que tem uma maior eficácia do que o Mandado de Injunção, que o processo de interpretação futuro possa dar-lhe eficácia plena, sem interferir na autonomia dos poderes.

Após análise da estrutura lógica do Estado e do direito cabe verificar como o Estado pode, juntamente com a sociedade, tornar efetivos tais direitos, fazendo com que as instituições públicas e privadas possam ganhar em legitimidade, devendo ser dado um destaque todo notório para o Poder Judiciário, instância que tem uma responsabilidade maior quando se trata de legitimidade.

Segunda Parte

EFETIVIDADE DOS DIREITOS E LEGITIMIDADE DO ESTADO

1. HUMANISMO CONSTITUCIONAL

No humanismo, que inspirou o constitucionalismo, os direitos do ser humano eram vistos como direitos inatos e tidos como verdades evidentes. A positivação desses direitos nas constituições, que se inicia no século XVIII com a Revolução Francesa, almejava, ao menos teoricamente, conferir-lhes uma dimensão permanente e segura. Esta dimensão, acreditava-se, seria o dado de estabilidade, que serviria de contraste e tornaria aceitável e variável, no tempo e no espaço, do direito positivo.

À guisa de ilustração, transcrevemos os arts. I, II e III da Declaração Francesa dos Direitos do Homem e do Cidadão de 1789:

> *I – O governo é instituído para garantir ao homem o gozo destes direitos naturais e imprescritíveis.*
>
> *II – Estes direitos são a igualdade, a liberdade, a segurança e a propriedade.*
>
> *III – Todos os homens são iguais por natureza e diante da lei.*

Nesta mesma linha, os direitos naturais da pessoa humana encontram-se hoje compilados na Declaração Universal dos Direitos do Homem, da Organização das

Nações Unidas – ONU, de 1948. A maioria destes direitos fundamentais foi ratificada em Constituições dos diversos países signatários da mencionada declaração, entre eles o Brasil.

É o que se depreende do art. 5º da Constituição Federal Brasileira de 1988, *verbis*:

> *Art. 5º Todos são iguais perante a lei, sem distinção de qualquer natureza, garantindo-se aos brasileiros e aos estrangeiros residentes no País a inviolabilidade do direito à vida, à liberdade, à igualdade, à segurança e à propriedade, nos seguintes termos: (...)*

Objetivando mais facilmente alcançar a paz entre as nações, para que os Estados-membros da ONU pudessem convalidar em seus respectivos ordenamentos jurídicos a Declaração, foram aprovados em 1966 dois pactos: Pacto Internacional dos Direitos Econômicos, Sociais e Culturais e Pacto Internacional dos Direitos Civis e Políticos. Com isto, os Estados-membros assumiram a condição de coadjuvantes-partícipes da paz.

O Brasil já convalidou em seu ordenamento jurídico os respectivos pactos[12]. Com isto vê-se claramente uma influência (reflexos) das legislações internacionais no ordenamento jurídico brasileiro, notadamente, no que diz respeito às políticas públicas de inclusão social.

2. OS DIREITOS E DEVERES DO SER HUMANO

Os direitos humanos foram concebidos como proposta de um sistema de vida integral que abarcasse os âmbitos cultural, econômico, político e social, tanto no âmbito individual como coletivo, e aplicável a todos, sem qualquer discriminação. Exprimem um desejo de sobrevivência cada vez mais profundo à medida que cresce a ameaça. Não se contentam em proclamar a sede da vida dos seres humanos, mas tentam permitir concretamente a sobrevivência.

Assim, os direitos humanos conscientizam e declaram o que vai sendo adquirido nas lutas sociais e dentro da história, para transformar-se em opção jurídica indeclinável.

A lei provinda do órgão competente para legislar no Estado – o Poder Legislativo – foi, gradativamente, assumindo a quase-exclusividade da condição de fonte do direito. Vale observar que o crescente intervencionismo estatal, que ampliou o processo de positivação do direito pelo Estado, resultou em base para a convicção de que ele, o direito, não tem por função simplesmente qualificar como boas ou más as condutas das pessoas, mas também servir de instrumento de gestão da própria sociedade.

A correlação entre direito, Estado e organização social permitiu ver o direito como uma instituição que é um ordenamento, ou seja, uma totalidade organizada que não

12. Pacto Internacional dos Direitos Econômicos, Sociais e Culturais e Pacto Internacional dos Direitos Civis e Políticos, adotados pela Resolução nº 2.200-A (XXI) da ONU, em 16 de dezembro de 1966, e ratificados pelo Brasil em 24 de janeiro de 1992.

perde a sua identidade mesmo com a mudança de seus elementos. Assim, a teoria do ordenamento acabou por se configurar como uma teoria do direito, que se ocupa das normas e dos ordenamentos na sua estrutura e não no seu conteúdo. Uma melhor compreensão virá com o desenvolvimento do item seguinte.

3. O DIREITO COMO FUNÇÃO PROMOCIONAL DA PESSOA HUMANA

O que caracteriza o direito positivo, no mundo contemporâneo, é a sua contínua mudança. Por isso mesmo torna-se difícil identificar o jurídico só pelo conteúdo. Daí a necessidade de conhecer, identificar e qualificar as normas como jurídicas pela sua forma. A este respeito Hans Kelsen deu uma contribuição teórica ao elaborar, no âmbito da sua teoria, o princípio da dinâmica do direito, graças ao qual uma norma é válida não porque tem um certo conteúdo, mas sim porque foi formalmente criada de acordo com as normas previstas no ordenamento.

Com isto é fácil identificar no direito um instrumento promocional da pessoa humana. O direito não é tão somente um direito punitivo. É neste sentido que afirma Franco Montoro:

> O fim do Direito é ordenar a vida da sociedade, orientando a conduta de seus membros e a atividade de suas instituições. Para esse objetivo, ele estabelece normas e procura garantir a eficácia das mesmas, atribuindo consequências positivas a seu cumprimento e negativas ou punitivas à sua violação. Ver no Direito apenas o aplicador de sanções punitivas é diminuí-lo[13].

É com as indicações acima ponderadas que buscaremos supedâneo no contexto da teoria geral do direito para poder compreender melhor o tipo de norma, do direito pátrio e o internacional, que tratam dos direitos humanos e, notadamente, dos direitos da pessoa com deficiência, considerando tais direitos com a sua efetiva aplicação, ou seja, o exercício da cidadania.

Perseguindo nosso propósito neste artigo, ao analisar as políticas públicas de inclusão social, como ilustração, tomaremos como referência o segmento da pessoa com deficiência.

4. AS NOVAS CONCEPÇÕES DE INCLUSÃO SOCIAL

A Organização Mundial da Saúde afirma que cada país tem 10% da sua população composta de pessoas com deficiência. Salvo o de difícil adaptação, um contingente expressivo que pode ser incorporado à mão de obra ativa, proporcionando crescimento e participação ativa e direta na condução dos negócios e do desenvolvimento do país. Aliás, um motivo suficiente para colocar o Estado, considerando seu conceito clássico, na obrigação de dispensar um tratamento tão igual quanto dispensa aos demais

13. Montoro, André Franco, *Estudos de Filosofia do Direito*, p. 252.

membros da sociedade, isto porque se trata de pessoas que têm direito a ter direito, qualquer que seja sua condição social[14].

Em se tratando de inclusão social, é verdade que esta estatística aponta para um âmbito geral, entretanto, a presença dessas deficiências repercute de forma negativa em pelo menos 25% de toda a população, considerando as pessoas que ficam em volta da pessoa com deficiência. Vale uma digressão para uma análise comparativa. É mais grave ainda a situação em países como os da África, que, em consequência de guerras, a proporção de pessoa com deficiência em relação à população é calculada na base de 25%. Se considerarmos os familiares, parentes e instituições públicas e filantrópicas, os efeitos negativos das deficiências podem afetar em até 50% do total da população, refletindo também negativamente em políticas de inclusões e no próprio desenvolvimento do País.

Atualmente, o Estado caminha no sentido de estabelecer uma legislação própria, segura e de acordo com a existente no âmbito internacional. No Brasil este fenômeno ocorre em todos os campos e, não é diferente na área dos direitos e garantias da pessoa com deficiência, como por exemplo, o Projeto de Lei do Estatuto da Pessoa com Deficiência (PL nº 7.699/2006), em trâmite no Congresso Nacional, a convalidação da importante Convenção nº 159 da OIT – Organização Internacional do Trabalho, dentre tantos outros. Com isto, tende o Estado para uma estimulação da participação através de um direito promocional, garantindo o pleno exercício de direitos, sob a égide da equiparação de oportunidades. São indícios que apontam seguramente para um reconhecimento total dos direitos e garantias que este segmento da sociedade constantemente reivindica.

No contexto o trabalho de conscientização dos organismos internacionais tem sido relevante para que haja a inclusão social, como, por exemplo, a proclamação de anos internacionais, desde 1957, chamando a atenção para um tema pertinente (2008 – Ano Internacional do Planeta Terra; 2009 – Ano Internacional da Astronomia), ou um determinado segmento social: o idoso, a mulher, a criança, dos povos indígenas. Em 1981 proclamou-se o Ano Internacional da Pessoa com Deficiência, analisado com maior detalhe a seguir.

5. MARCO IMPORTANTE NO TRABALHO DE CONSCIENTIZAÇÃO: 1981

Em 1981 foi proclamado pela ONU o Ano Internacional da Pessoa com Deficiência, sob o lema: "Participação e Igualdade Plenas". Em 1982 a Assembleia Geral da ONU, através da Resolução nº 37/52, aprovou o PAM – Programa de Ação Mundial para a pessoa com deficiência, e a década de 1983 a 1992 como forma objetiva de executar o PAM.

Com as iniciativas acima referidas obteve-se plausível êxito. Assim, no mesmo sentido, a Assembleia Geral das Nações Unidas proclamou o ano de 1993 como

14. Cf. Lafer, Celso, *A reconstrução dos direitos humanos*, São Paulo: Cia. das Letras, 1988.

início da década da igualdade de oportunidades para a pessoa com deficiência. É dentro deste espírito que se enfoca a questão da reserva de mercado na área, como forma de garantir um início na equiparação de igualdades para a pessoa com deficiência.

Vale consignar que a Assembleia dos Chefes de Estado e de Governo da Organização da Unidade Africana – OUA, por ocasião da sua 35ª Sessão Ordinária em Argélia, em julho de 1999, proclamou a Década Africana de Pessoas com Deficiências (1999-2009).

No mesmo sentido, a Convenção Internacional sobre os Direitos das Pessoas com Deficiência, de 2006, da ONU, consignou no seu art. 8º ("Aumentando a consciência sobre a deficiência") o seguinte:

> 1. Estados-Partes devem adotar medidas imediatas e efetivas para: (a) aumentar a consciência da sociedade em relação à deficiência e às pessoas com deficiência, e promover o respeito por seus direitos; (b) combater estereótipos, preconceitos e práticas prejudiciais às pessoas com deficiência, incluindo aqueles baseados em gênero e idade, em todos os aspectos da vida; (c) promover a conscientização das capacidades e contribuições das pessoas com deficiência.

A reserva de mercado expressa na legislação é o resultado da composição da norma que garante o direito de propriedade com a norma que garante à pessoa com deficiência o direito ao trabalho. Esta síntese é um passo na trilha da função social da propriedade[15].

A participação, a inclusão social, em condições de igualdade é um dos pilares que deve orientar toda legislação pertinente.

A sociedade tem apresentado significativos avanços. Algumas empresas já começam a investir no trabalho da pessoa com deficiência como forma de vencer tal indiferença. Só para traçar um parâmetro exemplificativo, no Brasil, ao lado de grandes montadoras de automóveis existe uma Associação para Valorização e Promoção de Excepcionais – Avape, que responde pela maioria do serviço de digitação das respectivas empresas. Deve aqui ser ressaltado que a Avape foi a primeira associação a obter o certificado ISO-9002, evidentemente pelo credenciamento dos seus bons serviços prestados.

O Ministério Público do Trabalho de São Paulo, que muito embora aposta numa participação em condições de igualdade da pessoa com deficiência, sente necessidade, neste momento, de ajudar no incentivo às empresas para darem cumprimento à lei de reserva de mercado. Desenvolve, dessa forma, um significativo trabalho de conscientização. Diante de eventual denúncia, ajuiza a devida ação judicial e, mesmo assim, busca uma composição na expectativa de mostrar às demais empresas o bom resultado alcançado.

---

15. Cf. Lima, Alceu Amoroso, *O problema do trabalho*, Rio de Janeiro: Agir, 1956.

Os congressos, conferências, encontros etc., sob o tema das pessoas com deficiência, têm debatido, como diretriz, desenvolver junto às empresas públicas e privadas um trabalho de conscientização sobre as potencialidades das pessoas com deficiência. Fica claro que elas não estão buscando favores, nem querem privilégios e muito menos paternalismo. Em síntese, as pessoas com deficiência exigem direitos e não privilégios.

O trabalho de conscientização não é senão o de evitar a indiferença daqueles setores em relação ao problema deles.

Os exemplos acima citados se alocam naquilo que denominamos de aspecto promocional do direito, que aponta para a possibilidade de romper a distância entre o direito formalmente válido e a realidade social. Uma leitura sob a ótica do princípio da fraternidade. O que se busca com este aspecto é que as pessoas obedeçam aos comandos jurídicos não pelo receio da punição, mas ao contrário, que a obediência seja o resultado de um ato de adesão, comprometimento e participação. Neste compasso, do ponto de vista jurídico, o trabalho de conscientização se traduz pela busca da efetividade da norma jurídica, sem fazer da punição o núcleo do convencimento, e sim enaltecendo uma função promocional do direito.

6. SISTEMA DE QUOTAS – AÇÕES AFIRMATIVAS

Alguns países adotam o sistema de cotas[16], ou ações afirmativas, na prática para vários segmentos, objetivando proporcionar a inclusão social, mas a experiência tem demonstrado que esse sistema não resolve o problema como um todo, especialmente quando se refere ao desemprego. Então como garantir o direito de todos ao trabalho? Precisa-se de uma norma que introduza limites à extensão dos direitos dos empresários por um lado e, por outro lado, salvaguarde, ao menos em parte, os direitos de todos os segmentos sociais de ter acesso ao mercado de trabalho. Enfim, uma vez mais chamamos a atenção do leitor para o processo de conscientização do cidadão, sem o qual fica difícil crer na efetividade da norma constitucional que coloca no seu preâmbulo o objetivo a ser alcançado pelo Estado Brasileiro como sendo a realização de uma sociedade fraterna.

Exemplificando, no caso do segmento da pessoa com deficiência, a Lei nº 8.213, de 25/07/1991, regulamentada em 07/12/1991 pelo Decreto nº 357, introduz nesta questão jurídica o que os economistas costumam chamar de *reserva de mercado*. O art. 93 dispõe o seguinte:

> *Art. 93. A empresa com 100 (cem) ou mais empregados está obrigada a preencher de 2% (dois por cento) a 5% (cinco por cento) dos seus cargos com beneficiários reabilitados ou Pessoa Portadora de Deficiência, habilitadas, na seguinte proporção:*
>
> *I – até 200 empregados 2%*
>
> *II – de 201 a 500 3%*

16. Emprego para a Pessoa com Deficiência; nas Universidades para afrodescendente; na política para mulheres etc.

III - de 501 a 1.000 4%

IV - de 1.001 em diante 5%

Com quase 20 anos de prática, a política pública caracterizada pelo sistema de quotas, para o segmento da pessoa com deficiência, tem demonstrado que ajuda no processo de inclusão social, mas não resolve o problema do desemprego. Assim, a solução passa seguramente pelo processo de conscientização.

7. CONSIDERAÇÕES FINAIS

É necessário checar se os objetivos do Estado vão ao encontro da pessoa humana ou se perpassa tão somente pela dimensão econômica. Pode parecer ironia, mas desenvolver um processo de conscientização educacional pode ficar muito mais caro, ao menos no seu início, do que implementar uma política pública como as ações afirmativas.

As políticas públicas de inclusão social penetraram a legislação nacional, por influência da legislação internacional. Isto é salutar. A dificuldade encontrada é na concreta efetividade destas normas.

Um dos direitos fundamentais da pessoa humana é o direito ao trabalho, uma conquista no plano do direito internacional e já presente nas Constituições dos diversos países. Se a deficiência (seja ela mental, sensorial ou física) dificulta o acesso a esse direito, torna-se necessário buscar os meios para a superação do problema. Não importa se os meios adotados se alocam na área do direito ou não; importa sim que independentemente dos meios que são utilizados, do ponto de vista jurídico, estará sempre buscando a efetividade da norma constitucional que garante aquele direito.

É possível falar, também, que os princípios constitucionais, deliberadamente a fraternidade como esculpida no Preâmbulo da Constituição Federal, e prioridades pensadas pelas entidades afins já se encontram, de certa forma, na cultura da sociedade. Não obstante, muito há que se fazer pelas quebras de barreiras ainda existentes, na busca de uma humanização da pessoa com deficiência[17].

Vale ressaltar, deve-se considerar que salvo aquele de difícil adaptação, um contingente significativo de pessoas com deficiência pode, segura e tranquilamente, ser incorporado à mão de obra ativa do país, tudo dentro do desenvolvimento de princípios de uma justiça social. O começo da concreta efetivação de uma norma jurídica se dá com a sua plena correlação com os valores existentes na sociedade. É o que vimos acima demonstrando.

O agente do direito, ao interpretar as normas, sem resultar numa sistemática fechada ou com pretensões a resolver, através de mecanismos lógicos, todos os problemas que lhe são postos, pode fazer do direito um instrumento a ser visto como um discurso persuasivo, dotado de uma força evocadora, que leva o destinatário da

17. Cf. Caso, Giovanni, *Direito e Fraternidade*, São Paulo: LTr - Cidade Nova, 2008.

norma a ver verdade naquilo que até então não conseguia identificar. Nesse sentido, a adesão do destinatário do discurso normativo nunca é simples submissão, mas decisão, comprometimento e participação. Este é o direito como função promocional. Ele pode assegurar a justiça social, distributiva, comutativa e participativa na sociedade, estando-lhe reservada nesta perspectiva uma condição significativa no que diz respeito à realização do bem comum e, especialmente, no exercício pleno da cidadania.

Seja na doutrina, na legislação ou no ensino jurídico esta nova fórmula de analisar o direito acaba, seguramente, abrangendo o produto das decisões dos Tribunais, o que chamamos de jurisprudência. No contexto há que ser observado o princípio da fraternidade, lastreado no farol que ilumina todo o Ordenamento Jurídico que é o princípio da dignidade da pessoa humana. Em síntese, vale ressaltar, um direito voltado para a proteção e segurança da dignidade da pessoa humana, ajudando na construção de uma sociedade solidária e fraterna, sem exclusões de qualquer segmento social.

10

Entre a regra e a exceção: fronteiras da racionalidade jurídica

OSWALDO GIACOIA JUNIOR*

O presente trabalho pretende apresentar a tese de acordo com a qual o debate teórico entre Hans Kelsen e Carl Schmitt determina, sob múltiplos e decisivos aspectos, os trilhos e rumos do pensamento jusfilosófico e filosófico-político do século XX, com profunda repercussão em nossa atualidade.

Essa afirmação pode encontrar uma prova eloquente no domínio de discussão em que ambos se envolveram quanto ao controle constitucional, suas justificativas, fundamentos, os mais adequados dispositivos institucionais para garantir-lhe a eficácia, como a criação de Cortes constitucionais, os limites e extensão de sua competência, por exemplo.

Para meus propósitos, nesse trabalho, o conceito de *soberania*, seu estatuto e função no âmbito dos ordenamentos jurídicos apresenta-se como um horizonte de compreensão do essencial em jogo no debate entre os dois autores, sua interpretação da essência dos fenômenos jurídicos, bem como das relações entre direito e política. Ao mesmo tempo, o problema da soberania exibe, hoje, e em grande medida em análogos termos aos que foram problematizados por Kelsen e Schmitt, sua atualidade e relevância para a compreensão dos mais importantes impasses e desafios enfrentados pela racionalidade jurídica e pela

* Professor Livre Docente do Departamento de Filosofia da Unicamp. Professor Colaborador do Centro Universitário Eurípedes de Marília – Univem. Doutor em Filosofia pela Universidade Livre de Berlim. Pós-doutorado pela Universidade Livre de Berlim, Universidade de Viena e Universidade de Lecce. Mestre em Filosofia pela PUC-SP. Bacharel em Direito pela Faculdade de Direito da Universidade de São Paulo. Bacharel em Filosofia pela PUC-SP. Formação especial em Filosofia do Direito e Ética. Pesquisador 1B do CNPq. Assessor da Capes, CNPq, Fapesp e Funcamp. Membro de vários comitês editoriais de periódicos especializados. Chefe do Departamento de Filosofia da Unicamp. Ex-coordenador da área de Filosofia e Teologia da Capes. Autor de vários artigos e traduções nos campos da Ética, Filosofia do Direito e História da Filosofia Contemporânea. Principais livros publicados: *Os Labirintos da Alma* (1997); *Folha Explica Nietzsche* (2000); *Pequeno Dicionário de Filosofia Contemporânea* (2002); *Nietzsche como Psicólogo* (2004); *Nietzsche e Para Além de Bem e Mal* (2005); *Sonhos e Pesadelos da Razão Esclarecida* (2005).

filosofia política. Por essa razão, vou tomá-lo como fio condutor das análises, reflexões e diagnósticos que apresentarei na sequência.

Desde muito cedo, tanto Kelsen quanto Schmitt atentaram para os problemas e as virtualidades ínsitas ao conceito de soberania, sobretudo para as dificuldades insuperáveis a seu cômodo enquadramento nos quadros de categorias da ciência jurídica. Em seu livro: *O Problema da Soberania e a Teoria do Direito Internacional. Contribuição para uma Doutrina Pura do Direito*, publicado em 1920, Kelsen começa por reconhecer na soberania um dos conceitos mais difíceis e controversos da doutrina moderna do direito público, cujo significado sofreu variado processo de transformações que deram origem a muitas controvérsias a respeito de sua definição. Contudo, o fenômeno da soberania só se torna inteligível segundo categorias jurídicas quando posto em conexão com o Estado e, por essa via, com o ordenamento jurídico. Não se trata, assim, de prescindir do conceito de soberania na ciência do direito, trata-se antes de reconhecer a necessidade de determinação de seu conteúdo de verdade.

> Por isso, no fundo é uma ideia errada aquela de eliminar em geral o conceito de soberania da moderna doutrina do direito e do Estado somente porque um dos seus muitos significados[1] – que sem nenhuma fundamentação profunda é retido como o único justo, como "autêntico", *in genere* aquele de poder absoluto e ilimitado do Estado – não se concilia com a moderna concepção do Estado de direito[2].

Nenhum outro conceito, escreve Kelsen,

> mais do que aquele de soberania ofereceu cobertura teórica para postulados supremamente práticos, de modo que justamente sua história pode fornecer o exemplo clássico seja anarquismo metódico que ameaça a ciência jurídica em seu caráter teórico, seja, sobretudo, daquela funesta mistura entre a consideração político-moral e a jurídica, mas também entre a consideração jurídica e a sociológico-política[3].

Portanto, a primeira tarefa a ser enfrentada, para um tratamento científico e adequado do conceito de soberania consiste em aplicar-lhe o preceito metodológico da purificação, ou seja, tratá-lo como um conceito inserido no âmbito *normativo* do direito, regrado pela noção de dever-ser e pela categoria de imputação, infenso, portanto, ao âmbito do ser, bem como do princípio da causalidade natural – com isso, percebemos que a intenção de Kelsen é, desde o início de seu trabalho, corrigir o anarquismo metodológico produzido, no campo da ciência jurídica, pela instabilidade semântica das definições de soberania. Tratar do tema, no campo de problemas de que se ocupa uma ciência jurídica digna desse nome – uma *Rechtswissenschaft* – implica

1. Seja aquele Bartolus (1314-1357), para quem soberania era predicado de *civitates quae superiorem non recognoscunt*, ou de Bodin (1530-1596), que concebia soberania como *summa potestas* ou *supremitas*.
2. Kelsen, H. *Das Problem der Souveranität in die Theorie des Völkerrechts*. Aalen: Scientia Verlag, 1981, p. 2 e s.
3. Idem, ibidem, p. 1 e s. A primeira edição dessa obra é de 1920, a segunda de 1928. Salvo indicação em contrário, todas as traduções são de minha autoria.

antes de tudo isolá-lo em seus aspectos jurídico-normativos, com exclusão de qualquer aporte ideológico ou científico de outra natureza, seja moral ou político, psicológico, econômico ou sociológico.

Como consequência desse programa metodológico rigoroso, impõe-se definir soberania em relação inextrincável com o conceito de norma, de tal modo que soberana é somente a norma suprema, ou um conjunto de normas cuja validade não é logicamente derivada de nenhuma norma, ou conjunto de normas, anteriormente pressupostos – sendo anterioridade entendida em acepção puramente lógica. A um homem, ou um conjunto de homens aplica-se o predicado 'soberano' somente na medida em que se pressupõem e representam uma norma (ou conjunto de normas) como suprema. Soberania é, portanto, em termos rigorosos, uma designação *metafórica* para denotar uma propriedade lógica das normas, ou antes, de um sistema de normas sistematicamente unificado como *ordenamento jurídico*, que tem a propriedade de não ser ulteriormente derivável, ou seja, cuja validade não pode ser logicamente dedutível de nenhuma outra norma que lhe sirva de fundamento.

Sendo assim, o principal erro da ciência do direito, quanto à concepção de soberania, consistiu em tomá-la na acepção de um fato real da natureza, quando seu conteúdo de verdade é dependente do ordenamento normativo, que por sua vez se identifica com o direito positivo, com o ordenamento jurídico definido como um ordenamento estatal, como um Estado definido como direito. Nesse sentido, "o Estado soberano é um ordenamento supremo, que não deriva de nenhum outro ordenamento superior o que é pressuposto como supremo"[4].

Como, porém, nos marcos teóricos de uma ciência do direito, a ideia de ordenamento remete necessariamente, para poder dar conta de seu objeto próprio, à ideia de um sistema organizado como uma totalidade, isso traz como consequência que – se o conceito de soberania faz sentido em relação ao direito e ao Estado, enquanto este se identifica com o ordenamento jurídico, definindo-se, pois, como estado de direito – então um ordenamento só pode ser dito soberano se não estiver compreendido em nenhum outro ordenamento, de onde se depreende que o conceito de soberania remete necessariamente à ordem jurídica mundial.

> Ordenamento soberano é somente aquele que não está "contido" em nenhum outro ordenamento porque não pode ser derivado de nenhum outro; em outros termos, soberano é unicamente o ordenamento total que reúne todos os outros como ordenamentos parciais, é o Estado como conceito *jurídico* somente se coincide com o ordenamento jurídico total. Somente se reconhecemos a soberania como qualidade do Estado definido como ordenamento *jurídico*, pode ter um sentido a tentativa, feita precisamente do lado jurídico da teoria do estado, de interpretar a soberania como conceito *jurídico*[5].

4. Kelsen, H. *Das Problem der Souveranität in die Theorie des Völkerrechts.* Aalen: Scientia Verlag, 1981, p. 9 e s.
5. Kelsen, H. *Das Problem der Souveranität in die Theorie des Völkerrechts.* Aalen: Scientia Verlag, 1981, p. 13 e s.

Em outras palavras, soberania tem sentido como conceito jurídico somente se concebida em ligação com uma totalidade pensada como o sistema de um ordenamento ideal, uma ideia ou exigência lógica em sentido transcendental, no interior da qual todos os ordenamentos jurídicos estatais estão integrados ao todo do direito internacional público sobre a base de uma *norma fundamental pressuposta*, de onde retira, em última instância, sua validade normativa.

Delineia-se, assim, com toda clareza, a ascendência neokantiana da teoria pura do direito de Kelsen. A condição lógica de possibilidade a ser satisfeita para que soberania tenha sentido acessível à racionalidade *jurídica*, consiste em sua vinculação com a ideia da totalidade da ordem jurídica formada pelo direito internacional público, cuja validez não é derivada de nenhuma norma positiva, mas da validez essencialmente jurídica de uma norma fundamental pressuposta como exigência lógica fundante da unidade sistemática.

Desse modo, a soberania dos ordenamentos jurídicos nacionais é absorvida e como que diluída normativamente no direito público internacional e no ordenamento jurídico global. Somente se satisfeita essa condição, o conceito de soberania teria direito de cidadania numa teoria pura do direito, numa ciência jurídico-normativa depurada de todo elemento espúrio advindo das ideologias morais ou políticas, ou da racionalidade própria das ciências da natureza ou das ciências sociais empíricas.

Para Carl Schmitt, tudo se passa num extremo teórico oposto. O conceito de soberania não pode ser compreendido a partir da regularidade da norma, mas da instabilidade da exceção, não, portanto, fora do âmbito do fato real da natureza e da política. Em razão disso, a soberania assinala um domínio limítrofe, problematicamente situado entre o ordenamento jurídico e o âmbito não jurídico da política. E, justamente por constituir essa fronteira esvanecente, ele conserva um elemento fundamental pelo qual faz-se acessível à racionalidade jurídica e, em verdade, só adequadamente acessível a ela, pois que constitui a essência do jurídico – o elemento decisão.

"A exceção é aquilo que não pode ser subsumido. Ela se subtrai à apreensão universal, mas ao mesmo tempo manifesta com absoluta pureza um elemento formal especificamente jurídico, a decisão. Na sua forma absoluta, o caso de exceção se verifica somente quando se deve criar a situação na qual normas jurídicas podem ter eficácia. Toda norma universal requer uma configuração (*Gestaltung*) normal de relações de vida sobre as quais ela deve encontrar aplicação sob a forma de fato típico, que ela submete à própria regulação normativa. A norma necessita de uma situação média homogênea. Essa normalidade de fato não é um simples pressuposto que o jurista pode ignorar; ela diz respeito, aliás, diretamente à sua eficácia imanente. Não existe nenhuma norma que seja aplicável ao caos. Primeiro se deve estabelecer a ordem: só então faz sentido o ordenamento jurídico. É preciso criar uma situação normal, e soberano é aquele que decide de modo definitivo se este estado de normalidade reina de fato. Todo direito é direito 'aplicável a uma situação' ('Situationsrecht'). O soberano cria e garante a situação como um todo na sua integridade"[6].

A longa transcrição se justifica, na medida em que ela permite compreender, de maneira apropriada, o sentido da célebre fórmula que resume o decisionismo jurídico de Schmitt, assim como o dístico de sua confrontação com a teoria do estado de direito: *soberano é quem decide sobre o estado de exceção,* ou seja, soberano é aquele a quem o ordenamento jurídico confere a prerrogativa de decidir sobre a suspensão total ou parcial dos direitos fundamentais e liberdades públicas, ou ainda, de decidir sobre a suspensão total ou parcial da constituição.

Isso significa que o estado de exceção – que nesse sentido tomo como sinônimo de estado de emergência e de estado de sítio – constitui aquele vácuo normativo, que não é nem deve ser considerado pelo jurista como um pressuposto, ou como uma condição lógico-transcendental da teoria constitucional, mas como a situação excepcional que precede a ordem, que deve ser antes criada e garantida para que justamente não se configure um caos, posto que nenhuma norma pode ser aplicada ao caos. A decisão sobre o estado de exceção cria aquela situação média homogênea, aquela configuração normal das relações políticas, que é condição efetiva e real de possibilidade (não em sentido de exigência lógica pressuposta) para aplicação de normas, de validade e sentido do ordenamento jurídico.

Ora, a criação dessa situação onde uma ordem é garantida sem o direito, ou antes, onde uma ordem se instaura por meio da suspensão do ordenamento jurídico, é o contrário do caos, pois ela é *facultada como decisão* pelo próprio ordenamento ao soberano. O estado de exceção é, em sua estrutura, paradoxal: ele tem origem na prerrogativa que a constituição concede ao soberano de suspender a ordem jurídico-constitucional no todo ou em parte.

Portanto, nele, a constituição se aplica desaplicando-se, ou seja, suspendendo a eficácia de suas próprias garantias, de modo que ela continua válida, sem ser vigente ou eficaz. Sendo assim, a essência da soberania somente se revela – assim como a essência do ordenamento e da normalidade constitucional – na e pela exceção, de modo que o soberano está, ao mesmo tempo, dentro e fora do ordenamento jurídico, sujeito e não sujeito ao ordenamento que ele aplica por suspensão.

Por mais dilemático que isso possa parecer, o estado de exceção, situando-se na extremidade do ordenamento jurídico, é o que torna inteligível a essência da normalidade e do jurídico, pois que a soberania como suprema *potestas* não se define pelo monopólio da força, mas pelo monopólio da *decisão.* Esta, por sua vez, constitui a essência do jurídico, de acordo com a teoria do direito de Carl Schmitt.

6. Schmitt, Carl. *Politische Theologie. Vier Kapitel zur Lehre von der Souveränität.* Berlin: Duncker und Humblot Verlag, 1990, p. 11.

> Nisto reside a essência da soberania estatal, que, portanto, não deve ser propriamente definida como monopólio da sanção ou do poder, mas como monopólio da decisão, onde o termo decisão é usado em um sentido geral. O caso de exceção torna evidente do modo mais claro a essência da autoridade estatal. Aqui a decisão se distingue da norma jurídica e (para formular um paradoxo) a autoridade demonstra que não necessita do direito para criar o direito... A decisão é mais importante do que o caso normal. Este último nada prova, a exceção prova tudo; ela não só confirma a regra: a regra mesma vive só da exceção[7].

Para uma apreciação da importância e extensão dessa disputa de posições jusfilosóficas, é pertinente lembrar que *A Teologia Política* – o texto magno de Schmitt a respeito de soberania e exceção – é contemporâneo do livro de Kelsen sobre a soberania no direito internacional (ambos publicados em 1920). O debate entre eles no âmbito do direito constitucional, direito internacional público, da teoria do estado do direito torna possível um entendimento alargado das linhas de força ao longo das quais se desenvolveu a filosofia política e a filosofia do direito desde a república de Weimar, estendendo seu raio de influência sobre boa parte do mundo ocidental.

O que gostaria de explorar nesse contexto é o desdobramento dessas questões para o campo da problemática dos direitos humanos e dos estados democráticos liberais, que se configuram historicamente como soberanias nacionais. Ou seja, da constelação dos problemas formados pela teoria da soberania está ligada ao fenômeno histórico do surgimento dos estados liberais, configurados como soberanias nacionais, ao constitucionalismo fundado nas declarações fundamentais dos direitos do homem e do cidadão. Nesse movimento, o conceito jurídico-político de cidadania figura como figura gêmea da configuração moderna da soberania, ou seja como o operador que promove e garante a inscrição da vida na esfera de decisão soberana da autoridade estatal.

São esses os direitos que, como resultado de uma memorável e prodigiosa epopeia democrática da história do Ocidente, foram positivados nos ordenamentos jurídicos dos modernos estados de direito, inicialmente nas constituições brotadas dos movimentos revolucionários inspirados no ideário filosófico das *Luzes*, no final do século XVIII. Testemunham-no a Declaração da Virgínia de 1876 e a Declaração dos Direitos do Homem e do Cidadão da Constituinte francesa de 1879.

Assim, nos termos do *terceiro artigo* da Declaração de Direitos da Virgínia,

> o governo é, ou deverá ser, instituído para o benefício comum, a proteção do povo, da nação, ou da comunidade; de todas as várias formas e modos de governo a melhor é aquela que é capaz de produzir o maior grau de felicidade e segurança, e que se encontra mais efetivamente garantida contra o perigo da má-administração; e que onde quer que qualquer governo seja considerado inadequado ou contrário a esses propósitos, a maioria da comunidade tem um indubitável, inalienável, e irrevogável direito de o reformar, alterar, ou abolir, do modo que seja considerado melhor conducente ao bem-estar público.

7. Schmitt, Carl. *Politische Theologie. Vier Kapitel zur Lehre von der Souveränität*. Berlin: Duncker und Humblot Verlag, 1990, p. 11.

Em acréscimo e reforço do argumento, cito o segundo artigo da Declaração dos Direitos do Homem e do Cidadão de 26 de agosto de 1789, diretamente emanada da mesma atmosfera espiritual que conduziu à Revolução Francesa e ao republicanismo contemporâneo: "O objetivo de qualquer associação política é a conservação dos direitos naturais e imprescritíveis do homem. Esses direitos são a liberdade, a propriedade, a segurança e a resistência à opressão".

Esse mesmo diapasão é ratificado pelo documento que constitui talvez a expressão mais radical do entendimento moderno de política e soberania: a Declaração dos Direitos do Homem e do Cidadão da Constituição Francesa de 24 de junho de 1793, cujos artigos primeiro e segundo dispõem: "O objetivo da sociedade é a felicidade comum. O governo é instituído para garantir ao homem o usufruto dos seus direitos naturais e imprescritíveis. Esses direitos são a igualdade, a liberdade, a segurança e a propriedade".

Percebe-se, pois, que, desde o surgimento do moderno estado democrático de direito, o fundamento e a justificação teórica da autoridade política não se encontram mais na vontade de Deus, nos costumes herdados pela tradição, nem mesmo na história, mas solidamente plantados na natureza humana. Dela brotam direitos fundamentais e inalienáveis – o mesmo que, recorrendo a leis não-escritas, Antígona contrapunha ao edito positivo de Creonte – direitos legitimamente atribuíveis a todo homem em função de sua humanidade, prerrogativas éticas e jurídicas universais, cuja validade se sobrepõe aos ordenamentos jurídico-políticos empíricos, que, com efeito, teriam a função precípua justamente de assegurá-los e torná-los efetivos.

Tais seriam os direitos individuais ou políticos, como o direito à vida, à segurança, o direito de ir e vir, de liberdade religiosa, de opinião e expressão, cuja positivação nas constituições dos Estados constituiria a melhor garantia de proteção dos indivíduos contra as arbitrariedades atual ou virtualmente presentes do poder soberano. Essa foi a tendência de positivação que se configurou, de modo concreto, nos preâmbulos das constituições dos modernos estados nacionais, desde as revoluções americana e francesa.

Sob essa ótica, aquilo que pode ser colocado em questão é justamente o modelo jusnaturalista de inteligibilidade da sociedade política e do Estado, da maneira provida a partir da teoria clássica do contrato social. Sendo assim, dependendo da posição teórica e metodológica que é tomada no espectro que se abre entre Kelsen e Schmitt, pode-se interpretar o fundamento da ordem política e do Estado como racionalmente provido, por exemplo por meio do contrato originário. Nesse caso, teríamos como consequência uma disjunção entre direito e força, direito e violência, e, consequentemente, um entendimento positivo dos direitos humanos como garantias de liberdade, isonomia e dignidade pessoal.

Tal movimento se manteria inalterado mesmo ao longo do processo de crise permanente dos Estados-Nação, e com eles dos direitos humanos, de modo a tornar-se plausível a expectativa nas virtualidades de um movimento político de internacionalização dos direitos humanos, que caminha em paralelo com a organização global das sociedades contemporâneas com apoio na extensão planetária da tecnologia e a integração dos mercados. Esse é o horizonte teórico em que se situam, por exemplo, Norberto Bobbio e, entre nós, Celso Lafer.

Retomando uma perspectiva kantiana em filosofia da história, o jusfilósofo Norberto Bobbio procura identificar, em nossos dias, um signo premonitório, a partir do qual, pelo diagnóstico do presente, pudesse lançar um olhar confiante sobre o futuro, interpretando esse sinal dos tempos, na esteira histórico-profética de Kant, como indicativo de uma tendência da humanidade para seu aperfeiçoamento moral. Sob essa ótica, o jurista italiano considera o debate atual sobre os direitos humanos – "cada vez mais amplo, cada vez mais intenso, tão amplo que agora envolveu todos os povos da terra, tão intenso que foi posto na ordem do dia pelas mais autorizadas assembleias internacionais"[8] – como *signum prognosticum* da marcha histórica do gênero humano para "o melhor".

É nesse horizonte histórico-filosófico que Bobbio insere sua reconstituição do desenvolvimento histórico dos direitos do homem, na qual se entrecruzam as linhas da sucessão cronológica – que considera tais direitos do ponto de vista objetivo (direitos civis ou políticos, de primeira geração; direitos sociais, de segunda geração; os direitos de titularidade difusa, de terceira geração – com as linhas concernentes à sua positivação no direito constitucional, sem desconsiderar a especificação progressiva de sua titularidade, que inclui o aspecto atual de sua irreversível internacionalização.

Nesse sentido, viveríamos a *era dos direitos*, cuja primeira geração, centrada sobre a pessoa moral, seria constituída pelos direitos civis e políticos, que, como direitos de liberdade, asseguram *ex parte populi* a delimitação das prerrogativas *ex parte principis*, como restrições legais à discricionariedade e autocracia da tradicional razão de estado. Daí seria decorrente a relação entre direitos humanos e democracia, direitos humanos e estado de direito.

> O reconhecimento e a proteção dos direitos do homem são a base das constituições democráticas, e, ao mesmo tempo, a paz é o pressuposto necessário para a proteção efetiva dos direitos do homem em cada Estado e no sistema internacional. Vale sempre o velho ditado – e recentemente tivemos uma nova experiência – que diz *inter arma silent leges*. Hoje, estamos cada vez mais convencidos de que o ideal da paz perpétua só pode ser perseguido através de uma democratização progressiva do sistema internacional e que essa democratização não pode estar separada da gradual e cada vez mais efetiva proteção dos direitos do homem acima de cada um dos Estados[9].

8. Bobbio, Norberto, *A Era dos Direitos*. Trad. Carlos Nelson Coutinho, Rio de Janeiro: Elsevier, 2004, p. 69.
9. Bobbio, Norberto, *A Era dos Direitos*, cit., p. 223.

Como exemplos – próximos e concretos –, podemos tomar a resistência às ditaduras na América do Sul, que dominaram o panorama político nos anos 70 e 80 do século passado, os movimentos contra a discriminação racial nos Estados Unidos da América e contra o *apartheid* no sul da África. A essa etapa corresponde a positivação dos direitos civis, sob a forma das declarações de direitos e garantias fundamentais, que estão na base do constitucionalismo moderno. Assim o atesta, como eco tardio, o reconhecimento pelo artigo 5º de nossa Constituição Federal, a título de princípio fundamental, da igualdade e da não discriminação entre os seres humanos.

A segunda geração dos direitos humanos, com titularidade centrada na pessoa social, é constituída pelos direitos econômicos, sociais e culturais, cuja positivação resulta tanto dos imperativos de justiça social surgidos no curso do desenvolvimento do capitalismo industrial, na passagem do século XIX para o XX – com sua exigência de igualdade concreta em contrapartida ao formalismo jurídico característico da conquista dos direitos civis –, quanto dos movimentos políticos que levaram ao socialismo real, e da influência moral e política exercida pela doutrina social da Igreja Católica. Trata-se, em verdade, de uma especificação da titularidade dos direitos humanos, que marca a passagem do plano abstrato do destinatário genérico – "o homem", o gênero humano –, para categorias concretas ou grupos sociais específicos (trabalhador, idoso, mulher, criança, adolescente, deficiente, consumidor etc.).

Numa terceira geração, surgem os direitos coletivos, de solidariedade ou de titularidade difusa, sendo também o momento histórico em que predomina a tendência à internacionalização dos direitos humanos. Ocorre, então, a positivação, tanto no plano das constituições dos Estados nacionais, quanto principalmente naquele do direito internacional público, da proteção aos direitos que concernem solidariamente à humanidade. Por exemplo, aqueles ligados à paz, ao desenvolvimento, à conservação do meio ambiente, ao desenvolvimento sustentado, ao patrimônio genético, ameaçados pelas consequências indesejáveis do extraordinário progresso e da extensão planetária da tecnociência, sobre cuja dinâmica se assenta a configuração atual da sociedade, tanto no âmbito da produção e circulação de bens, como naqueles do consumo e lazer.

No interior desse quadro, gostaria de destacar especialmente a linha de especificação – que, nos próprios termos de Bobbio, pode ser compreendida como a manifestação, "nestes últimos anos, de uma nova linha de tendência; ela consiste na passagem gradual, porém cada vez mais acentuada, para uma ulterior determinação dos sujeitos de direito"[10]. Essa tendência progressiva da implementação dos direitos humanos, na linha da titularidade subjetiva dos mesmos, parte de uma especificação inicial abstrata, do "homem" como "cidadão", passando pelos direitos sociais conferidos a determinadas categorias – por determinações ligadas aos gêneros (diferença entre homem e mulher), às etapas da vida (idosos, crianças, adolescentes), a estados e

10. *A Era dos Direitos*, cit., p. 78.

condições da vida humana (doentes mentais, deficientes físicos), para de novo retornar, na forma dos direitos de solidariedade, a uma titularidade universal (direito ao desenvolvimento, ao meio ambiente não poluído, ao patrimônio genético da humanidade).

Trata-se, assim, de uma linha de desenvolvimento que acopla a especificação progressiva com o predomínio da tendência à internacionalização dos direitos humanos. Essa integração, por sua vez, transforma o vínculo inicialmente abstrato e jurídico-formal entre homem e cidadão no atual programa de tutela internacional da cidadania, como possibilidade de uma tutela jurisdicional que reforce – pela possibilidade de recorrer a esse plano internacional da tutela jurídica – a efetividade daquela que opera no plano das jurisdições nacionais. A realidade efetiva dessa tendência pode ser comprovada pelos tratados e convenções decorrentes da Declaração Universal dos Direitos do Homem e do Cidadão e da Carta das Nações Unidas de 1948. Assim, por exemplo: pela Convenção para a Prevenção e Repressão do Crime de Genocídio (1948), pelo Estatuto dos Refugiados (1951), pelo Estatuto dos Apátridas (1954), pela Convenção para a Eliminação de Todas as Formas de Discriminação (1965), e, mais recentemente, pela Convenção Europeia dos Direitos Humanos, pelo Pacto de São José para a América Latina, e pela atuação efetiva do Tribunal Penal Internacional.

Desse modo, o reforço no sentido da internacionalização subtrairia a condição por meio da qual se realizam e efetivam os direitos do homem (isto é, a cidadania) de sua limitação à esfera de poder discricionário e tendencialmente autocrático dos Estados nacionais, cuja permanente crise estrutural propiciou o advento das modernas experiências totalitárias, com seu cortejo de atrocidades inauditas. A memória dessa barbárie sem precedentes – interpretada como ruptura com a tradição ocidental da racionalidade política e jurídica – recoloca com urgência a inadiável tarefa de repensar os laços entre homem e cidadão, de traçar um novo desenho de ordem jurídica mundial, assegurando o direito à cidadania no âmbito do direito internacional público, como esfera complementar e subsidiária de efetivação dos direitos humanos, garantindo o respeito universal à dignidade da pessoa.

Conforme Norberto Bobbio:

> Mesmo hoje, quando o inteiro decurso histórico da humanidade parece ameaçado de morte, há zonas de luz que até o mais convicto dos pessimistas não pode ignorar: a abolição da escravidão, a supressão em muitos países dos suplícios que outrora acompanhavam a pena de morte e da própria pena de morte. É nessa zona de luz que coloco, em primeiro lugar, juntamente com os movimentos ecológicos e pacifistas, o interesse crescente de movimentos, partidos e governos, pela afirmação, reconhecimento e proteção dos direitos do homem[11].

Nesse sentido, a Declaração Universal dos Direitos do Homem e a Carta das Nações Unidas seriam marcos históricos inequívocos do reconhecimento da dignidade

11. Bobbio, Norberto, *A Era dos Direitos*, cit., p. 71.

inerente a toda pessoa humana, bem como a garantia de direitos iguais e inalienáveis, como fundamento da liberdade, justiça e paz no mundo, preservando as futuras gerações de seres humanos da repetição dos flagelos da guerra e da barbárie.

A consciência dessa tarefa e de sua urgência leva Bobbio a abandonar, em seu tratamento dos direitos humanos, a preocupação até hoje obsessiva com o problema de sua fundamentação definitiva, dando prioridade à *vis directiva* das medidas aptas a garantir sua proteção e realização eficaz. Não se trataria mais de um problema filosófico de fundamentação, mas de um problema político de efetivação e segurança jurídica.

É inegável que, no mundo contemporâneo, com a crise da razão, ocorre também uma crise de fundamentos – uma funda descrença na própria possibilidade de fundamentação em última instância. Toda tentativa desse gênero teria inevitavelmente de recorrer a alguma modalidade de absoluto, como substitutivo para o absoluto que historicamente se esvaziou de sentido. Para Bobbio, nossa necessidade premente é, ao mesmo tempo, muito mais modesta e imperiosa, embora nem por isso mais fácil. Não se trata mais de encontrar um sucedâneo do fundamento absoluto – empreendimento sublime, mas desesperado –, mas de buscar, em cada caso concreto, os *vários fundamentos possíveis*.

É nesse quadro histórico que gostaria de situar a tentativa do jusfilósofo brasileiro Celso Lafer de empreender, numa confluência entre as filosofias de Hannah Arendt e Norberto Bobbio, sua grandiosa e meritória tarefa de reconstrução dos direitos humanos. Para Celso Lafer:

> No meu percurso reflexivo confluem os temas, os métodos e as maneiras de ver as coisas de Hannah Arendt e de Norberto Bobbio. Em *A Reconstrução dos Direitos Humanos – um diálogo com o pensamento de Hannah Arendt* – isto é muito explícito, como também o é no meu ensaio sobre a mentira e em outros trabalhos. Não creio, no entanto, que esta confluência é arbitrária. Tomo, neste sentido, a liberdade de lembrar que José Guilherme Merquior, já em 1980, com antevisão observa a equilibradora complementaridade na minha reflexão da gravitação simultânea de Hannah Arendt e Norberto Bobbio[12].

Lafer alia à sua própria tentativa jusfilosófica de reconstrução dos direitos humanos aqueles dois poderosos precursores, considerando-os, principalmente, como membros de uma geração que viveu e pensou radicalmente o século XX, partilhando uma visão de responsabilidade coletiva, imposta e justificada como tarefa política de empenhar-se em afastar de nosso horizonte histórico a eventualidade de uma repetição dos horrores do totalitarismo – num empenho solidário em prol do que Arendt denominou *amor mundi*.

12. Lafer, Celso. Hannah Arendt e Norberto Bobbio – uma proposta de aproximação. In: Correia, A. (Org.). *Hannah Arendt e a Condição Humana*, Salvador: Ed. Quarteto, 2006, p. 23.

Testemunhas das barbáries perpetradas pelo nazi-fascismo e pelo stalinismo, assim como da crise profunda dos estados nacionais, que, entre outros fatores, ocasionou a segunda guerra mundial, Hannah Arendt e Norberto Bobbio, descreem de que a mera positivação jurídica dos direitos humanos nas constituições dos Estados constitua razão e meio eficaz para a efetiva realização dos mesmos. Para Arendt, do mesmo modo como para Bobbio, seria indispensável uma tutela internacional da cidadania para assegurar, num espaço público ampliado, a efetiva condição fundamental a partir da qual poder-se-ia fazer valer direitos – ou seja, o reconhecimento prévio de um direito a ter direitos.

Condição de efetividade que, por sua vez, teria como pressuposto a igualdade em dignidade e direitos de todos os seres humanos, abstração feita de sua nacionalidade. Nesse sentido, para Arendt e Bobbio, a *cidadania* deveria ser entendida num sentido ampliado, cujo efetivo exercício restauraria a dignidade da política, entendida como atuação conjunta num espaço para asseguramento do direito a um mundo compartilhado – numa inegável evocação (como também ocorre em Bobbio) do direito cosmopolita de Kant.

Em seus trabalhos mais recentes Celso Lafer faz menção também à obra do jusfilósofo italiano Giorgio Agamben, conectando-a com a perplexidade de Arendt e Bobbio, bem como com sua própria, em face da impossibilidade de compreender e explicar, com auxílio das categorias tradicionais da filosofia política e da racionalidade jurídica ocidental, a barbárie nazista:

> As considerações de Hannah Arendt sobre a inaplicabilidade da razão de estado clássica permeiam a recente reflexão de Giorgio Agamben sobre o estado de exceção no mundo contemporâneo. Observa Agamben – e este é o seu ponto de partida – que o Terceiro Reich pode ser considerado, do ponto de vista jurídico, como um estado de exceção que durou doze anos e que o totalitarismo pode ser definido como um estado de exceção instaurador de uma guerra civil legal que permite a eliminação física não somente dos adversários políticos, mas de classes inteiras de cidadãos que, por uma razão ou outra, parecem não integráveis no sistema político[13].

Em outra referência pertinente ao tema, Lafer destaca o equívoco consistente em interpretar as atrocidades praticadas pelo regime nazista na chave teórica fornecida pelo conceito de estado de necessidade, e pela lógica jurídica que o disciplina.

> O que torna o horror do Holocausto ainda mais incompreensível – para a razoabilidade que caracteriza a lógica jurídica – é prescisamente o fato de não ser a consequência de um estado de necessidade. Com efeito, o totalitarismo – e o Terceiro Reich em especial – pode ser considerado do ponto de vista jurídico como um estado de exceção permanente. Foi,

13. Lafer, Celso. Hannah Arendt e Norberto Bobbio – uma proposta de aproximação. In: Correia, A. (Org.). *Hannah Arendt e a Condição Humana*, cit., p. 28. Cf. também Lafer, C. *A Reconstrução dos Direitos Humanos. Um Diálogo com Hannah Arendt*, São Paulo: Cia. das Letras, 1988.

como diz Giorgio Agamben em seu *O Estado de Exceção*, a instauração, por meio da exceção à ordem jurídica, de uma guerra civil legal[14].

A menção feita por Celso Lafer ao jusfilósofo italiano Giorgio Agamben fornece-me um precioso elo de ligação, mas ao mesmo tempo de distanciamento, com uma vertente teórica que me parece irreconciliavelmente oposta à tradição que remonta à clássica racionalidade do contrato social e ao reforço à tendência histórica de internacionalização dos direitos humanos como solução para os problemas e conflitos surgidos nos domínios do direito, da justiça social e da política em razão da crise estrutural e permanente dos Estados nacionais soberanos e da globalização da sociedade mundial pela via dos mercados.

A teoria da soberania de Giorgio Agamben ocupa o polo oposto do espectro jusfilosófico e político de Bobbio e Lafer, ou mais precisamente, filiando-se à vertente que remonta a Carl Schmitt na polêmica com Hans Kelsen a respeito do estado de direito e sua relação com a exceção. Para Agamben, a constituição da esfera política da soberania consistente no direito de vida e morte, direito de fazer morrer ou deixar viver é o fato jurídico primordial, que tem a exceção como "estrutura originária, na qual o direito se refere à vida e a inclui em si através de sua própria suspensão"[15].

Temos aqui, portanto, uma imbricação essencial entre direito e violência, que põe em questão a interpretação dominante do contrato social – como fundamento racional de legitimidade do poder político. Para Agamben, teria

> chegado o momento de reler desde o princípio todo o mito de fundação da cidade moderna, de Hobbes a Rousseau... O relacionamento jurídico-político originário é o *bando* ... que mantém unidos justamente a vida nua e o poder soberano. É preciso dispensar sem reservas todas as representações do ato político originário como um contrato ou uma convenção, que assinalaria de modo pontual e definido a passagem da natureza ao Estado. Existe aqui, ao invés, uma bem mais complexa zona de indiscernibilidade entre *nómos* e *physis*, na qual o liame estatal, tendo a forma do *bando*, é também desde sempre não estabilidade e pseudonatureza, e a natureza apresenta-se desde sempre como *nómos* e estado de exceção. Este mal-entendido do mitologema hobbesiano em termos de *contrato* em vez de *bando* condenou a democracia à impotência toda vez que se tratava de enfrentar o problema do poder soberano e, ao mesmo tempo, tornou-a constitutivamente incapaz de pensar verdadeiramente, na modernidade, uma política não estatal[16].

Bando é a tradução portuguesa do termo alemão *Bann*, que significa o poder de governo, a soberania, o direito de estatuir comandos e proibições, de impor e executar penas; também o direito de *banir*. Como conceito, mantém íntima relação com o instituto

14. Lafer, Celso. A Internacionalização dos Direitos Humanos: O Desafio do Direito a Ter Direitos. In: Aguiar, O. A. et al (Org.). *Filosofia e Direitos Humanos*, Fortaleza: Editora da Universidade Federal do Ceará, 2006, p. 29.
15. Agamben, G. *Homo Sacer. O Poder Soberano e a Vida Nua I*. Trad. Henrique Burigo. Belo Horizonte: UFMG, 2002, p. 35.
16. Agamben, G. *Homo Sacer. O Poder Soberano e a Vida Nua I*. Trad. Henrique Burigo. Belo Horizonte: UFMG, 2002, p. 115 e s.

da *Friedlosigkeit* do antigo direito germânico e a correspondente figura do *Friedlos*, que designa a condição daquele que, banido e proscrito, está excluído da esfera de proteção do ordenamento jurídico da comunidade de origem, e, portanto, impossibilitado de gozar do privilégio da *paz* assegurada por esse ordenamento. Nesse sentido, o *Friedlos* é o *sem paz*, o exposto às forças da natureza e à violência arbitrária dos homens.

Trata-se da figura do *excluído*, do pária cuja morte não caracteriza homicídio, ao qual o ordenamento que o penaliza se impõe sob a forma da denegação de seus efeitos e da prerrogativa de sua invocação. O banido seria uma espécie de ancestral do *homo sacer*, essa figura do direito romano arcaico que nomeia o programa filosófico e político de Agamben. *Homo sacer* é, no direito romano, o condenado cuja morte não constitui nem sacrifício nem homicídio, portanto aquele que fica excluído tanto da esfera do direito divino como do direito humano. A estrutura desse tipo só pode ser adequadamente compreendida a partir do banimento (*Bann*) e da *exceptio*. É de notar a homologia estrutural entre bando (*Bann*) e *exceção* (*exceptio*, *ex capere*, "capturar fora"), paradoxo sobre o qual se constrói a grande parte essencial da argumentação de Agamben.

Tanto a *exceptio* quanto o *bando* exibem análoga estrutura: Como *ex capere*, a exceção significa capturar fora, exclusão includente, tal como o banimento. Se, de fato, o que define a soberania é a prerrogativa (normativa) de decidir sobre a suspensão do ordenamento jurídico-estatal, então o soberano é aquele a quem a lei se aplica, desaplicando-se, àquele que, por força de uma prerrogativa constitucional, pode decretar a suspensão total ou parcial da constituição, e dos direitos e garantias nela consolidados.

É a mesma relação de inclusão excludente, que caracteriza o *abandono* – esta seria, para Agamben, estrutura lógica originária de toda relação jurídico-política centrada na soberania:

> A relação de abandono é, de fato, tão ambígua, que nada é mais difícil do que desligar-se dela. O *bando* é essencialmente o poder de remeter algo a si mesmo, ou seja, o poder de manter-se em relação com um irrelato pressuposto. O que foi posto em *bando* é remetido à própria separação e, juntamente, entregue à mercê de quem o abandona, ao mesmo tempo excluso e incluso, dispensado e, simultaneamente, capturado[17].

O bando é, portanto, fundamentalmente, uma *exceptio*, e, como tal, insígnia da soberania. Sendo assim, seria preciso, então, deixar de considerar as modernas declarações de direitos fundamentais como proclamações de valores eternos meta-jurídicos, para poder também dar conta de sua função histórica real no surgimento dos modernos estados configurados como soberanias nacionais.

Em paralelo e complemento a essa re-interpretação ao mitologema hobbesiano do contrato originário, Agamben empreende uma revisão desde os fundamentos da

17. Agamben, G. *Homo Sacer. O Poder Soberano e a Vida Nua I*. Trad. Henrique Burigo, Belo Horizonte: Editora UFMG, 2002, p. 116.

teoria dos direitos humanos, para colocar em destaque justamente sua função de *poder sobre a vida*.

Com efeito, se a soberania moderna se funda na nação, e com isso no nascimento num determinado território, sob a égide de um determinado ordenamento jurídico político (o conhecido trinômio schmittiano formado por *Ortung*, *Ordnung* e *Nation*), então institui-se com ela uma significação imediatamente jurídico-político da vida como categoria biológica, como fato bruto de nascer: "o princípio de toda soberania reside essencialmente na Nação; que nenhum corpo, nenhum indivíduo pode exercer uma autoridade que não emane expressamente da Nação". Então pode-se inferir daí um vínculo entre o conceito de Nação e o princípio de soberania legítima da autoridade política, numa transição que se estabelece pela mediação do nascimento/nacionalidade.

Ora, de acordo com esse dispositivo, as declarações de direitos dão corpo ao elenco dos princípios constitucionais que regram as relações entre cidadãos e soberanos, sob a égide dos modernos estados liberais, no mesmo passo em que isolando o *nascimento* como elemento definidor da nacionalidade/Nação, inserem a vida como elemento político fundamental no interior da nova ordem estatal que sucedeu a derrocada do *ancien régime*.

Para Agamben,

> O princípio da natividade e o princípio da soberania, separados no antigo regime (onde o nascimento dava direito somente ao *sujet*, ao súdito), unem-se agora irrevogavelmente no corpo Estado-nação. Não é possível compreender o desenvolvimento e a vocação "nacional" e biopolítica do Estado moderno nos séculos XIX e XX, se esquecemos que em seu fundamento não está o homem como sujeito político livre e consciente, mas, antes de tudo, a sua vida nua, o simples nascimento que, na passagem do súdito ao cidadão, é investido como tal pelo princípio da soberania. A ficção aqui implícita é a de que o *nascimento* torne-se imediatamente *nação*, de modo que entre os dois termos não possa haver resíduo algum[18].

Ainda para Agamben, as declarações de direitos podem e devem ser entendidas tanto como dispositivo que assegura os direitos individuais e liberdades públicas quanto também como instrumento de resignificação e investimento jurídico-político da vida no enquadramento institucional do Estado-nação.

> Aquela vida nua natural que, no antigo regime, era politicamente indiferente e pertencia, como fruto da criação, a Deus, e no mundo clássico era (ao menos em aparência) claramente distinta como zoé da vida política (*bios*) entra agora em primeiro plano na estrutura do Estado e torna-se aliás o fundamento terreno de sua legitimidade soberana[19].

18. Agamben, G. *Homo Sacer. O Poder Soberano e a Vida Nua I*, cit., p. 135.
19. Agamben, G. *Homo Sacer. O Poder Soberano e a Vida Nua I*. cit., p. 134.

Sendo assim, declarações dos direitos do homem e do cidadão devem ser vistas como o local em que se efetua uma passagem da forma clássica da soberania régia, de origem divina, à nova figura histórica da soberania nacional, correspondente aos modernos estados democráticos de direito. As declarações de direitos

> asseguram a *exceptio* da vida na nova ordem estatal que deverá suceder à derrocada do *ancien régime*. Que, através dela, o "súdito" se transforme, como foi observado, em "cidadão", significa que o nascimento – isto é, a vida nua natural como tal – torna-se aqui pela primeira vez (com uma transformação cujas consequências biopolíticas somente hoje podemos começar a mensurar) o portador imediato da soberania[20].

Para Agamben, no debate atual sobre direitos fundamentais, faz-se antes de tudo necessário tomar consciência da função histórico-política do trinômio: nação/nacionalidade, soberania e poder jurídico sobre a vida. Quero dizer que, ao lado da função emancipatória das declarações de direitos fundamentais, seria também indispensável perceber que elas integram o dispositivo de captura da vida do cidadão pela violência dos mecanismos de poder. Ora, é nesse sentido que a arqueologia das sociedades europeias modernas, configuradas como sociedades biopolíticas, constitui um instrumental teórico indispensável para as análises de Agamben.

Evidentemente, não se trata, de modo algum, de questionar a importância fundamental das declarações de direitos como garantia contra o arbítrio e conquista de espaço na luta por justiça social; sua função histórica de emancipação e resistência ao arbítrio e à tirania, seu papel decisivo na história do constitucionalismo moderno não pode deixar de ser reconhecido, salvo por uma deficiência de lucidez analítica. Minha intenção consiste apenas em indicar o caráter bifronte da função que cumprem, caráter que é, aliás, comum a qualquer acontecimento de efetiva relevância histórica e política.

Tudo se passa, portanto, como se, "a partir de um certo ponto, todo evento político decisivo tivesse sempre uma dupla face: os espaços, as liberdades e os direitos que os indivíduos adquirem no seu conflito com os poderes centrais simultaneamente preparam, a cada vez, uma tácita porém crescente inserção de suas vidas na ordem estatal, oferecendo assim uma nova e mais temível instância ao poder soberano, do qual desejariam liberar-se"[21].

Parece-me que o aquilo que Agamben pretende ressaltar é que, para uma crítica atual dos direitos humanos, seria indispensável levar em conta a remissão incontornável da soberania moderna à politização da vida, pela mediação do direito. Fenômeno tragicamente claro na figura mais vulnerável assumida hoje pelo *homo sacer*: o refugiado, no qual reconhecemos o *bandido* de nossos tempos. Seria, antes de tudo,

20. Agamben, G. *Homo Sacer. O Poder Soberano e a Vida Nua I*, cit., p. 135.
21. Agamben, G. *Homo Sacer. O Poder Soberano e a Vida Nua I*, cit., p. 127.

necessário "desembaraçar resolutamente o conceito de refugiado (e a figura da vida que ele representa) daquele dos direitos do homem, e levar a sério a tese de Arendt, que ligava os destinos dos direitos àqueles do Estado-Nação moderno, de modo que o declínio e a crise deste implicam necessariamente o tornar-se obsoletos daqueles.

O refugiado deve ser considerado por aquilo que é, ou seja, nada menos que um conceito limite que põe em crise radical as categorias fundamentais do Estado-Nação, do nexo nascimento-nação àquele homem-cidadão, e permite assim desobstruir o campo para uma renovação categorial atualmente inadiável, em vista de uma política em que a vida nua não seja mais separada e excepcionada no ordenamento estatal, nem mesmo através da figura dos direitos humanos"[22].

Em seu diagnóstico da crise permanente da modernidade biopolítica, a análise por Agamben dos princípios que fornecem os operadores jurídicos indispensáveis para o bom funcionamento do poder detecta uma disfunção estrutural no sistema que viabilizou a emergência e o funcionamento do modelo dos modernos estados nacionais. Trata-se, segundo esse diagnóstico, de um desarranjo irreparável por meio de reformas tópicas, ou mesmo de qualquer medida que não seja radicalmente subversiva, no sentido de total abolição da própria estrutura (bio) política da soberania moderna, como imperativo ou exigência histórica. Nesse sentido, a tendência atual à internacionalização dos direitos humanos, sob a forma do direito internacional público – tal como propugnada no Brasil por juristas como, por exemplo, Celso Lafer –, pouco altera quanto ao asseguramento dos direitos do homem num cenário de crise permanente dos Estados-nação.

Para Agamben, continua valendo, a despeito de todos os esforços de internacionalização, o penetrante *insight* de Hannah Arendt, elaborado ao final da segunda guerra mundial:

> A concepção dos direitos do homem, baseada na suposta existência de um ser humano como tal, caiu em ruínas tão logo aqueles que a professavam encontram-se pela primeira vez diante de homens que haviam perdido toda e qualquer qualidade e relação específica – exceto o puro fato de serem humanos[23].

É porisso que, para Agamben, as experiências totalitárias não poderiam ser compreendidas adequadamente como um *novum* na história do Ocidente, como episódios de ruptura com a tradição da política liberal. Esse o sentido de sua polêmica e provocativa aproximação entre as democracias liberais e os regimes autoritários do nazismo e do stalinismo, que teriam instituído os campos (Auschwitz, Gulag) como paradigmas da biopolítica:

22. Agamben, G. *Homo Sacer. O Poder Soberano e a Vida Nua I*, cit., p. 140 e s.
23. Arendt, Hannah. *Essays on Understanding*. 1930-1954. Jerome Kohn (Ed.). New York, San Diego, London: Harcourt Brace and Company, 1994, p. 299.

> A contiguidade entre a democracia de massa e os Estados totalitários não têm contudo ... a forma de uma improvisa reviravolta: antes de emergir impetuosamente à luz do nosso século (século XX), o rio da biopolítica, que arrasta consigo a vida do *homo sacer*, corre de modo subterrâneo, mas contínuo[24].

Diante desse quadro, perfilam-se consequências cuja importância mal pode ser exagerada: em primeiro lugar, a passagem da forma histórica dos Estados-nação para a sociedade pós-nacional parece reforçar o diagnóstico, já antecipado durante a vigência da constituição de Weimar, de que a política contemporânea teria gerado uma indistinção entre regra e exceção, de modo a fazer com que a exceção torne-se regra. A vigência da constituição de Weimar durante o Terceiro Reich – um estado de exceção que dura mais de uma década – prefigura, de modo inequívoco, a realidade atual da exceção permanente. Ora, como bem reconhece Agamben, se o que temos diante dos olhos é uma situação duradoura de vigência (normal) da exceção, então esta perde sua condição de medida excepcional para transformar-se em técnica de governo, que fornece o paradigma constitutivo da nova ordem jurídica.

Entre 1934 e 1938, com a crise das democracias europeias e o colapso dos estados nacionais, o regime de exceção assume crescentemente a natureza de um

> problema técnico essencial que marca profundamente a evolução dos regimes parlamentares modernos: a extensão dos poderes do executivo no âmbito do legislativo por meio da promulgação de decretos e disposições, como consequência da delegação contida em leis de "plenos poderes". "Entendemos por leis de plenos poderes aquelas por meio das quais se atribui ao executivo um poder de regulamentação excepcionalmente amplo, em particular o poder de modificar e de anular, por decretos, as leis em vigor"[25].

Consequência: em tempos de crise (em particular de crise econômica), ocorre uma hipertrofia (supostamente excepcional) do executivo e uma erosão do legislativo, como meio de neutralização do perigo via regulamentação, o que torna o executivo mais forte, aumentando seu poder de governo e restringindo direitos dos cidadãos.

A segunda consequência que gostaria de destacar diz respeito à relação entre a crise de funcionamento do trinômio ordenamento-território-nação e a configuração da ordem jurídica em tempos de globalização de capitais e mercados. Essa ordem tem de tornar-se o enquadramento institucional da livre economia, cuja *dynamis* repousa sobre a liberdade de mercado e sobre a necessidade de atualização permanente do potencial tecnológico das sociedades situadas no centro do capitalismo planetário.

Aqui não pode deixar de ocorrer uma transformação no conteúdo material da soberania, que visa garantir interesses econômicos de grandes organizações supranacionais.

---

24. Agamben, G. *Homo Sacer. O Poder Soberano e a Vida Nua I*, cit., p. 141.
25. Agamben, G. *Estado de Exceção*. Trad. Iraci D. Poleti, São Paulo: Boitempo, 2004, p. 18 e s.

> Desta forma, a soberania nacional se transformou em um espaço vazio para os processos socioeconômicos. O conteúdo social e econômico da integridade territorial não é mais reconhecido, tornando aquele Estado [os Estados situados na periferia do capitalismo globalizado, como, por exemplo, os da América Latina, OGJ.] um espaço de poder econômico do Estado soberano pleno... Os países latino-americanos mantêm formalmente seu autogoverno, mas compartilham de modo crescente sua gestão macroeconômica com os Estados Unidos através de organismos multilaterais e do sistema financeiro internacional. As redes de poder foram deslocadas, portanto, para o campo da administração macroeconômica global[26].

Ora, isso significa que a economia capitalista de extensão planetária, como biopolítica, assume também a gestão macroeconômica global, erodindo a autoridade pública dos Estados-nação, esgarçando os vínculos de solidariedade política no interior dos mesmos, tecnicizando radicalmente as decisões econômicas e reduzindo a um patamar incipiente os espaços de atualização e deliberação democrática – o que equivale a um estado de exceção econômico permanente.

> A nova geopolítica monetária e a concentração dos centros de decisão sobre investimentos... torna a sua capacidade de retaliação econômica o fundamento último da soberania no que diz respeito às políticas econômicas dos Estados periféricos. Isso gera, no médio e no longo prazos, a deslegitimação democrática, o esfacelamento dos Estados e *formas cada vez mais sofisticadas de autoritarismo*. Com a globalização, a instabilidade econômica aumentou e o recurso aos poderes de emergência para sanar as crises econômicas passou a ser muito mais utilizado, com a permanência do estado de emergência econômico[27].

Tais considerações confrontam e conflitam com o programa de reconstrução de direitos humanos, como, por exemplo, aqueles empreendidos depois da barbárie nazista, como salvaguarda universalista e internacional dos direitos humanos: refiro-me, *prima facie* a Norberto Bobbio e, entre nós, particularmente a Celso Lafer. De acordo com as análises de Agamben, o problema é estrutural e incontornável, instituindo o campo de concentração (espaço anômico por excelência, no qual a exceção é a regra) como a forma paradigmática da política contemporânea.

Essa forma aparece como realidade macabra, em nossos dias, especialmente nos campos de refugiados, nos espaços de detenção emergencial, nos confinamentos em aeroportos e prisões militares, nos quais suspende-se toda e qualquer garantia jurídica fundada na cidadania e no direito estatal. O problema é reconhecidamente difícil, as soluções possíveis encontram-se ainda muito distantes de nossa linha de horizonte. Talvez justamente por isso revisitar as fontes originárias dessa contradição entre matrizes do pensamento jusfilosófico moderno se ofereça como tarefa ao mesmo tempo inevitável e fecunda, na qual deve empenhar-se com decisão e radicalidade a probidade intelectual dos juristas de nosso tempo.

26. Bercovici, G. *Constituição e Estado de Exceção Permanente*, Rio de Janeiro: Azougue Editorial, 2004, p. 177.
27. Bercovici, G. *Constituição e Estado de Exceção Permanente*, cit., p. 179.

Em relação ao desafio implicado nesse empenho, vale lembrar a epígrafe do livro de Agamben intitulado *O Estado de Exceção*. Essa epígrafe é formada por uma sutil e erudita referência que inverte o sentido da célebre frase de Alberico Gentile, presente em seu *De Iure Belli: Sileti theologi in munere alieno* (Vós, teólogos, deveis calar sobre o dever dos outros). Transfigurando significativamente o texto áureo de Alberico Gentile, escreve Agamben, visando diretamente os juristas e seu trabalho de produção teórica e reflexão crítica: *Quare siletis juristae in munere vestro?*

11

Movimentos sociais e luta pela igualdade nos 20 anos da Constituição Federal Brasileira

JOSÉ GERALDO A. B. POKER*

Sumário: 1. Poder Público e sociedade na modernidade. 2. Estado e sociedade no mundo globalizado. 3. Direitos Humanos e movimentos sociais.

De início, é preciso alertar o leitor quanto à expectativa do que deverá encontrar pela frente. Apesar de o título sugerir isto, o leitor não verá adiante uma descrição da trajetória das lutas sociais no Brasil no período 1988-2008. Tampouco se tratará da história de uma luta social específica, entre as tantas existentes no Brasil no período mencionado, ou antes dele.

O que se pretende é oferecer uma argumentação cujo foco é a ênfase na forma pela qual a Constituição Federal de 1988, ao positivar integralmente os artigos da Declaração Universal dos Direitos Humanos, colocou o Brasil no contexto normativo da modernidade central, o que contribuiu para emergência e aperfeiçoamento de movimentos e lutas sociais de características identitárias. Melhor dizendo, defende-se o argumento de que a promulgação da Constituição Federal de 1988 finalmente ofereceu as bases normativas para construção de um Estado Democrático de Direito no Brasil, fato este que permitiu a luta por demandas difíceis de serem formuladas, justificadas e aceitas à luz do ordenamento jurídico existente até então.

* Doutor em Sociologia pela FFLCH-USP. Professor Assistente-doutor do Departamento de Sociologia e Antropologia da Faculdade de Filosofia e Ciências – Unesp/Campus de Marília.

Nesse sentido, a Constituição Federal Brasileira de 1988 pode ser apresentada como aquela que colocou o Brasil no rol das modernas democracias, pelo menos em termos normativos, o que contribuiu decisivamente para atualizar o tratamento das demandas remetidas pelos setores mais politizados da sociedade brasileira, que já há muito tempo reclamavam o aperfeiçoamento do Estado brasileiro. Diante disso, é possível afirmar que o mérito da Constituição de 1988 foi o de colocar o Estado em sintonia com o movimento da sociedade brasileira, movimento este que produzia alterações na forma das relações sociais e que já não mais era determinado unicamente por fatores internos, estando sujeito a *inputs* externos, cuja integração sistêmica global, a também chamada *globalização*, constitui-se até o momento na sua máxima expressão.

Por causa de tudo isto exposto, a avaliação conjuntural das lutas pela igualdade na sociedade brasileira no período 1988-2008, que é a proposta deste artigo, requer que seja considerado o aspecto estrutural da atualização do Estado. Trata-se, portanto, da necessidade de abordar a estrutura valorativa que sustenta o Estado Democrático de Direito, característico da sociedade ocidental moderna. Isto é importante porque assume-se o postulado de que uma parte considerável dos desafios e problemas das sociedades atuais, e isso inclui também a sociedade brasileira, são provocados por demandas diretamente influenciadas pelos desdobramentos da modernidade.

De início, defende-se aqui que um dos principais efeitos dos desdobramentos da modernidade possa ser observado na ocorrência de situações da vida consideradas problemáticas, mas que são entendidas dessa forma não exclusivamente pela mediação da utilidade econômica. Isso significa que fatores produtores de problemas na vida não gravitam mais apenas em torno dos fatos puramente econômicos. Devido aos desdobramentos da modernidade, fenômeno este que atinge de maneira abrangente todas as sociedades de matriz ocidental, a economia não ocupa mais a posição de centralidade inquestionável de tempos atrás.

Há problemas novos, que não se vinculam diretamente à economia; muitos dos problemas e desafios atuais não se vinculam diretamente à satisfação das necessidades materiais. Eles são, em parte, de ordem valorativa, e isto significa que a forma de tratamento deles deve considerar a complexidade do contexto conceitual dentro do qual emergem. Mais ainda, como são de ordem valorativa e não exclusivamente materiais, nada garante que as novas demandas possam ser plenamente atendidas, ou que os problemas provenientes do desdobramento da modernidade possam ser resolvidos de uma vez para sempre.

Para tratar disso, é preciso mencionar algumas características da composição desta nova ordem social que vem sendo construída pouco a pouco nas sociedades de matriz ocidental, o que inclui o Brasil, obviamente. Sem que se comece por isso, torna-se difícil compreender as lutas sociais atuais respeitando a complexidade a elas inerente.

De início, trata-se de compreender a relação entre Direitos Humanos e luta pela igualdade, o que será apresentado em três partes. Na primeira, abordam-se as características da modernidade, que é o cenário que envolve os problemas da vida na contemporaneidade, e que são expressos pelas demandas apresentadas pelos movimentos sociais ao Estado. Em seguida, apresenta-se a forma que podem ser identificados os desafios atuais, o que será feito por intermédio da teoria de J. Habermas. Por fim, na terceira e última parte, enfoca-se a apropriação dos princípios constitutivos dos Direitos Humanos pelos movimentos sociais, incluindo aqueles existentes na sociedade brasileira.

1. PODER PÚBLICO E SOCIEDADE NA MODERNIDADE

O primeiro ponto a ser mencionado é o de que as lutas e conflitos sociais implicam a afirmação e o desdobramento das categoriais mentais e representativas que a literatura das Ciências Sociais e da Filosofia classificam como próprias da *modernidade*. Rapidamente considerando, tal estrutura se fundamenta nos conceitos de individualidade, racionalidade, liberdade e igualdade. Na sociedade ocidental, a partir da modernidade, desenvolveu-se a noção de individualidade, que implicou a maior de todas as distinções que se pode estabelecer entre este modelo de sociedade e os outros existentes.

Por individualidade, deve ser entendida a maneira peculiar de interpretação existencial do ser humano, na qual considera-se a dimensão da singularidade de todo ser, que se torna por isso irredutível a qualquer outro, igual apenas a si mesmo. Nas teorias do conhecimento modernas, sejam elas o *racionalismo*, o *empirismo* ou o *cognitivismo*, enfatiza-se o indivíduo como ser que conhece, e que, portanto, todo conhecimento é antes de tudo, individual. Da mesma forma, nas teorias políticas modernas, sejam elas *organicistas*, *realistas* ou *contratualistas*, importou definir o indivíduo como sujeito da história, e isso implicou a construção de uma nova forma de explicação para a existência de fenômenos coletivos, como o Estado, a Sociedade e o Direito. Tudo isto precisou ser reexplicado, tomando como ponto de partida a intencionalidade individual. Ao mesmo tempo, a intencionalidade individual tornou-se o elemento de legitimação exclusivo em qualquer situação de relacionamento, seja entre indivíduos, seja entre indivíduo e coletividade, seja entre grupos de indivíduos numa sociedade.

Segundo este princípio, qualquer ação de um indivíduo em relação a outro somente pode ser válido ou aceitável se ocorrer mediado pelo consentimento das partes envolvidas. Assim se define a legitimidade da autoridade dos agentes do poder público, a legitimidade das leis, a atuação das instituições sociais e políticas, a validade dos casamentos, das transações comerciais etc.

Além de centros produtores de conhecimento, os indivíduos são reconhecidos como centros de produção de interesses. Possuindo interesses próprios, os indivíduos tornam-se rivais da coletividade, que igualmente possui interesses, e se tornam diferentes, ou até contrários, dos interesses individuais.

Pela primeira vez na história humana tornou-se possível observar a existência de uma relação de fato entre indivíduo e coletividade, na forma de uma relação entre dois seres distintos, que se insinuam como totalidades em si mesmos. Estava pronto, e empiricamente observável, o problema básico do conjunto de conhecimentos que foi organizado com o nome de Sociologia, em meados do século XIX, na França: a relação entre *indivíduo* e *sociedade*.

Dependendo da matriz ideológica, utilizada para compor modelos de Sociedades e Estados ideais, enfatiza-se mais um ou outro dos conceitos, e isto varia conforme concepções de Estado e Sociedade ideais. Na doutrina liberal, de inspiração *lockeana*, por exemplo, privilegia-se o exercício racional da liberdade individual, que se constitui no fundamento da aquisição de mérito, que culmina na legitimação do direito à propriedade privada.

Ao contrário, na doutrina chamada *social*, de inspiração *rousseauniana*, prioriza-se a dimensão da igualdade, que é vista como condição da liberdade. Neste caso, argumenta-se que na ausência de uma situação de igualdade entre indivíduos, também não haverá liberdade, porque os que têm menos se voltarão contra os que têm mais. Por isso, torna-se tarefa do poder público encontrar meios de promover políticas de distribuição de renda, a fim de proporcionar as condições para a existência de uma *ordem social justa*, em que todos os indivíduos da sociedade sejam efetivamente contemplados com a situação de *igualdade de oportunidades*.

No entanto, a despeito das preferências recaírem sobre um ou outro fator, interessa ressaltar que individualidade, liberdade, racionalidade e igualdade tornaram-se os ingredientes sobre os quais também se construiu o sistema de Direito que regula e orienta todos os tipos de relacionamento interindividuais, intergrupais e políticos na sociedade ocidental moderna. Este sistema de Direito é composto por princípios, normas e instituições que se articulam e funcionam de maneira a proporcionar e prescrever o exercício da cidadania. Nas sociedades reguladas pelo Estado de Direito, e sobretudo pelo Estado de Direito Democrático, cidadania é a expressão que designa um modo de convivência ideal, racionalmente proposto para proporcionar a plena realização das situações de igualdade e de liberdade necessárias ao desenvolvimento da individualidade e de tudo que é a ela correlato.

Para proporcionar o exercício da cidadania tornou-se necessário construir um complicado sistema jurídico, que se materializa sobretudo por meio das instituições do Estado, que visam garantir a distribuição dos direitos básicos para que todos os integrantes da sociedade e habitantes do território do Estado possam viver e conviver como cidadãos, quer dizer, como sujeitos que se reconhecem mutuamente na condição de indivíduos racionais, livres e iguais.

A despeito da forma que tenham, ou dos ideais sob os quais foram concebidos, cada tipo real de Estado existente na sociedade ocidental moderna é constituído como um poder público necessário a assegurar as condições para que todos os integrantes se tornem cidadãos. A legitimidade de todos os modelos de Estado é buscada na combinação dos elementos *soberania popular* e *direitos fundamentais*. Para os teóricos de orientação *republicana*, basta como elemento de legitimação ser o poder público instituído pela vontade soberana de um *povo*, constituído sob a forma homogênea da *nação*. No entanto, para os *liberais*, é preciso vincular o poder público instituído à obrigação de respeitar limites de atuação, que condicionam o exercício da soberania ao respeito à individualidade dos cidadãos.

A composição dos direitos de cidadania e as formas de seu exercício variam conforme a estrutura valorativa típica de cada sociedade e da configuração do Estado, conforme a combinação de soberania e direitos fundamentais. Assim, podem-se encontrar formas simples e formas complexas de cidadania. Há sociedades nas quais o maior valor é o da segurança pública, e dessa forma interessa estabelecer a condição de igualdade mediante a rigorosa obediência dos indivíduos às leis. Em situações assim, a cidadania se resume ao cumprimento do dever, e os direitos são oferecidos como recompensa.

As formas mais complexas de cidadania são elaboradas a partir da aplicação da lógica aos princípios racionais do Direito que consubstanciam e definem a individualidade, a racionalidade, a liberdade e a igualdade. A lógica aplicada às condições de realização de todos estes predicados leva à identificação de contradições nas situações fáticas de convivência e no sistema normativo, cuja superação exige o desenvolvimento da racionalidade do Direito, o que resulta na efetivação de novas garantias institucionais aos cidadãos. De maneira geral, tais garantias são sistemas de proteção que cercam os indivíduos nas relações interindividuais e intergrupais e que avançam sobretudo para o campo das relações do indivíduo com a coletividade.

Em toda sua extensão, a proteção em que consiste a cidadania implica a construção de um espaço imaginário no qual apenas o indivíduo exerce o poder de sua vontade sobre si mesmo. Por isso, esse espaço deve ser resguardado pelo poder público para que não seja molestado por outros indivíduos, por grupos ou mesmo pelo próprio poder público. Nos Estados Democráticos de Direito, chamam-se tais molestações de *violência*, quer dizer, a situação na qual um indivíduo é constrangido por diversos meios a agir de uma forma não determinada pela sua livre vontade; ou ainda a situação em que alguém é forçado a uma atitude sob a ameaça do risco de morte. Por isto mesmo é que se torna imprescindível estabelecer os limites da extensão do poder do Estado em relação aos cidadãos, e dos cidadãos entre si.

Mas há situações de violência que não são provocadas pela força física, propriamente. Há situações de constrangimento provocadas pela *discriminação*. Chamam-se assim a todas as formas não físicas de impedimento de alguém ao exercício de um direito, o que ocorre quase sempre nas situações de convivência devido à influência de fatores de ordem tradicional, ou irracional, nos relacionamentos, como diria Max Weber.

Embora pareça uma fórmula simples, a de que o desenvolvimento da cidadania está vinculado ao desenvolvimento do Direito, e isto se consegue mediante a aplicação da lógica racional às normas e às relações sociais, tal processo somente pode ser desencadeado mediante a adoção de um princípio valorativo que tenha a potencialidade de obrigar a construção de vinculações não contraditórias entre os termos de um raciocínio jurídico.

Nos Estados Democráticos de Direito, o princípio empregado na avaliação das relações sociais e identificação das contradições nelas contido é aquele chamado de princípio da dignidade, cuja definição é buscada na filosofia humanista de I. Kant (2005).

Grosso modo, segundo Kant, no reino dos fins tudo tem um preço ou uma dignidade, e quando algo não tem equivalente em outra coisa, esta coisa possui dignidade, quer dizer, não pode ser convertida ou trocada por qualquer outra. Assim, o ser racional não encontra equivalente em nenhum outro ser ou coisa, e deve, portanto, ser considerado como um fim em si mesmo. Ou ainda, conforme a fórmula proposta por Kant, na qual deve-se agir tratando a humanidade em si e no outro sempre como fim e nunca como meio.

Ainda recorrendo à teoria kantiana, é preciso salientar que a realização da dignidade requer uma condição de relacionamento em que indivíduos considerem-se a si mesmos e também o sejam pela coletividade como seres detentores de uma vontade autônoma. Isso significa que para ter dignidade, todo indivíduo precisa ser reconhecido como sujeito apto à liberdade, porque consegue estatuir regras para si mesmo e agir segundo elas.

Em qualquer ordenamento jurídico inspirado nos pressupostos mencionados existem *princípios* e *leis* destinados a garantir e proteger os direitos vinculados a este tipo de cidadania. No entanto, a estrutura normativa apenas não basta para que os direitos sejam efetivados. Para isto, orientado pela finalidade programática das leis, o poder público cria instituições, com a incumbência de proporcionar as formas adequadas para que todos os cidadãos tenham o devido acesso às formas de usufruir dos direitos e exercer a cidadania.

2. ESTADO E SOCIEDADE NO MUNDO GLOBALIZADO

Dentre as principais teorias produzidas com a finalidade de compreender os problemas da atualidade, encontra-se aquela desenvolvida por Habermas. Em sua análise, ele elege como problemas centrais os que se referem à ação desintegradora da globalização, que em princípio destrói as formas tradicionais de solidariedade e dissolve as formas consensuais agrupadas sob o sentimento de *nação*, necessárias à construção da identidade cultural sobre a qual se constitui o sentido de *interesse público*.

Segundo Habermas (2001), a globalização uniformiza pessoas do mundo todo em torno da produção e consumo de mercadorias materiais e simbólicas, criando a possibilidade de uma universalização cultural nunca antes existente. E ao mesmo tempo que uniformiza culturalmente, a globalização também individualiza, na medida em que sobrepõe a condição de *consumidor* a todas as outras formas de *status* de regulação de relações sociais em qualquer matriz cultural.

Por outro lado, na descrição de Habermas (2001: 100) a globalização também produz os fatores de enfraquecimento do Estado, uma vez que as decisões de agentes econômicos transnacionais praticamente desconhecem as limitações estatais como parâmetros de regulação. O modelo de Estado Social construído na modernidade está seriamente abalado pelas forças do mercado global, que atuam seguindo uma lógica contrária ao direito constitutivo do poder público, apontando sempre para a concentração e nunca no sentido da distribuição equitativa dos recursos e oportunidades necessária à manutenção de uma sociedade democrática.

A lógica inerente às decisões econômicas tomadas em âmbito global estabelece um padrão de concorrência que obriga todas as empresas a ajustes organizacionais constantes, cujas consequências imediatas são o aumento da produtividade com a diminuição dos postos de trabalho e demanda crescente por vantagens decorrentes da desoneração fiscal nos territórios em que se localizam. Disso, Habermas conclui não ser "mais possível o 'keynesianismo' em um país" (2001: 100). A agenda da globalização determina ao Estado a mudança de foco no planejamento e execução de políticas públicas.

A crise fiscal do Estado Social resultante da globalização se desdobra na crise de legitimidade e incapacidade de atender às demandas sociais produzidas pelas mudanças estruturais do capitalismo, em que o desenvolvimento econômico ocorre produzindo desemprego. A constante busca por melhores oportunidades de trabalho e vida provoca o deslocamento de pessoas entre países, acompanhando o fluxo de investimentos do capitalismo transnacional.

Notadamente, o resultado do processo migratório acentuado é o aparecimento de aglomerados humanos configurados como coleção desconexa de matrizes e identidades culturais as mais diversas, e que precisam ser acertados de alguma forma para que tais aglomerados possam tomar a forma de *sociedade*, quer dizer, de um sistema de relações sociais em que sejam possíveis a cooperação e as trocas. Por causa disto, acrescenta-se à crise do Estado Social o conjunto de demandas e as cobranças por políticas de *inclusão* ou *reconhecimento* decorrentes do surgimento das sociedades multiculturais. Quer dizer, coletividades constituídas por diferentes formas culturais entrecortadas e particulares de vinculação, que geram múltiplas formas de subjetividade, cada uma delas reivindicando legitimidade para si em relação às outras.

O resultado do enfraquecimento do Estado, da homogeneização das formas de produção e consumo e da diferenciação decorrente do processo migratório, segundo o raciocínio de Habermas, é uma enorme crise de legitimidade que atinge frontalmente o Direito, cujas bases lógica, formal e normativa não correspondem à complexidade dos novos conflitos sociais e interindividuais, nem se prestam a fornecer a estrutura simbólica sobre as quais sejam formuladas novas demandas políticas.

A despeito do cenário montado ser catastrófico e geral, porque todos os participantes das Nações Unidas são Estados e são atingidos da mesma forma pelos efeitos da globalização e do capitalismo transnacional, Habermas permanece otimista quanto à possibilidade da busca de solução para todos os problemas apontados. Segundo ele, de início as soluções podem ser buscadas na afirmação do princípio básico de legitimação do Estado Moderno, qual seja a conjugação entre *soberania popular* e *direitos humanos*. Isto significa que o Direito pode ser reconstruído mediante o processo de autolegislação, como defendeu Rousseau, mas isso deve ser feito tendo como parâmetro os direitos fundamentais contidos na Declaração dos Direitos Humanos, o que garantiria os elementos de justiça e de universalidade à regulamentação de situações de convivência na extrema diversidade cultural/subjetiva, na forma como ocorrem atualmente.

Para tanto, dois conjuntos de medidas são necessárias, um de ordem externa e outro de ordem interna nos Estados. No aspecto externo, recorrendo à fórmula de Kant, Habermas considera que, como os problemas provocados pela globalização e pelo capitalismo são planetários, o enfrentamento deles exige a construção de instituições políticas internacionais democráticas que permitam uma *governança supranacional*, alicerçada conceitualmente sobre uma *república mundial*, cujas decisões reconheçam a condição de *cidadania cosmopolita* de todas as pessoas, por buscarem legitimação nos Direitos Humanos. E para atingir este objetivo, novas instituições supranacionais devem ser criadas. O modelo da Organização das Nações Unidas não serve, por não se constituir num espaço de debate e de deliberação verdadeiramente democrático, avalia Habermas.

No aspecto interno, quer dizer, dentro dos Estados, retomando as teses da *teoria da ação comunicativa*, Habermas sugere a criação de formas de exercício de cidadania deliberativa na esfera pública. Ou seja, devem ser estabelecidos lugares em que pessoas das mais diferentes vinculações culturais possam encontrar-se para debater democraticamente acerca de um único problema: "cidadãos livres e iguais devem se conceder tais direitos fundamentais, se quiserem regulamentar a sua vida em comum por meio do direito positivo?" (Habermas, 2001: 147).

Para Habermas, em âmbitos assim constituídos, os discursos podem conduzir à formulação de um sistema de direitos e de uma vontade política racional vinculados à uma concepção de *solidariedade cívica* ou de *patriotismo constitucional*, que são necessários à elaboração de complexas soluções para os complicados conflitos decorrentes da convivência num contexto de diversidade multicultural.

Ao mesmo tempo que os discursos proferidos em espaços destinados à ação comunicativa se constituem no exercício efetivo da soberania popular, eles também produzem concepções intersubjetivas de direitos fundamentais sobre as quais torna-se possível reconstruir a legitimidade dos Direitos Humanos na condição de serem afirmados como direitos fundamentais universais, superando a conotação de *direitos ocidentais* que pesa sobre eles.

Tendo em conta a diversidade como característica a ser mantida nas novas sociedades, sem que ocorra a reconstrução da pretensão de validade universal dos Direitos

Humanos, muito dificilmente os diferentes modos de vida poderiam ser afirmados e reconhecidos como legítimos no interior de uma mesma coletividade. Na ausência de uma referência que permita substituir as formas de solidariedade de base étnica pela solidariedade cívica, não há como produzir as categorias conceituais exigidas para fundamentar a atitude de reconhecimento diante das diversas formas de vida possíveis numa situação de convivência multicultural. Isto porque a solidariedade sustentada em fatores étnicos incide sobre a homogeneização de padrões estéticos e conceituais, criando identidades pessoais que se reconhecem reciprocamente apenas na condição de serem pertencentes a um mesmo conjunto de referências.

Em se tratando de sociedades multiculturais, as exigências de reconhecimento devem considerar a presença de referências culturais alternativas que se posicionam umas em relação às outras pretendendo a mesma legitimidade. A condição de igualdade pretendida nas democracias atuais depende da validação de inúmeras formas de diferenciação pessoal, evitando ao mesmo tempo que delas decorram discriminações ou quaisquer outros mecanismos sociais de inferiorização.

Por isso mesmo que as sociedades que se desenvolvem juntamente com os novos modelos de Estado não podem mais pretender-se como derivadas do sentimento de *nação*, da crença na existência de uma base cultural homogeneizadora que vincula todos os integrantes e da qual são obtidos os regulamentos norteadores de todas as atitudes e condutas. São os Estados pós-nacionais.

A inexistência de um sentimento de nação se torna um problema para os Estados porque afeta diretamente a legitimação da ordem política. Como demonstra Habermas (2001: 143), a legitimação dos Estados nacionais se baseia na legalidade sustentada no pressuposto de atender a uma vontade unificada pelos mesmos objetivos e ratificada pela soberania popular. Mas a ausência do sentimento de nação se torna problema também do ponto de vista do exercício convencional da soberania popular, que encontra obstáculos para se compor como tal devido à dificuldade de se chegar a um consenso, dada a quantidade de referências culturais e suas discrepâncias presentes no interior da sociedade. Isso dificulta a composição da *esfera pública* e a busca de soluções para os problemas e conflitos por intermédio da política.

Embora tudo pareça conspirar contra a manutenção das conquistas históricas ocidentais, efetivadas pelo Estado de Direito Social, Habermas apresenta uma saída teórica. Isto começa com a associação do exercício da soberania popular, por meio da ação comunicativa em ambientes democráticos, ao desenvolvimento dos meios adequados à construção de uma sociedade que possa se constituir para além das vinculações decorrentes de mecanismos identitários derivados do sentimento de comunidade próprio do conceito de *nação*. A ação comunicativa tem a potencialidade de produzir uma *cultura política*, por meio da qual as pessoas se vinculem umas às outras, consigam conviver e ter o domínio dos rumos da coletividade sem precisarem compartilhar de tradições e memória comuns.

Para que isto aconteça, isto é, para que a *cultura política* criada pela ação comunicativa substitua o sentimento de nação, é preciso ampliar os espaços democráticos no interior da sociedade. Na concepção de Habermas, a democracia é a configuração do ambiente ideal à ação comunicativa, porque proporciona a possibilidade de que a comunicação ocorra livre de coações de quaisquer naturezas.

De outro modo, superar a legitimidade dependente apenas da nacionalidade implica liberar a sociedade de amarras que impedem a expansão do conceito de igualdade. Quando isso ocorre, o resultado obtido é o do nascimento de sociedades mais democráticas, quer dizer, mais aptas ao reconhecimento recíproco de variações nas formas do ser social dos integrantes, uns em relação aos outros. É isto propriamente que Habermas nomeia como *sociedade inclusiva*, um tipo específico de sociedade que busca a construção da legitimidade necessária às práticas normativas da convivência apenas nas qualidades procedurais do processo democrático. As vantagens de uma sociedade assim constituída são várias. Primeiro, pode-se citar a característica de abertura provocada pela extensão da igualdade que resulta no grau de reconhecimento exigido pela convivência entre atores sociais marcados por diversidades culturais. A multiculturalidade deixa de ser um problema, porque na sociedade abre-se consideravelmente a possibilidade de escolhas válidas que indivíduos possam fazer sobre si mesmos e sobre a coletividade. Depois, há que se pensar que a ausência de fatores de homogeneidade cultural podem ser totalmente substituídos pela condição de racionalidade que designa a igualdade contida nas qualidades procedurais do processo democrático, que nomeia os participantes como companheiros de direitos, ao invés de companheiros de destino.

Por fim, se for assegurada a manutenção do processo democrático incrementado pela ação comunicativa, realizada sob o entorno da moldura dos Direitos Humanos, os fatores desintegradores da globalização e da multiculturalidade podem ser revertidos positivamente.

A expansão do conceito de igualdade requerida pelo reconhecimento das diversidades existentes no interior de sociedades multiculturais e possibilitada pela lógica contida nos Direitos Humanos, proporciona não apenas a liberação da coletividade em relação às muitas prisões advindas da identidade sustentada nos elementos tradicionais compartilhados em situações de homogeneidade cultural. Implica isto no desenvolvimento de formas de convivência, estratégias de relacionamento e práticas de deliberação que somente são possíveis pelo desenvolvimento da racionalidade.

A racionalidade que libera a sociedade e que proporciona a abertura para experiências multiculturais de existências pessoais não se restringe à fórmula weberiana. Na teoria de Weber, Habermas (1997b: 197-8) identifica três tipos de racionalidade: a racionalidade instrumental (técnica, adequação, fins e meios), a racionalidade valorativa (escolha dos fins) e a racionalidade científica.

Apreciando a teoria weberiana, Habermas salienta que a racionalidade do Direito tornou-se fundamental para a construção das instituições típicas da sociedade ocidental. O Direito possibilitou à civilização ocidental desenvolver saídas para as limitações lógico-organizacionais presentes nas formas tradicionais de dominação ao conseguir afirmar a legalidade como fundamento de legitimidade.

Esse artifício tornou possível a edificação de instituições sociais e políticas que funcionam mediante a burocracia, quer dizer, o conjunto formado por um quadro de funcionários que cumprem determinadas tarefas seguindo regras que lhes são impostas. A burocracia garante a igualdade à medida que permite a distribuição impessoal do Direito, e esta é a marca própria das instituições da sociedade ocidental, incluindo o Estado, que para Weber também é uma instituição.

No entanto, apesar de a definição de Weber abranger aspectos importantes, como a extensão da razão do campo do conhecimento para a aplicação, decorrendo disto a organização de regulamentos e instituições, a definição não é suficiente para deslocar a centralidade da razão, que continua sendo um predicado exclusivo do sujeito, que pode fazer suas escolhas orientado pela racionalidade, pela afetividade ou pelas tradições.

Não é essa a racionalidade observada por Habermas como componente intrínseco da ação comunicativa. A racionalidade centrada no sujeito não seria suficiente para possibilitar a busca de soluções adequadas aos problemas decorrentes da globalização num contexto de multiculturalidade. Para tanto, não basta a oferta do Direito na forma institucional da impessoalidade, e emanado das instâncias do Estado. Trata-se de algo para além disso: da possibilidade de produção de novos tipos de Direito, provenientes dos espaços democráticos instituídos dentro da sociedade para esse fim, adequados à convivência na diversidade e que sejam correspondentes às delimitações propostas pelos Direitos Humanos, para não permitir inferioridades.

3. DIREITOS HUMANOS E MOVIMENTOS SOCIAIS

Em 1984, foi publicado no Brasil um artigo que causou polêmica no âmbito das Ciências Sociais. Trata-se de *Identidade, a face oculta dos novos movimentos sociais*, de Tilman Evers. A polêmica incidiu sobre dois pontos fundamentais: a utilização da nomenclatura *novos movimentos sociais*, e a proposição de uma forma alternativa de tratamento para um velho objeto: a possibilidade de observar os movimentos sociais, sobretudo os chamados *novos*, como resultantes da tentativa de afirmação de identidades, quer dizer, de valores e representações compartilhado por determinado grupo de pessoas, que faz deste *ethos* um forte elemento de mobilização e definição de projetos de luta política.

As consequências da proposição logo apareceram. De imediato, abriu-se um caminho para que os movimentos sociais pudessem ser compreendidos como algo mais complexo, algo mais do que atores sociais reunidos por reivindicações vinculadas exclusivamente aos interesses econômicos. Mais ainda, a mudança de enfoque permitiu melhor entender a racionalidade contida nos movimentos sociais. Para além da instrumentalidade dos interesses econômicos, podem-se perceber orientações puramente valorativas nas demandas, algumas delas derivadas de componentes irracionais, provenientes da religião ou outras motivações de ordem tradicional. Constatou-se que fatores valorativos podem ser transformados em elementos de mobilização e levados a se constituir sob a forma da racionalidade necessária a substanciar estratégias de luta política. Dentro desse enfoque, a luta pela terra organizada pelo Movimento dos Trabalhadores Rurais Sem Terra (MST), o movimento pelo reconhecimento da diversidade sexual, o movimento feminista e o movimento ambientalista são bons exemplos de mobilizações que ocorrem no Brasil.

É precisamente isto que alguns pesquisadores estão identificando nos movimentos sociais atuais. Lutas sindicais, movimentos pela igualdade entre gêneros, movimentos étnico-*raciais*, movimentos ambientalistas, todos eles trazem consigo a dualidade de serem a um só tempo movimentos que pretendem conquistas econômicas e valorativas, cuja racionalidade incorpora não apenas a legitimação pela formulação de ideologias, mas avança pelo terreno do Direito, sobretudo pelo campo dos Direitos Humanos.

Nesta perspectiva, a legitimidade para as pretensões em grande parte advém de institutos jurídicos e princípios normativos constitucionais típicos das sociedades ocidentais, tais como a *igualdade* e a *dignidade*. Na conjuntura atual, movimentos sociais se formam quando sujeitos identificam a ocorrência de uma *injustiça* que os envolve direta ou indiretamente. A justificativa de ser vítima de *injustiça* tornou-se imprescindível aos movimentos sociais, tanto que os interesses puramente econômicos, também eles têm de ser expressos mediante este signo.

Tomando os institutos e princípios do Direito ocidental como instrumento de interpretação das relações sociais do cotidiano, pessoas comuns podem vir a ser sujeitos de movimentos sociais à medida que conseguem se indignar diante dos tratamentos recebidos de outras pessoas ou de agentes públicos, desde que observem não serem tratados dentro das condições da igualdade, ou de não receberem do Estado os benefícios suficientes para alcançar a situação de dignidade.

No primeiro caso, quando se busca a efetivação da condição de igualdade prevista como direito fundamental, as demandas tomam a forma de lutas por *reconhecimento*. É por meio desta nomenclatura que alguns cientistas sociais e filósofos vêm se dedicando à análise dos movimentos sociais atuais. Além de Habermas, citado anteriormente, dentre os pesquisadores mais conhecidos dessa problemática podem ser mencionados Nancy Fraser (2001), Axel Honneth e Charles Taylor (2000).

Na segunda possibilidade, quando as reivindicações giram em torno de interesses econômicos, formuladas que são pela utilização da linguagem e do raciocínio dos direitos fundamentais, elas tomam a forma de lutas pela *redistribuição* mais equitativa (*justa*) dos benefícios derivados da riqueza social.

Muito embora este tema seja tratado por Honneth e Taylor, pela contingência de espaço, escolheu-se aqui sintetizar a análise de Nancy Fraser. No artigo *Da redistribuição ao reconhecimento? Dilemas da justiça na era pós socialista* (2001), Fraser argumenta que as demandas por reconhecimento são algo recente na sociedade, e de maneira parecida com a análise de Giddens (1997), salienta que tais demandas, por suas características, são compostas por causa do processo de evolução da sociedade capitalista, desdobrado na *era pós-socialista.* As características deste contexto são o capitalismo transnacional, a globalização e a sociedade multicultural.

Em sua análise, Fraser insiste num aspecto que acredita ser o mais importante no estudo das demandas recentes: a dissociação entre as dimensões econômica (redistribuição) e cultural (reconhecimento) dos conflitos sociais. Nesse sentido, as demandas tendem a enfocar mais um aspecto do que outro, o que implica no desafio a ser superado pelos movimentos sociais atuais, que é o de conseguir formular reivindicações por meio da combinação da luta pelo reconhecimento cultural e igualdade social. Para Fraser, esta deve ser a forma correta das demandas, porque os conflitos culturais são ao mesmo tempo conflitos econômicos.

Os exemplos da indissociabilidade dos fatores culturais e econômicos são as lutas pela igualdade étnica e de gênero. A inferioridade das mulheres diante dos homens tem causas culturais e se mantém no âmbito econômico. A mesma situação é vivida pela população não branca: o preconceito produz discriminação, que afeta a premiação do desempenho na ordem econômica.

Neste ponto, vale retomar a análise de Habermas, reproduzida no item anterior. A complexidade das novas demandas se refere à complexidade da organização multicultural da sociedade, combinada com o enfraquecimento do Estado no tocante ao cumprimento das antigas atribuições, da garantia ao exercício da individualidade, da racionalidade, da liberdade e da igualdade.

Por isso, as demandas dirigem-se a um só tempo para a exigência da *igualdade* e a afirmação das *diferenças.* Pretende-se a *igualdade* quando a *desigualdade* gera *inferiorizações* que dificultam a atuação do indivíduo como ser livre e racional diante de outro. Pretende-se a *diferença* quando a *igualdade*, empregada na forma da universalidade, provoca a *descaracterização* e não permite a convivência das diferenças culturais existentes na sociedade.

As novas demandas resultantes dos conflitos avançam sobre o Direito, à medida que as exigências de reconhecimento e redistribuição forçam a expansão de dois princípios jurídicos de distribuição de benefícios que não são correspondentes: o *mérito*, utilizado para a premiação do desempenho, e a *fragilidade*, empregada para identificar os destinatários de benefícios adicionais dentro da rede de proteção criada pelas políticas públicas emanadas do Estado. No caso do Brasil, isto se pode verificar empiricamente por meio da chamada *questão das cotas*, um programa que se pretende *política* pública, e que não se resume à reserva de vagas para negros nas universidades públicas.

Também avança sobre os princípios de distribuição do Direito a nova forma de luta dos movimentos ambientalistas. Em oposição à racionalidade instrumental utilizada pela empresa capitalista, que gera desastres ambientais, a nova forma da demanda para proteção insiste na inclusão da natureza e de todos os seres vivos como integrantes do contrato social, quer dizer como merecedores dos mesmos direitos concedidos apenas aos seres humanos.

A justificação para tal pretensão incide na expansão do princípio da *dignidade*, que permite caracterizações mais aperfeiçoadas de *fragilidade*. No primeiro aspecto, argumenta-se que a consecução da dignidade humana depende da integridade do ambiente natural, ou que a sobrevivência da espécie humana está condicionada ao reconhecimento da dignidade de tudo que é natureza. No segundo, trata-se de defender a concessão de benefícios que não estão vinculados à prestação de obrigações, da mesma forma como ocorre com os direitos dirigidos à crianças, idosos, deficientes, entre outros. Neste caso, tem-se uma situação de universalidade radical que compreende também todas as diferenças: todos os seres vivos seriam titulares de direitos, sem que para isso precisassem ser devedores de obrigações. O mesmo raciocínio pode ser utilizado para combater os efeitos perversos da lógica instrumental típica da economia, que apenas protege aquilo que é útil, quer dizer, aquilo que pode gerar riqueza material/monetária.

E a pretexto de oferecer elementos para análise de uma conjuntura brasileira, os argumentos elencados nesta exposição seguramente apontam para uma tendência inequívoca, que é esta: a despeito da complexidade dos problemas e dos desafios a serem enfrentados por aquilo que se pode chamar de sociedade contemporânea, mais do que nunca a solução de todos eles encontra-se na dependência do desdobramento dos postulados da modernidade, da possibilidade do desenvolvimento social conseguido mediante a aposta no Direito Racional e na Democracia, velhos conhecidos da civilização ocidental.

Neste ponto pode-se retomar a argumentação apresentada no início. Não se pode negar que a Constituição Federal de 1988 tenha falhas, imperfeições e que pode ser aperfeiçoada. Também não se pode negar que muito há por fazer para efetivar os direitos garantidos pela Carta e torná-los acessíveis a toda população brasileira.

No entanto, há que se ressaltar a importância histórica da positivação dos direitos contidos na Constituição Federal, seja para favorecer a emergência de novas demandas provenientes de novas formas de mobilização social, seja para proporcionar novas possibilidades de formulação, compreensão e legitimação de antigas reivindicações, como é o caso da luta pela Reforma Agrária no Brasil.

É evidente que se não houvesse a promulgação da Constituição de 1988 os movimentos sociais no Brasil continuariam existindo, da mesma forma como também as diversas modalidades de lutas sociais historicamente presentes na sociedade brasileira. Os fatores causadores de conflitos, do que decorre a maior parte das demandas que animam os movimentos e as lutas sociais, não foram alterados pela nova Constituição, mesmo porque eles provêm de fontes diversas: algumas delas são inerentes às contradições presentes nas relações econômicas, e outras tantas podem ser atribuídas às assimetrias resultantes da regulamentação tradicional das relações sociais na sociedade brasileira.

Os méritos que podem ser observados na Constituição Federal de 1988, como já foi dito logo no início, residem no fato de que foi positivado um rol de direitos que permitiram ao Estado relacionar-se de outras formas com as demandas provenientes da sociedade organizada. Há que se lembrar que muitas das reivindicações de movimentos sociais recentemente foram acolhidas pelo poder público e transformadas em objeto de políticas públicas e sociais.

Por outro lado, a positivação dos direitos contidos na Declaração Universal dos Direitos Humanos, a transformação deles em direitos de cidadania, ofereceu aos cidadãos brasileiros a possibilidade de compreender de outras maneiras as relações sociais no cotidiano, o que tem contribuído em grande medida para superação de preconceitos e discriminações que causam inferiorizações as mais diversas. Nesse sentido, pode-se identificar um potencial emancipatório na Constituição de 1988 que tem sido muito aproveitado pelos movimentos e lutas sociais, sobretudo aqueles cujos projetos não se restringem à satisfação de necessidades puramente econômicas.

Há quem possa argumentar em sentido contrário, que a Constituição de 1988 permaneceu tão conservadora quanto antes, e que ela não é suficientemente aperfeiçoada para eliminar as causas dos conflitos sociais. No entanto, identificar os aspectos falhos e demandar aperfeiçoamentos na legislação é exatamente a tarefa dos movimentos e lutas sociais. E continua sendo, mesmo depois da promulgação da Constituição de 1988.

12

Ensino jurídico: demandas contemporâneas

RAQUEL CRISTINA FERRARONI SANCHES*

Sumário: Introdução. I. Ensino jurídico: breve resgate histórico. 2. Ensino jurídico: dificuldades evidenciadas. 3. Ensino jurídico: necessidades. 4. Ensino jurídico: algumas reflexões. 5. Ensino jurídico: atuação docente. 6. A pesquisa na atuação docente. 7. Considerações finais.

INTRODUÇÃO

Na década de 80, com os novos modelos de democratização[1], os Direitos Sociais, especialmente, a educação, passam a ocupar espaço de destaque para que se concretizem ideais de justiça e de qualidade de vida. Sob a perspectiva humanista, a educação assume, então, a atribuição de promover a inclusão democrática dos cidadãos nos ambientes escolares, permitindo, assim, a construção de nova consciência de justiça e igualdade. Esse movimento, mais reflexivo sobre a condição e qualidade de vida dos cidadãos e a busca pelo equilíbrio das relações sociais, tem na educação o fiel da balança.

Se colocarmos em foco o ensino jurídico, a responsabilidade se apresenta ainda com mais veemência, pois repousa sobre ele a esperança de se promover

* Mestre e Doutora em Educação pela Universidade Estadual Paulista – Unesp, Pró-reitora de Graduação e Docente do Programa de Mestrado em Direito do Centro Universitário Eurípides de Marília – Univem.

1. Tendo em vista a ampla discussão em torno do conceito de democracia, optamos por esclarecer que a compreendemos de acordo com Bonavides, ou seja, "é aquela forma de exercício da função governativa em que a vontade soberana do povo decide, direta ou indiretamente, todas as questões do governo, de tal sorte que o povo seja sempre o titular e o objeto, a saber, o sujeito ativo e o sujeito passivo de todo poder legítimo". (Bonavides, Paulo. *Curso de Direito Constitucional*, 13. ed. São Paulo: Malheiros, 2003, p. 17).

a formação de futuros profissionais que, espera-se, romperão com qualquer tipo de dominação social para favorecer os direitos democráticos de todos os cidadãos.

A Constituição de 1988, em seu art. 205, aponta:

> *A educação, direito de todos e dever do Estado e da família, será promovida e incentivada com a colaboração da sociedade, visando ao pleno desenvolvimento da pessoa, seu preparo para o exercício da cidadania e sua qualificação para o trabalho.*

Esse fundamento pretende tornar os cidadãos seres autônomos, com condições para plena atuação social, contribuindo para a construção de uma sociedade mais justa e solidária.

Entretanto, no cenário brasileiro é possível, ainda, observar um triste quadro de déficits sociais que resultam em desigualdades de todos os gêneros. Oferecer educação de qualidade para a formação de verdadeiros cidadãos, com efetiva inclusão no mundo social e do trabalho, é sempre, e até o presente momento, desafio a ser vencido para que o termo "direito à educação" se realize plenamente.

Ao longo desse processo, para atender aos anseios da sociedade brasileira, novas vagas universitárias foram criadas, aumentando-se, assim, as possibilidades de ingresso no ensino superior. Em razão disso, mudou também o perfil do alunado ingressante, que não é mais representativo apenas das esferas mais abastadas, como no início do século XX, mas também de outros segmentos econômicos e sociais, que exigem novo tratamento durante o processo de ensino-aprendizagem para poderem ingressar no mercado de trabalho, alcançarem melhorias em sua qualidade de vida e ascensão social.

Diante desse contexto, é possível concordar com Boaventura de Souza Santos[2] que nos aponta que a procura pela Educação Superior deixou de ser apenas a procura por excelência e passou a ser também a procura por democracia e igualdade.

Observado o processo de abertura da educação a novos sujeitos, resultado de grande movimentação social, é preciso ao docente reconhecer as características de seus alunos e buscar novas posturas pedagógicas para provocar aulas revestidas de maior qualidade e eficácia, contribuindo para promover mudanças positivas com vistas a atender às demandas das sociedades contemporâneas.

Nessa perspectiva, o espaço físico da sala de aula deixa de ser um espaço aglutinador e difusor de conteúdos sob a forma reprodutiva, de um saber instituído sem questionamentos, para se transformar em espaço-cidadão de discussões sobre os conflitos sociais para a construção de novas práticas em busca de oportunidades e alternativas para resolvê-los.

---

2. Santos, Boaventura de Souza. *Pela mão de Alice: o Social e o Político na pós-modernidade*, 5. ed. São Paulo: Cortez, 2000, p. 212.

1. ENSINO JURÍDICO: BREVE RESGATE HISTÓRICO

Numa sociedade em que o conhecimento tornou-se moeda de alto valor, os cursos jurídicos podem significar importantes alternativas para promover melhorias na qualidade de vida ao permitir que grupos, antes marginalizados, tenham acesso a níveis mais altos na educação. Essa "democratização", ainda que longe da ideal, já possibilita que novos grupos, cada vez mais heterogêneos, tenham possibilidades, depois de formados, de inserção e atuação nos processos decisórios da nação.

A complexidade das sociedades contemporâneas exige dos cursos de Direito ampliação de suas funções que vão desde a formação de bacharéis, profissionais que exercem atividades públicas e privadas às mais diversificadas atuações jurídicas. Isso nos conduz o olhar para a necessidade de constante aprimoramento na qualidade dos referidos cursos, uma vez que verificamos, hoje, um descompasso entre as leis e a prática social proporcionada pela realidade.

Observamos, ainda, que a diversidade cultural permeia todas as sociedades e que, dentre outros cursos, os cursos jurídicos, refletem, também, essa realidade nos ambientes das salas de aulas, onde cada ser humano é único e suas peculiaridades dão nova cor às classes: a cor da heterogeneidade – a marca da modernidade.

Se o processo de ensino de orientação homogeneizada não atende mais às demandas atuais, é possível buscar em vários autores justificativas para que se coloquem em prática novas propostas pedagógicas, mas, em Vygotski[3], encontramos o incentivo para valorizar a interação entre os diferentes sujeitos, compreendendo a diferença como parte inerente à condição humana e ao desenvolvimento.

As práticas sociais mudam ao sabor das relações sociais e é imprescindível ao ensino jurídico acompanhar essas mudanças. Sob este olhar, compreendemos que a abordagem interdisciplinar é inerente ao saber, pois qualquer que seja a formação pretendida, esta deverá ser conduzida no bojo das relações econômicas, sociais, políticas e culturais do homem. Cada momento histórico exerce, portanto, influência sobre a condução da relação ensino-aprendizagem.

Nesse sentido, a implantação dos cursos de Direito no Brasil foi bastante peculiar, pois, se de um lado havia o ensino orientado pelas práticas e concepções europeias, mais acentuada ainda da influência de Portugal, por outro, avolumavam-se as necessidades do novo país, com demandas "nativas" que, paralelamente ao direito burocrata e formal, fazem crescer um direito de patrimonialismo, de "favores", caracterizando o Brasil colonial.

Com a Independência, em 1822, o que poderia significar a formação de uma nova cultura jurídica nacional resultou, ainda mais, na sedimentação de ações burocratizadas com "pinceladas" de liberalismo europeu. Pouco depois, em 1827, são instaladas as primeiras faculdades de Direito nas cidades de São Paulo e Recife.

3. Vygotski, Liev Semionóvitch. *A construção do pensamento e da linguagem*, São Paulo: Martins Fontes, 2001, p. 496.

Interessa-nos destacar, nesse momento histórico, que, mesmo com a efervescência política causada pelas demandas sociais vigentes, as faculdades recém-criadas tinham por objetivo atender às finalidades burocráticas do Estado e não às necessidades jurídicas da sociedade que emergia. Logo, o público-alvo das faculdades de Direito foram os filhos dos mais abastados e isso resultou no atendimento aos anseios da elite econômica e não do povo. Essa dinâmica abrigou interesses contraditórios, pois, embora tivesse influências liberais europeias, contribuía para formar apenas a elite burocrática que ocuparia cargos políticos e da administração pública de destaque no país.

Das duas faculdades existentes, a de Recife adotou postura mais crítica e reflexiva, dando indícios de inovação e destacando-se no contexto em que estava inserida e, consequentemente, foi marginalizada pela política reinante (oligarquia agrária paulista). Foram levantadas, então, bandeiras em defesa de direitos individuais e liberdades públicas e, mais uma vez, o aspecto social ficou relegado ao segundo plano. Já a Faculdade de Direito de São Paulo tornou-se um centro privilegiado para formação de intelectuais, pois, além de contar com o predomínio econômico e político, contava também com currículos marcadamente positivistas.

Fica evidente que a faculdade paulista encontrou terreno mais fértil para prosperar e continuou crescendo diante da realidade brasileira, atendendo, desse modo, aos anseios da elite econômica para formar a elite política para o país. Proliferaram, assim, cursos jurídicos preocupados principalmente com a formação de grandes burocratas e políticos.

Apesar das diferentes tentativas de se proceder a reformas no ensino jurídico, o pragmatismo do modelo positivista da Faculdade de São Paulo continuou a ganhar terreno na formação dos aplicadores das leis para uma sociedade idealizada e distante da realidade.

2. ENSINO JURÍDICO: DIFICULDADES EVIDENCIADAS

Não nos interessa realizar, no presente trabalho, profundo estudo sobre as raízes da crise do ensino jurídico, interessa-nos, muito mais, extrapolar a prática manualesca de um ensino domesticado para adentrar em novas searas, por trilhas que conduzam a práticas de enfrentamento dos conflitos sociais, na busca por ideais de solidariedade social e pela democracia.

Tamanha foi a força do modelo que privilegiava o discurso docente que, hoje, combater os clichês dos códigos e manuais, dos modelos práticos de processos de sucesso, é lutar contra um dos focos mais resistentes às mudanças: o curso de Direito.

Manter os cursos de Direito como expressão de fenômenos sociais que não condizem com a realidade, atrelados ao estudo da dogmática tradicional, limita-os a perpetuarem-se em esferas de impotência analítica dos conhecimentos contemporâneos. Essa descontextualização dos cursos, porém, não interessa aos novos profissionais que serão formados, nem ao país.

É comum a adoção da postura de que, para um efetivo ensino jurídico, basta que o professor traga pronto o conteúdo das aulas e o "transmita" aos alunos. Ao aluno, por sua vez, cabe a tarefa de escutar atentamente para "reproduzir", com fidelidade, os conteúdos "absorvidos" do mestre. Essa postura pedagógica tradicionalíssima espera, também, que o aluno reproduza os conteúdos sem críticas ou reflexões e, na maioria das vezes, sem conexões com a realidade social concreta. O ensino jurídico praticado regularmente preocupa-se, sobretudo, em observar se a quantidade "devolvida" pelo aluno condiz com a quantidade "transmitida" pelo professor. A quem um curso assim conduzido interessa?

Além disso, verificamos, também, que o discurso adotado nos cursos de Direito necessita de depuração, pois mantém o engessamento e o formalismo do positivismo. Segundo Luis Alberto Warat[4]:

> O ensino do direito tem que se reconhecer comprometido com as transformações da linguagem, aceitar-se como prática genuinamente transgressora da discursividade instituída, como exercício de resistência a todas as formas de violência simbólica, isto é, como uma prática política dos direitos do homem a sua própria existência.

As mudanças devem atingir todas as instâncias dos cursos de Direito. O "novo" bacharel em direito necessita de uma formação humanista, tendo como base saberes fundamentais e profissionalizantes, de forma multi e interdisciplinar, como previsto na resolução CNE/CES nº 09/04, que estabeleceu as Diretrizes Curriculares para os Cursos de Direito. No entanto, essa propositura não resolve os problemas, apenas lança um feixe de luzes sobre a possibilidade de se pensar o ensino dessa ciência.

Superar o modelo tradicional de ensino jurídico, autoritário e legalista, adotando postura mais investigativa e reflexiva, pode ser, portanto, apontada como a principal necessidade dos cursos de graduação para auxiliar no desenvolvimento de habilidades como:

- construir ampla formação cultural para que, além da formação jurista, agregue conhecimento social geral, a fim de que os profissionais do direito possam compreender, analisar e interpretar fenômenos e solucionar conflitos que necessitam da ciência jurídica;
- aplicar adequadamente os conteúdos jurídicos para contribuir com as necessárias mudanças na sociedade até que se perceba o Estado Democrático como ponto de referência para as ações governamentais, independente da vontade particular dos atores políticos, adotando formas de mediação para a solução dos conflitos;
- ter a ética como balizadora onipresente das ações de aplicação dos conhecimentos jurídicos nas intervenções em que a presença do direito é necessária para a garantia da cidadania;

4. Warat, Luis Alberto. *Epistemologia e ensino do Direito*, Florianópolis: Fundação Boiteux, 2004, p. 375-6.

- perceber o direito como garantia das dignidades humanas pelo respeito à vida, à liberdade, às condições de existência e qualidade de vida, enfim, à cidadania.

3. ENSINO JURÍDICO: NECESSIDADES

Os contornos históricos nos mostram que o ensino do Direito não tem sido trabalhado com os olhos no futuro, como instrumento transformador da realidade; apesar dos esforços contrários, em muitas instituições e situações, a prática permanece ancorada em propostas manualescas e escolásticas, em pensamentos idealistas. Luis Alberto Warat[5] nos chama a atenção para circunstâncias vividas no ensino jurídico que resultam no ensino tradicionalista e clássico, que se percebe insuficiente e ineficiente para acompanhar as transformações atuais, sejam elas da sociedade, do estado e do próprio Direito.

Sabedores de que vivemos numa sociedade plural, complexa, de espectros globais que não superam as diferenças sociais, econômicas, políticas e culturais, reproduzir um modelo de ensino jurídico é orientar os alunos a práticas advocatícias que apenas legitimarão a desigualdade e o autoritarismo. Essa postura, por sua vez, entendemos que não é adotada de maneira intencional e refletida, mas exatamente porque seus praticantes não vivenciaram exercícios reflexivos críticos. Influenciados pela dogmática tradicional, os futuros profissionais acabarão utilizando o direito sob normas positivistas e formais, portanto.

Ter consciência de que os egressos dos cursos de Direito poderão ser atores principais nos processos de transformações, atendendo às necessidades para promoção da cidadania e do desenvolvimento social, econômico e científico é um dos principais passos para promover mudanças significativas no contexto histórico em que vivemos.

Para tanto, é preciso voltar a atenção para as necessidades do mundo contemporâneo e buscar a formação de profissionais que tenham vivenciado ações transdisciplinares, éticas, solidárias e sistêmicas, compreendendo o homem e o mundo que os cercam.

A organização didático-pedagógica dos cursos de Direito, em sua maioria, já procuram recuperar a proposta de formação humanista para os bacharéis, de maneira que os egressos possam ter uma visão mais ampliada, direcionando seu olhar para questões que ultrapassem a natureza do individual para o "transindividual", princípio presente nos direitos coletivos e difusos.

Essa questão nos permite compreender que o ensino tradicional, aplicado aos cursos de Direito, orienta-se, principalmente, pelos direitos individuais, pautados no modelo liberal-individualista. Esse modelo foi ultrapassado pela necessidade de atender às novas demandas sociais relacionadas a: consumo, questões ambientais e tecnológicas, novas formas de vida, enfim, novos movimentos sociais. Para estas demandas é preciso um olhar com "pluralismo jurídico" ou, segundo os autores

5. Warat, Luis Alberto. *Introdução Geral ao Direito II,* Porto Alegre: Sérgio Antonio Fabris, 1995.

Copetti Santos e Bolzande Morais[6], "pautado pela convivência tensa entre diversas ordens normativas, cada qual apropriando espaços, métodos e estratégias próprios".

É ao final da década de 90 que se começa a ouvir falar e, posteriormente, compreender a necessidade de existência dos Projetos Pedagógicos para os cursos de graduação. No caso do Direito, as estruturas curriculares estavam agrupadas de forma empírica, normativista e positivista, sem integração entre os diferentes conteúdos ou qualquer outra proposta de formar o curso um todo orgânico, articulado de forma a demonstrar a importância do ensino jurídico para o país.

Em 1994, o Ministério da Educação divulga a Portaria nº 1.886/94 com a exigência dos Projetos Pedagógicos e o apontamento de certa uniformização dos currículos para os cursos de Direito. Após essa obrigatoriedade, os processos de acompanhamento e avaliação dos cursos pelo INEP deixaram ainda mais explícita a necessidade dos Projetos Pedagógicos. O difícil, entretanto, não foi atender à exigência do documento, mas o fato de tirá-lo do papel, fazê-lo transformar-se efetivamente em norteador do trabalho acadêmico do curso, em instrumento aglutinador de objetivos sistêmicos que realmente contribuam para o oferecimento de um curso de Direito de qualidade, considerando as necessidades do país.

Os Projetos Pedagógicos dos cursos de Direito devem, em sua essência, estar comprometidos com a formação de indivíduos que tenham por objetivos os ideais de justiça e qualidade de vida para todos os cidadãos inseridos nos sistemas jurídico-políticos. Nesse contexto, o ensino jurídico deve estar compromissado com ideais de liberdade, de justiça social, com a solidariedade, com o fim das desigualdades sociais, da pobreza e da marginalização.

Ao ensino do Direito, buscar alternativas para que sejam produzidos conhecimentos de forma crítica e reflexiva é caminhar na direção de realizar um trabalho que objetive a transformação do homem e do mundo sob a perspectiva de vivenciar um processo dialético e constante de investigação e produção crítica de novos conhecimentos.

Tradicionalmente, porém, os cursos de Direito apresentam pouca produtividade científica, fato esse que prejudica a produção de conhecimentos. A exceção encontra-se nos cursos de pós-graduação, onde se observa que o ensino ultrapassa a descrição, a reprodução e a legitimação do exercício de dominação legal, sob a perspectiva do poder, para proporcionar a construção de um novo posicionamento ao jurista, que o instrumentalize a agir por meio de práticas democráticas assentadas em conhecimentos éticos, que, por sua vez, são construídos a partir de formação teórica e metodológica do saber jurídico com vistas à estruturação da sociedade como Estado Democrático de Direito.

6. Santos, André Leonardo Copetti; Morais, José luis Bolzande. *O Ensino Jurídico e a Formação do Bacharel em Direito – Diretrizes Político-Pedagógicas do Curso de Direito da UNISINOS*, Porto Alegre: Livraria do Advogado, 2007, p. 75.

4. ENSINO JURÍDICO: ALGUMAS REFLEXÕES

Na primeira metade do século XX, observamos que os cursos de Direito no Brasil foram resultado de movimentos marcadamente burocratas, voltados para o exercício do poder institucionalizado do Estado; já na segunda metade, avançam as ações tecnocratas, principalmente durante o regime militar. O presente contexto nos conduz a indagar: a quem interessava, naquele momento, a formação de um bacharel em Direito altamente qualificado? Um profissional crítico reflexivo, atuante no cenário político?

Historicamente analisando, também se registra, nesse período, o crescimento de um contingente de profissionais para funções subalternas, sem postura política ou poder de pressão, sem possibilidade de ascensão social. Novamente somos levados a questionar: qual o papel dos cursos de Direito nesse cenário? E, então, arriscamos responder: Formadores de "bacharéis de forma", pré-moldados para não questionar, não refletir, não analisar, não acompanhar as mudanças, não se envolverem com questões que pudessem melhorar o mundo.

Durante um período significativo o ensino jurídico resumiu-se a "ensinar a lei", a valorizar o poder da autoridade, transformando as aulas em reprodução dos textos legais, num processo de qualidade depreciada e distanciada da realidade. Juristas e acadêmicos se contaminavam com ideias positivistas-legalistas, o que refletiu instantaneamente numa postura pedagógica sem reflexões críticas, sem elos que os mantivessem atrelados à realidade.

Vivemos, atualmente, imersos num cenário de mudanças ideológicas, culturais, econômicas e sociais, enfim de grandes diversidades. Pensar a formação de profissionais do direito sem olhar com atenção as inquietações que vive o ensino jurídico é temerário. Muitos são os que optam por buscar no positivismo jurídico respaldo para levantar uma cortina de fumaça que desconsidere as necessidades contemporâneas que levariam a um ensino mais crítico e contextualizado, estabelecendo, assim, interlocuções com as demandas sociais.

Pensar o direito como possibilidade de transformações é pensar o direito capaz de observar e analisar os problemas sociais em busca de alternativas para combater a exploração e a exclusão social, e essa ação não cabia no direito observado e esperado pelos principais sujeitos do cenário nacional.

Reconhece-se, nesse ponto, que a "dogmática jurídica"[7] nem sempre é capaz de resolver os problemas sociais, plurais e diferenciados, resultados de diferentes esferas econômicas, sociais, políticas e culturais. Aqui, podemos, portanto, identificar

7. De acordo com Miguel Reale, na dogmática jurídica encontramos a riqueza da vida democrática do Estado, a "possibilidade das *legítimas interpretações* dadas aos mandamentos legais, pois, no fundo, *a lei é a sua objetiva interpretação*, ou por outras palavras, o que nela se põe como *valor hermenêutico* efetivamente inerente do texto legal, sob o controle imparcial dos Poderes Legislativo e Judiciário". (Reale Jr., Miguel. *O Estado Democrático de Direito e o Conflito das ideologias*, São Paulo: Saraiva, 1998, p. 11).

indícios da chamada "crise do ensino jurídico", resultado do excesso de positivismo e da ausência de atendimento às necessidades sociais.

O ensino baseado no aprendizado das leis idealizadas para sociedades fictícias é ineficiente diante das complexas relações sociais que vivemos atualmente. É necessário mais, é preciso ampliar os horizontes do ensino e do pensamento, tornando o ensino do direito abrangente e universalizado, criativo e crítico, criterioso e responsável.

Ter a "práxis social" como balizadora para o pensamento jurídico não é tarefa fácil, pois depende de conhecimentos de áreas como a Sociologia, a Filosofia e a Antropologia que embasam pensamentos mais críticos e que podem auxiliar na compreensão do homem, suas relações com a sociedade e os demais atores sociais. Só quando aprendemos a pensar é que aprendemos a olhar com mais criticidade os fenômenos que nos envolvem. Para tanto, é imprescindível admitir a necessidade de um direito mais flexível, mais próximo dos conflitos e da sua solução.

A docência no ensino superior exige competências e habilidades próprias para tornar melhor qualificado o trabalho pedagógico, para que favoreça o exercício de crítica, reflexão, pesquisa, criatividade, inovação, questionamento, articulação, interdisciplinaridade, domínio de conteúdos, domínio metodológico, realização de abordagem progressista, favorecimento de relações dialógicas, trabalho coletivo, discussões, visão holística (compreender o ser humano como um todo, valorizando e respeitando suas diferentes inteligências), ética, aplicação de tecnologias inovadoras, entre outras.

Algumas questões que se colocam atualmente giram em torno da consciência que os atuais professores dos cursos de Direito têm a respeito do papel docente que exercem, enquanto profissionais da educação. Quantos docentes se perguntam: "o que é ser professor?", "Como é possível sê-lo cada vez melhor?", "Há alternativas para o modo como ensinar?" Não é tarefa simples dimensionar.

Logo, se o docente não tem ideia do que é ser um educador, não terá olhos para as diversas realidades que "coabitam" sua sala de aula, e o ensino do direito não pode reduzir-se a discussões sobre leis, doutrinas e códigos, que evidenciariam um dogmatismo jurídico mediado por concepções tecnicistas. Necessário se faz que o docente tenha consciência da importância de realizar uma interlocução entre os saberes, criar elos entre a educação e os conhecimentos jurídicos, construindo, assim, pontes que favoreçam a ampliação dos horizontes dos envolvidos no processo de ensino-aprendizagem, pontes de ações solidárias para a valorização e ampliação do conhecimento.

Adotar novos procedimentos metodológicos que favoreçam a aprendizagem do Direito sob uma linha condutora referenciada nos direitos humanos e na efetividade dos direitos assegurados constitucionalmente pode evitar que os cursos de Direito permaneçam adormecidos frente às demandas contemporâneas. É na sala de aula que nascem as práticas jurídicas que serão a pedra-mestra para a construção de uma sociedade equitativamente melhor.

O docente dos cursos jurídicos tem consciência de que deverá possibilitar aos futuros profissionais, conforme o art. 4º das Diretrizes Curriculares[8] para os cursos de graduação em Direito, as seguintes habilidades e competências:

> *I – leitura, compreensão e elaboração de textos, atos e documentos jurídicos ou normativos, com a devida utilização das normas técnico-jurídicas;*
> *II – interpretação e aplicação do Direito;*
> *III – pesquisa e utilização da legislação, da jurisprudência, da doutrina e de outras fontes do Direito;*
> *IV – adequada atuação técnico-jurídica, em diferentes instâncias, administrativas ou judiciais, com a devida utilização de processos, atos e procedimentos;*
> *V – correta utilização da terminologia jurídica ou da Ciência do Direito;*
> *VI – utilização de raciocínio jurídico, de argumentação, de persuasão e de reflexão crítica;*
> *VII – julgamento e tomada de decisões; e*
> *VIII – domínio de tecnologias e métodos para permanente compreensão e aplicação do Direito.*

É preciso, portanto, que o docente deixe de atuar como ator principal, como "detentor e transmissor" do conhecimento, para edificar uma nova postura, a postura de construir e reconstruir os conhecimentos que a nova realidade social, cultural e educacional exige; requer-se, portanto, do professor ter desenvolvido competências e habilidades de pesquisador do processo de ensino e aprendizagem.

Uma das necessidades que se coloca para a melhoria do ensino jurídico encontra-se, portanto, na atuação dos docentes dos cursos de Direito. Em geral, profissionais de sucesso e destaque na carreira são contratados para desempenhar o papel de docentes, função em que devem ser considerados a formação pedagógica e o domínio de conteúdos específicos, tão necessários às atividades do processo de ensino-aprendizagem.

Segundo João Ribeiro Jr.[9], o corpo docente da maioria dos cursos de Direito é composto por 90% de juristas e 10% de profissionais com formação pedagógica. Dessa forma é que enfatizamos ser quase natural o fato de que muitos não estejam atentos para questionar se a mera transmissão de conteúdos é adequada para a formação da futura geração de profissionais do Direito.

Uma observação que se faz necessária nesse momento é a concepção de que, como aponta Corinta Geraldi et al[10], "a formação docente é um processo que se dá durante toda a carreira docente e se inicia muito antes da chamada formação inicial, através da experiência de vida".

---

8. Brasil. Resolução CNE/CES nº 9, de 29/09/2004. Institui as Diretrizes Curriculares Nacionais do curso de Direito e dá outras providências.
9. Ribeiro Jr., João. *A Formação Pedagógica do Professor de Direito: Conteúdos e alternativas metodológicas para a qualidade do ensino do Direito*, Campinas: Papirus, 2001.
10. Geraldi, Corinta Maria Grisolia; Messias, Maria da Glória Martins e Guerra, Miriam Darlete Seade. *Refletindo com Zeichner: um encontro orientado por preocupações* políticas, teóricas e epistemológicas. In: Geraldi, C. M. G.; Fiorentini, D.; Pereira, E. M. de A. (Orgs.). Cartografias do trabalho docente: professor(a) pesquisador(a), Campinas: Mercado de Letras, 1998, p. 248.

5. ENSINO JURÍDICO: ATUAÇÃO DOCENTE

Rupturas e inovações são palavras de ordem para auxiliar no posicionamento frente às mudanças, colocando a docência do direito como uma ação capaz de promover uma formação crítica e reflexiva, subsidiária de exercícios para a cidadania. Um posicionamento adequado ao ensino pode ser a compreensão de que a Didática também evoluiu ao longo da história, apoiando-se em estudos da psicologia, da tecnologia e da lógica, constituindo-se em importante elemento para nortear e subsidiar a ação docente.

A Didática, enquanto disciplina subordinada à Pedagogia, reflete um conjunto de ideias que aponta para a transformação do papel do professor, que deixa de ser o ator principal da sala de aula para atuar como o mediador das relações, aquele que está próximo de seus alunos e que favorece a interação deles com o conhecimento, com os experimentos, com as reflexões e, em consequência, com o desenvolvimento individual e interpessoal.

A sala de aula não pode continuar a ser espaço para reprodução e narração, mas deve, antes, ser espaço de criação, de envolvimento, de debates, de reflexão crítica e participação ética. É papel do professor despertar em seus alunos o gosto pela justiça, a crença nos valores humanos e a consciência de que o Direito cria possibilidades para que os problemas atuais sejam minimizados.

As aulas, portanto, deixam de ser lições de repetição para transformarem-se em ações que despertem a consciência crítica dos formandos, contribuindo para a formação humanística, convertendo-se em campo fértil para a busca de alternativas de justiça para as sociedades. Paulo Freire[11] afirma que "saber ensinar não é transferir conhecimentos, mas criar possibilidades para a própria produção ou a sua construção." Concluímos, assim, que teoria e prática devem estar presentes no exercício docente de forma tão entrelaçada que se torne difícil delimitar cada uma delas.

Ao adotar esta ou aquela corrente teórica para conduzir sua prática pedagógica, o docente deixa entrever qual a sua concepção de mundo e de homem. Essa postura é importante na medida em que embasa a forma como compreende que seus alunos aprendem, também determinando a forma como conduzirá a produção de conhecimentos, tanto os de seus alunos como os seus.

É preciso não perder de vista que o saber profissional não é resultado da formação profissional em sua forma mais depurada. Pelo contrário, o saber profissional é resultado da interação entre diferentes saberes que compõem a história de vida de cada um, o que significa que devem ser consideradas todas as experiências vividas pelos docentes, as quais englobam, também, a relação que vivem com os sujeitos do processo de ensino-aprendizagem, ou seja, todo aquele que, em contato com quem detém o conhecimento, interage de forma a construir novos conhecimentos. Assim,

11. Freire, Paulo. *Pedagogia dos Sonhos Possíveis*, São Paulo: Editora UNESP, 2001, p. 36.

novamente podemos lançar mão das palavras de Paulo Freire[12] e desta vez dimensionar que "Quem ensina aprende ao ensinar e quem aprende ensina ao aprender".

Essa passagem nos incita ainda a refletir sobre a força do papel da interação professor-aluno que, quando não for bem calibrada, pode favorecer a reprodução do conhecimento daquele que detém a informação primeira do conteúdo – o professor, sem levar em conta a construção que cada indivíduo necessita edificar para que saberes significativos possam ser sedimentados.

Logo, é clara a influência que a relação professor-aluno exerce no envolvimento dos estudantes com o processo de aprendizagem, pois, além de orientador das atividades de aprendizagem, o docente deve ser o incentivador, o motivador do envolvimento do aluno com o conhecimento. Assumir uma postura mais próxima dos alunos, de parceria no processo de ensino e de aprendizagem, favorece a criação de identidade com o assunto, com os conteúdos, com a disciplina, enfim, com o curso. Alunos que melhor interagem com os docentes, com o curso, tendem a apresentar melhor desempenho nas atividades acadêmicas.

Levantada a questão sobre a importância da profissionalização docente, é preciso ter clareza de que muitos dos atuais professores não identificam a sala de aula como local de trabalho, uma vez que ela representa uma segunda alternativa na área do direito, pois são advogados, delegados, promotores, juizes ou outros, ou seja, em primeiro lugar permanece a atividade laboral mais concreta, aquela para a qual foram formados: o jurídico, em sua concepção mais pura e positivista; em segundo lugar, a educação.

Transformar a docência universitária em práticas de mediação entre os diferentes atores do processo educativo – professor e alunos – pressupõe uma prática que tenha como ponto de partida o conhecimento da realidade educacional, dos objetivos educacionais, das características dos educandos, do processo de amadurecimento dos mesmos, das metodologias adequadas, enfim, é preciso que o docente tenha um mínimo de conhecimentos pedagógicos.

Para o trabalho assim conduzido, o espaço universitário é o mais adequado, a fim de que sejam desencadeadas reflexões filosóficas e políticas sobre a experiência docente, a socialização dos conhecimentos e o aprendizado, pois o docente universitário é um dos profissionais que mais se envolvem em movimentos ideológicos, favorecendo o desencadear de reflexões sobre as possibilidades de intervenção na realidade e contribuições para o desenvolvimento social.

É, pois, no processo de ensinar-educar que o professor se aprimora e, a cada nova experiência, transforma as aulas em desafios que contribuem e enriquecem a aprendizagem, já que não se precisa de professores para informar, para isto existem outras fontes bastante eficazes. Nessa perspectiva, um professor que domine as novas

12. Freire, Paulo. *Pedagogia da autonomia: Saberes necessários à pratica educativa*, 7. ed. Rio de Janeiro: Paz e Terra, 1998, p. 25.

tecnologias tem mais possibilidades de proximidade com alunos, tornando o trabalho pedagógico mais moderno e atrativo aos jovens que convivem e são expostos, diariamente, à diversidade tecnológica.

Também a adoção de diferentes procedimentos metodológicos para as aulas contribui significativamente para o desenvolvimento de novas posturas nos alunos, que, por sua vez, em geral, aguardarão com expectativas positivas cada nova aula. Quando se cria essa motivação, o processo de ensino-aprendizagem flui com naturalidade e torna-se mais profícuo – ressaltamos – tanto para os alunos como para os docentes.

Ou seja, é no compromisso com a aprendizagem dos alunos que se define o trabalho educativo, pois o docente que melhor compreender que está imerso num processo de constante aprendizagem, consequentemente, irá compreender que o aprender a aprender é que dará sustentação à aprendizagem permanente.

6. A PESQUISA NA ATUAÇÃO DOCENTE

Nos cursos de graduação espera-se que o ensino possa contribuir de forma crítica e científica para a produção de novos conhecimentos, não se limitando às ações de reprodução e transmissão de conteúdos teóricos, por isso é imprescindível que o processo de ensino-aprendizagem se constitua em processo de investigação constante.

Tornar as aulas experiências únicas de significado real para o aprendente não é tarefa simples, que pode ser conduzida com superficialidade. Ao contrário, exige posicionamento ético e político, pois apenas se tornará aprendizagem efetiva aquilo que tem sentido, que é capaz de tocar o outro e transformá-lo.

A circularidade existente entre o saber pedagógico e a práxis profissional deve acontecer em velocidade tal que se confundam, que transformem o docente em sujeito reflexivo naturalmente, aquele que viva a dialética de pensar o dia-a-dia da educação mediado pelas concepções teórico-práticas que passam a fazer parte de sua ação docente.

Ter clareza de como a prática tem seus alicerces construídos é favorecer ao docente conhecer e compreender sua ação em sala de aula, sua postura como professor, como educador. Enquanto reflete sobre o que faz, como faz e por que faz, o docente vive um processo reflexivo sobre a própria prática educativa.

A ação docente, por suas características próprias, é desafiadora e exigente. Marli André[13] destaca que, quando embasada pela pesquisa, cria possibilidades de desenvolver habilidades e atitudes investigativas nos sujeitos do processo. Evidente que é preciso tomar o distanciamento necessário para não confundir ensino com pesquisa, uma vez que são ações distintas, mas que se complementam quando articuladas, lembrando que teoria (pesquisa) e prática (ensino) são elementos do mesmo ato: a produção do conhecimento.

13. André, Marli (Org.). *O Papel da Pesquisa na Formação e na Prática dos Professores*. Campinas: Papirus, 2001, p. 58.

A pesquisa é uma das competências que melhor pode contribuir para a formação de um professor reflexivo, tão necessária ao ensino jurídico, pois lhe permite ampliar conhecimentos, reorganizá-los, reconstruí-los, dando-lhes novo significado, além de favorecer estudos que contribuam para a prática pedagógica, favorecendo o conhecimento da realidade escolar, dos alunos e do contexto social em que atua. A pesquisa revitaliza a prática docente responsável e preocupada com a formação integral dos sujeitos envolvidos no processo.

Quando a postura de docente pesquisador é assumida pelo profissional, a formação contínua e reflexiva se dá naturalmente na busca da compreensão dos objetivos educacionais. Essa busca deve ser subsidiada pelas discussões, reflexões e produção de novos saberes que melhor sejam percebidos em processos partilhados de experiências com outros docentes.

O saber pedagógico, quando embasado pela pesquisa, é legitimado na ação prática do processo de ensino-aprendizagem. Dessa forma, observa-se que cada docente constrói sua prática numa relação dialética que envolve competências, habilidades e atitudes próprias da ação educativa: saberes pessoais, saberes de formação escolar, saber de formação profissional para o magistério, saber de programas e livros didáticos, saber da experiência na profissão (Maurice Tardif)[14].

Observamos, portanto, que nos encontraremos em uma encruzilhada quando buscamos a articulação entre os saberes pedagógicos e a experiência prática, pois somos conduzidos a entender que a formação dos profissionais do direito tem sido estruturada sobre um formalismo jurídico, que resiste às mudanças e mantém, no direito positivista, a esperança de superação das dificuldades encontradas por alunos e professores e que, frente à realidade atual, não produzem efeitos reais.

7. CONSIDERAÇÕES FINAIS

Finalmente, compreendemos que produzir um conhecimento jurídico descompromissado historicamente com as transformações do mundo, com o discurso e a postura de dominação, é produzir um conhecimento ilegítimo. Dessa forma, toda proposta de ensino deveria ter como ponto de partida objetivos claros que pretenda alcançar junto aos envolvidos no processo de ensino-aprendizagem, ou seja, docentes e alunos.

Se o foco é o ensino jurídico, temas como compromissos com cidadania, dignidade humana, justiça social, respeito à pluralidade, aos direitos individuais e coletivos não podem ser deixados de lado; é necessário que encabecem a lista de prioridades para promover um ensino comprometido com a transformação social, com a redução das desigualdades sociais.

E se o direito saltou do círculo da reprodução dos paradigmas antigos, medievais e absolutistas para a defesa dos problemas decorrentes do monopólio do poder, a tarefa

14. Tardif, Maurice. *Saberes Docentes e Formação de Professores*, Petrópolis: Vozes, 2002.

do ensino jurídico deve extrapolar o ensino dos dogmas, deve, sobretudo, objetivar alcançar patamares mais humanistas, favorecer as transformações sociais.

É palpável a proximidade constante de novas demandas, assim, é necessário que os cursos jurídicos estejam atentos ao fato de que o novo se aproxima e se impõe a cada dia, exigindo dos profissionais conhecimentos, competências e habilidades que lhes favoreçam atuar com segurança.

Pensar com vistas à melhoria da qualidade do ensino do direito e, consequentemente, do exercício profissional é ter como norteadores a realidade social para a condução do processo de ensino e aprendizagem.

Nesse processo, por sua vez, é imprescindível criar condições para que a consciência da importância da prática jurídica, ou seja, do exercício das atividades profissionais, seja impulsionadora também do exercício da cidadania, com vistas a contribuir para avanços econômicos, culturais, científicos e sociais. Para tanto, é preciso superar as posturas acadêmicas tradicionais dos cursos jurídicos a fim de que se possa contribuir de modo distinto para a formação dos novos profissionais do direito.

Uma nova postura para o ensino jurídico assenta-se nas propostas de valorização do ser humano e sua dignidade. Nesse sentido, a proposta é adotar uma postura dialética de abordar o conhecimento e sua reconstrução, favorecendo o desenvolvimento de atitude investigativa e reflexiva dos fenômenos, da realidade dada, exercitando novas teorias para a solução de demandas contemporâneas de conflitos do mundo moderno, que a dogmática, por vezes, oculta.

O docente, nesse cenário de necessárias mudanças, deverá estar preparado para superar o paradigma liberal-individualista e dogmático da formação jurídica, sendo portador de uma visão transcendente do saber jurídico e comprometido com uma prática humanista do Direito (Ibidem 6)[15].

Repensar o ensino jurídico no cenário nacional é repensar também o ensino superior como um todo, que vive dias de turbulência, buscando encontrar alternativas viáveis para alterar sua herança histórica de oferta e qualidade, pois, se por um lado aumentou-se a oferta, de outro, e na mesma proporção, não se aprimorou a qualidade dos cursos ofertados.

As demandas das sociedades contemporâneas exigem posturas para o ensino jurídico que estejam comprometidas com a (re)construção do conhecimento, separando o exercício laboral do direito do espaço da docência do direito. Buscar novas fórmulas, novas alternativas para o ensino do direito e, consequentemente, para a formação do profissional são necessidades inegáveis para um rearranjo no processo formativo.

Criar condições para que as aulas sejam conduzidas por docentes comprometidos com práticas pedagógicas humanistas implica favorecer a formação criativa,

15. *Ibidem* 6, p. 97.

evitando-se a repetição de conteúdos dogmáticos que em nada contribuem para transformar o direito em instrumento de garantia da dignidade humana. É o direito pautado pela ética, pela crítica e pelas reflexões que privilegiará a construção de novas práticas jurídicas para a sociedade.

Esta pode ser, então, a grande oportunidade para que os docentes mudem as relações professor-aluno de modo a favorecer a produção de novos conhecimentos e o aprimoramento da qualidade do ensino jurídico por meio de um repensar do processo de ensino-aprendizagem nos cursos de Direito.

Na sociedade contemporânea não há espaço, nem tempo, para reproduções ultrapassadas que não contribuam para o desenvolvimento de uma educação com viés humanista, que se preocupe com o bem-estar de toda a sociedade. É urgente a necessidade de transformações sociais que favoreçam melhorias para todos os cidadãos.

13

Financiamento e direito à educação: as Emendas Constitucionais nº 14/1996 e nº 53/2006

MARISA ROSSINHOLI*

> *Art. 6º São direitos sociais a educação, a saúde, o trabalho, a moradia, o lazer, a segurança, a previdência social, a proteção à maternidade e à infância, a assistência aos desamparados, na forma desta Constituição.* (Constituição Federal da República Federativa do Brasil, 1988)

Sumário: Introdução. 1. Direito e financiamento à educação: uma análise das Constituições anteriores a 1988. 2. A Constituição Federal de 1988: a participação da União e o direito ao ensino fundamental gratuito. 3. A Emenda Constitucional nº 14/1996: regulamentação do financiamento da educação. 4. A Emenda Constitucional nº 53/2006: o financiamento da educação básica. 5. Considerações finais.

INTRODUÇÃO

A Constituição Federal de 1988 apresentou conquistas no direito à educação, reservando o Capítulo III "*Da Educação, da Cultura e do Desporto*" da Ordem Social a este direito, estabelecendo o Ensino Fundamental como obrigatório e gratuito e aumentando os vínculos de transferências constitucionais para a Educação.

Entretanto, faz-se necessária a discussão das mudanças ocorridas após a Constituição Federal de 1988 pelas Emendas Constitucionais nºs 14/1996 e 53/2006, avaliando, decorrido este período de 20 anos, ganhos na garantia deste direito.

* Graduada em Ciências Econômicas pela UNESP-Araraquara, Mestre em Economia Política pela PUC/SP e Doutora em Educação pela Unimep, a autora é docente dos cursos de Graduação de Administração, Ciências Contábeis e Direito e do Programa de Pós-Graduação em Direito do Centro Universitário Eurípedes de Marília - Univem.

Entende-se que tais emendas, ao alterarem a forma de financiamento da educação, interferem diretamente no seu fornecimento à população. Portanto, associa-se o financiamento da educação à efetividade de garantia do direito, uma vez que, em vários momentos da história constitucional brasileira, apresentou-se a educação como direito, mas sem definição de sua fonte de recursos públicos.

Para esta análise, faz-se mister privilegiar alguns aspectos. Assim, este artigo enfatiza questões relacionadas à vinculação de receitas públicas para a educação básica e à participação de cada esfera da federação, principalmente da União. A importância da União no financiamento da educação básica ocorre, entre outros fatores, em função da desigualdade econômica que Estados e Municípios apresentam, interferindo na receita disponível. Importante ressaltar que a redução das desigualdades sociais e regionais também é prevista como direito fundamental na Constituição Federal brasileira.

Assim, na primeira parte do artigo apresentam-se aspectos do direito e financiamento à educação nas Constituições anteriores, analisando o estabelecimento de fontes de financiamento e a contemplação da educação como direito.

Na segunda parte do artigo, discute-se o texto referente ao direito à educação e seu financiamento na Constituição Federal de 1988 para, na terceira e quarta partes, serem apresentadas as Emendas Constitucionais nº 14/1996 e nº 53/2006 que alteraram o financiamento do Ensino Fundamental e da Educação Básica, respectivamente.

Ao se discutirem as Emendas Constitucionais, são apresentados dados da participação da União no financiamento como forma de analisar a efetiva participação desta na oferta da educação.

1. DIREITO E FINANCIAMENTO À EDUCAÇÃO: UMA ANÁLISE DAS CONSTITUIÇÕES ANTERIORES A 1988

Na primeira Constituição brasileira, outorgada em 1824, foi prevista a gratuidade da instrução primária a todos os cidadãos, mas não era obrigatória. Assim, o Estado era autorizado, mas não obrigado, a fornecer o ensino primário público, figurando mais como um direito[1] subjetivo dos cidadãos do que uma obrigação efetiva do Estado[2].

No Ato Adicional de 12 de agosto de 1834, a garantia da instrução primária gratuita tornou-se dever das províncias[3], verificando-se que, desde o início, a instrução primária não ficou a cargo da União.

A responsabilização do governo central pelo Ensino Superior e pela criação das universidades, e das esferas locais, pelas séries iniciais, tem sido uma tendência na análise da legislação brasileira.

1. Ribeiro, W. *Municipalização*: os conselhos municipais de educação, Rio de Janeiro: DP & A, 2004.
2. Chizzotti, A. A Constituição de 1823 e a educação. In: Fávero, O. (Org.). *A educação nas constituintes brasileiras 1823-1988*, Campinas: Autores Associados, 1996, p. 31-53.
3. Sucupira, N. O Ato adicional de 1834 e descentralização da educação. In: Fávero, O. (Org.). *A educação nas constituintes brasileiras 1823-1988*, Campinas: Autores Associados, 1996, p. 55-67.

A Constituição de 1891 não previu a obrigatoriedade nem a gratuidade do ensino, não tendo havido, na prática, alteração significativa no direito à educação em função da passagem para a República[4].

Foi na Constituição Federal de 1934 que, em função do crescimento econômico, industrialização e transformações sociais, as ideias favoráveis à necessidade de ampliação da participação do Estado na educação ganharam espaço, estabelecendo-se a vinculação constitucional de recursos para o ensino e a educação como direito de todos.

O Ensino primário foi previsto como "*integral e gratuito e de frequência obrigatória, extensivo aos adultos*"[5]. Para isto, no mínimo, 10% da receita dos Municípios e da União e, no mínimo, 20% da receita dos Estados e do Distrito Federal deveriam ser utilizados na manutenção e no desenvolvimento dos sistemas educativos[6].

União, Estados e Distrito Federal reservariam parte dos patrimônios territoriais para a formação de fundos de educação, sendo que parte desses fundos seria utilizada para auxílio aos alunos necessitados mediante o fornecimento gratuito de material escolar, bolsas de estudos, entre outras formas[7].

A vinculação de receitas foi retirada pela Constituição Federal de 1937 e só foi restabelecida na Constituição Federal de 1946. No texto de 1937[8], o Estado aparece como um colaborador[9], sendo dever deste garantir à infância e à juventude uma educação adequada e o ensino primário obrigatório e gratuito[10].

Mas, se não há vinculação de recursos, a garantia de uma educação adequada fica prejudicada, pois os dados mostram que, em não havendo vinculação, existe uma tendência à redução dos recursos destinados a determinada área.

Em 1942 foi criado o Fundo Nacional do Ensino Primário, garantindo ajuda financeira da União para os Estados, sendo que a normatização do ensino primário, em nível nacional, ocorreu por meio do Decreto-Lei nº 8.529/1946 pela Reforma Capanema[11].

Na Constituição Federal de 1946, dedicou-se um capítulo à educação[12], a vinculação das receitas dos Municípios foi restabelecida, devendo ser de 20%. Estados e Distrito Federal também deveriam vincular 20% de suas receitas tributárias e a União 10% para gastos em educação, mantendo-se o ensino primário como obrigatório e gratuito para todos[13].

4. Nagle, J. *Educação e sociedade na primeira República*, São Paulo: EPU, 1974.
5. Brasil. Constituição (1934). Constituição da República dos Estados Unidos do Brasil. *Diário Oficial da União da República dos Estados Unidos do Brasil*, Rio de Janeiro: Imprensa Nacional, 1934. Art. 150, parágrafo único, alínea *a*.
6. Brasil. Constituição (1934). Art. 156.
7. Brasil. Constituição (1934). Art. 157.
8. Brasil. Constituição (1937). Constituição da República dos Estados Unidos do Brasil. *Diário Oficial da União da República dos Estados Unidos do Brasil*, Rio de Janeiro: Imprensa Nacional, 1937.
9. Brasil. Constituição (1937). Arts. 125 e 128.
10. Brasil. Constituição (1937). Arts. 129 e 130.
11. Oliveira, C. A municipalização do ensino brasileiro. In: Oliveira, C. de et al. (Org.). *Municipalização do ensino no Brasil*. Belo Horizonte: Autêntica, 1999, p. 11-36.
12. Título VI – Da Família, da Educação e da Cultura, Capítulo II – Da Educação e da Cultura.
13. Brasil. Constituição (1946). Constituição dos Estados Unidos do Brasil. *Diário Oficial da União dos Estados*

O ensino primário poderia ser de responsabilidade dos Estados ou da União ou ainda ser facultado aos Municípios.

Em 1961 foi aprovada a Lei de Diretrizes e Bases[14], em que se estabelecia a aplicação de percentual mínimo de 12% da receita da União, representando, portanto, um aumento, e de 20% de Estados, Distrito Federal e Municípios. Foram constituídos os Fundos Nacionais do Ensino Primário, do Ensino Médio e do Ensino Superior com nove décimos dos recursos federais destinados à educação.

Em 1967, com a nova Constituição Federal e com o regime autoritário, houve a centralização das decisões na esfera da União; os fundos de Ensino criados pela LDB deixaram de constar do orçamento da União a partir de 1968.

Em 1969, a Emenda Constitucional nº 1 restabeleceu o vínculo das receitas municipais em 20%.

Em 1971 promulgou-se a Lei nº 5.692, que, entre outros elementos, fixava diretrizes e bases para o ensino de 1º e 2º graus e tornava a escolarização obrigatória em 8 anos, além de estabelecer a aplicação de 20% do Fundo de Participação dos Municípios no ensino.

Em 1983, já com o início da abertura política, a Emenda "João Calmon"[15] estabeleceu que a União deveria investir não menos que 13% e Estados, Distrito Federal e Municípios não menos que 25% em educação.

Com a retomada das discussões do federalismo fiscal[16], da participação de Estados e Municípios no cenário político e tributário, houve o aumento das receitas disponíveis por essas esferas antes mesmo da Constituição Federal de 1988, o que foi positivo para a educação, uma vez que deveriam investir minimamente 25% daqueles recursos nesta área.

Assim, verifica-se, no decorrer dos vários textos constitucionais e demais leis, o aumento de recursos destinados à educação, sendo necessária a análise do texto de 1988, realizada no tópico a seguir.

2. A CONSTITUIÇÃO FEDERAL DE 1988: A PARTICIPAÇÃO DA UNIÃO E O DIREITO AO ENSINO FUNDAMENTAL GRATUITO

Na Constituição Federal de 1988 a educação foi prevista como um direito fundamental social e dever do Estado e da família[17], sendo que ao Estado é obrigatório garantir o Ensino Fundamental gratuito, a progressiva universalização do Ensino Médio gratuito, atendimento educacional especializado aos portadores de deficiência

Unidos do Brasil. Rio de Janeiro: Imprensa Nacional, 15 out. 1946.

14. Brasil. Lei nº 4.024, de 20 de dezembro de 1961. Fixa as diretrizes e bases da Educação oficial.

15. Emenda Constitucional nº 24 de 1983.

16. Não se trata de reduzir a discussão do federalismo à descentralização de receitas, mas no Brasil a recuperação da participação dos Estados e Municípios no fornecimento de bens públicos ocorreu em momento de recuperação democrática e descentralização financeira, iniciada nos anos 1980.

17. A Constituição Federal de 1988 trata da educação no Capítulo III – Da Educação, da Cultura e do Desporto.

e atendimento em creche e pré-escola às crianças de zero a seis anos de idade[18].

Importante ressaltar que a Constituição Federal de 1988 representou um importante marco no Federalismo brasileiro, no que se refere à educação, quando estabelece:

> *Art. 211. A União, os Estados, o Distrito Federal e os Municípios organizarão em regime de colaboração seus sistemas de ensino.*
>
> *§ 1º A União organizará e financiará o sistema federal de ensino e o dos Territórios, e prestará assistência técnica e financeira aos Estados, ao Distrito Federal e aos Municípios para o desenvolvimento de seus sistemas de ensino e o atendimento prioritário à escolaridade obrigatória.*
>
> *§ 2º Os Municípios atuarão prioritariamente no ensino fundamental e pré-escolar.*

A competência de legislar sobre diretrizes e bases da educação nacional é da União[19].

Houve um aumento da participação das receitas da União destinadas à educação fixadas em 18%, mantendo-se o percentual mínimo de 25% para Estados, Distrito Federal e Municípios[20].

A União tem a atribuição da responsabilidade pela organização do ensino federal e nos territórios, financiamento das instituições de ensino federais, prestando assistência técnica e financeira aos Estados, ao Distrito Federal e aos Municípios para o desenvolvimento de seus sistemas de ensino e ao atendimento prioritário à escolaridade obrigatória.

No mesmo período da aprovação da Constituição Federal de 1988, a educação é discutida por vários órgãos multilaterais de financiamento e instituições de cooperação técnica[21], sendo consensual a proposta de priorização do ensino fundamental; no Brasil foi uma das propostas e discussões no primeiro mandato do governo Fernando Henrique.

Na política educacional adotada no referido governo havia o objetivo de promover a municipalização e valorização do Ensino Fundamental, mesmo que isso ocorresse em detrimento de outros níveis de ensino[22].

Assim, tal política apresentava-se em consonância com as discussões internacionais e com a Constituição Federal de 1988, que estabeleceu que dos 25% de todos os impostos e transferências que Municípios e Estados deveriam destinar à educação, 50% destes recursos obrigatoriamente deveriam ser aplicados no Ensino

18. Brasil. Constituição (1988). *Constituição da República Federativa do Brasil*. Atualizada até a EC nº 55 de 20 de setembro de 2007. Brasília, DF: Senado, 2007. Art. 208.
19. Brasil. Constituição (1988). Art. 22, XXIV.
20. Brasil. Constituição (1988). Art. 212.
21. Banco Mundial, Banco Interamericano de Desenvolvimento, Banco Internacional para a Reconstrução do Desenvolvimento, Programa das Nações Unidas para a Educação, Ciência e Cultura (Unesco), Organização para a Cooperação e Desenvolvimento Econômico (OCDE), Fundo das Nações Unidas para a Infância (Unicef) e Programa das Nações Unidas para o Desenvolvimento (Pnud).
22. Arretche, M. Relações federativas nas políticas sociais. *Educação e Sociedade*, Campinas, SP, v. 23, n. 80, p. 25-48, set. 2002.

Fundamental e na erradicação do analfabetismo. Fica clara, assim, a prioridade ao Ensino Fundamental[23].

É neste cenário que é aprovada a Lei de Diretrizes e Bases da Educação Nacional – LDBEN, Lei nº 9.394, promulgada em 20 de dezembro de 1996. A LDBEN reitera a educação como dever da família e do Estado, uma vez que isso já havia sido estabelecido na Constituição Federal de 1988.

A lei trouxe poucas mudanças no financiamento da educação, uma vez que elementos que apresentavam aumento de recursos ou limitação expressa do número de alunos por sala não foram aprovados.

3. A EMENDA CONSTITUCIONAL Nº 14/1996: REGULAMENTAÇÃO DO FINANCIAMENTO DA EDUCAÇÃO[24]

A Emenda Constitucional nº 14/1996, originada da Proposta de Emenda Constitucional – PEC 233-A de 1995, apresentada pelo Poder Executivo, trazia elementos para a regulamentação da educação, além de propor a criação do Fundo de Manutenção e Desenvolvimento do Ensino Fundamental e de Valorização do Magistério – FUNDEF.

Após a apresentação de 46 emendas, em 13 de fevereiro de 1996, obteve parecer favorável do relator, deputado José Jorge, com Substitutivo e mais 17 emendas (sendo denominada PEC 233-B). Com a aprovação em dois turnos, foi encaminhada ao Senado em 18 de junho de 1996 e aprovada por este, em 12 de setembro de 1996, como a Emenda Constitucional nº 14/1996.

Dos vetos que ocorreram antes da aprovação da lei, verifica-se a preocupação com a existência e suficiência dos recursos. Assim, não houve a inclusão de jovens e adultos que ainda não possuíam o Ensino Fundamental, uma vez que havia desconhecimento do número total; também não houve a inclusão do Salário-Educação no FUNDEF, limitando-se a uma participação de até 20% na complementação a ser realizada pela União e a não inclusão da redistribuição de 70% da Quota Estadual do Salário-Educação – QESE entre Estado e Município, com a argumentação de não interferir na capacidade redistributiva dos Estados.

Assim, houve uma desresponsabilização da União com o financiamento do Ensino Fundamental. Os dados do período, apresentados a seguir, demonstram esta afirmação.

A Emenda Constitucional nº 14/1996, ao criar o FUNDEF, objetivava estabelecer recursos mínimos para o Ensino Fundamental, garantindo aos Estados e Distrito Federal, se não apresentassem condições de fazê-lo com recursos próprios,

23. Brasil. Constituição (1988). art. 212; art. 60 do ADCT.
24. Uma maior análise sobre as Emendas Constitucionais nº 14/1996 e 53/2006 é realizada pela autora na Tese "Política de financiamento da educação básica no Brasil: do FUNDEF ao Fundeb", defendida no Programa de Pós-Graduação em Educação da Universidade Metodista de Piracicaba – Unimep, em 2008.

a complementação de recursos da União ao valor definido como mínimo necessário para o estabelecimento de um padrão mínimo de qualidade do ensino.

Como a arrecadação tributária apresenta-se com grandes variações entre os Estados, a União complementaria os valores para os Estados que não atingissem este mínimo estabelecido.

O FUNDEF caracteriza-se como um fundo de âmbito estadual de natureza contábil, formado por recursos das três esferas de governo Federal, Estadual e Municipal. Sua criação, pela Emenda Constitucional nº 14/1996 e regulamentação pela Lei nº 9.424/1996, vinculou recursos para o Ensino Fundamental, aumentou o percentual de 50% para 60% dos recursos dos impostos e transferências de Estados, Distrito Federal e Municípios neste nível de ensino. Por outro lado, reduziu a participação da União para 30%, conforme § 6º do art. 60 do Ato das Disposições Constitucionais Transitórias – ADCT da Constituição Federal de 1988.

O art. 211 da Constituição Federal de 1988, modificado pela Emenda Constitucional nº 14/1996, determinou a atuação prioritária dos Estados no Ensino Fundamental e Médio e dos Municípios na Educação Infantil e no Ensino Fundamental, devendo a União agir complementarmente na Educação Básica[25].

O fundo foi criado para um período de 10 anos, de 1997 a 2006, sendo que, nos cinco primeiros anos, deveria ocorrer o ajuste progressivo das contribuições, garantindo um valor por aluno que proporcionasse um padrão mínimo de qualidade.

A composição do FUNDEF é apresentada no Quadro 1:

Esfera	Financiamento
União	30% dos 18% da arrecadação dos impostos da União destinados à Educação; Complementação para os Estados que não atingirem o mínimo igual à média nacional.
Estados e DF	15% do ICMS devido ao Distrito Federal e aos Estados (art. 155, II, da Constituição Federal); 15% do FPE (art. 159, I, *a*, da Constituição Federal e Lei nº 5.172, de 25/10/1966); 15% do IPI-X (art. 159, II, da Constituição Federal e Lei Complementar nº 61, de 26/12/1989); 15% da renúncia fiscal proveniente da Lei Kandir – nº 87/1996.
Municípios	15% do ICMS (art. 158, IV, da Constituição Federal); 15% do FPM (art. 159, I, *b*, da Constituição Federal e Lei nº 5.172 de 25/12/1966); 15% da renúncia fiscal proveniente da Lei Kandir – nº 87/1996.

Quadro 1
Financiamento do Ensino Fundamental: Constituição Federal – Emenda nº 14/1996.
Fonte: Constituição Federal e legislação complementar.
Elaboração própria.

25. BRASIL. Constituição (1988).

A Emenda Constitucional nº 14/1996 modificou os arts. 34, 208, 211 e 212 e o art. 60 do ADCT da Constituição Federal, estabeleceu a criação do FUNDEF composto por 15% da arrecadação: do Imposto sobre Circulação de Mercadorias e Serviços – ICMS (competência estadual), do Fundo de Participação dos Estados – FPEs (transferência da União para os Estados) e Municípios – FPMs (transferência da União para os Municípios), do Imposto sobre Produtos Industrializados proporcionais às exportações – IPI-exp (transferência da União para os Estados) e com a recompensa da desoneração de exportações garantida pela Lei Kandir[26] (transferência da União para os Estados e Municípios).

Destaca-se que ao menos 60% dos recursos do Fundo deveriam ser aplicados na remuneração dos professores em efetivo exercício no magistério[27]. Tinha-se como objetivo declarado o aumento do salário do professor nos Estados menos desenvolvidos. Vale destacar que, nos cinco primeiros anos, foi permitida a aplicação de parte do percentual para capacitação de professores leigos (Lei nº 9.424/1996, art. 7º, parágrafo único).

Verifica-se que a criação de contribuições que não são transferidas aos Estados e Municípios têm sido uma constante a partir da Constituição de 1988, como forma de ampliação da participação da União no total da arrecadação. Além da CPMF, destaca-se a criação da Contribuição de Intervenção de Domínio Econômico – CIDE em 2001. Em 2005 a participação de cada ente federado nas contribuições existentes apresentava-se da seguinte forma: 94,22% para a União, 4,64% para Estados e 1,14% para Municípios, sendo que as contribuições representavam 35,91% da receita tributária brasileira. Nesta mesma análise, verifica-se que, do total da arrecadação da União, 58,52% são de contribuições[28].

Foi com este objetivo também que a Desvinculação das Receitas da União – DRU foi criada como Fundo Social de Emergência em 1994, transformado em Fundo de Estabilização Fiscal até dezembro de 1999 e, a partir de 2000, transformado na DRU, com aprovação pelo Congresso Nacional até 2007.

Em 23 de abril de 2007, o Poder Executivo apresentou a PEC 50/2007 propondo a prorrogação até 2011 da DRU e da Contribuição Provisória sobre Movimentação Financeira – CPMF. A continuidade da CPMF foi vetada no Senado em dezembro de 2007 e a DRU aprovada pela Emenda Constitucional nº 56, de 20 de dezembro de 2007.

Assim, a discussão da participação das diferentes esferas da federação na receita disponível também é importante para se analisar a efetividade do direito à educação,

26. Pela Lei Kandir, os benefícios tributários concedidos às exportações que significam renúncia de receita para os Estados e Municípios, uma vez que estes recebem 25% da arrecadação do ICMS, são recompensados com transferências da União.

27. Conforme § 5º acrescentado na nova redação do art. 60 do Ato das Disposições Transitórias.

28. Instituto Brasileiro de Administração Municipal – IBAM. *Panorama das finanças municipais em 2005*. Rio de Janeiro, 2005. (Série Estudos Especiais nº 184). Disponível em: <http://www.ibam.org.br/publique/cgi/cgilua.exe/sys/start.htm>. Acesso em: 20 ago. 2007.

bem como a análise das diferenças regionais, pois, uma vez que aproximadamente 68% dos recursos do FUNDEF originam-se do ICMS, pouco se amenizam as diferenças regionais[29], fato este comprovado pela análise da diferença de valores entre Estados, havendo alguns que possuíam valores anuais de aproximadamente 200% acima de outros[30].

Com a criação do Fundef e em função das desigualdades regionais, foi fixado um valor mínimo nacional a ser reajustado anualmente e, quando um Estado não o atingisse, ocorreria a complementação pela União na forma de transferências.

Se em 1998 a complementação da União representou 3,29% do montante do Fundef, em 2004 era de apenas 1,7% e em 2006 de 0,81%. Esta redução também é encontrada no número de Estados que contam com a complementação da União. Se em 1998 foram 6 Estados, em 1999 foram 8 e em 2000, 7 Estados, e nos dois últimos anos a complementação reduziu-se a dois Estados.

Verifica-se a queda real da participação da União no financiamento do Ensino Fundamental, bem como o aumento na participação dos Estados e Municípios, sendo esse muito maior no caso dos Municípios.

Assim, apesar de se reconhecer ganhos com o Fundef que levaram à quase universalização do Ensino Fundamental[31], uma das maiores críticas foi o baixo comprometimento do Governo Federal, baixo valor mínimo estabelecido por aluno[32], necessidade de maior acompanhamento e controle social, acelerada municipalização[33], bem como a não inclusão da Educação Infantil e do Ensino Médio[34].

O encerramento do período para o qual o Fundef havia sido aprovado e as análises realizadas levaram à apresentação de várias Propostas de Emendas Constitucionais para o financiamento da Educação.

Algumas propostas apresentavam a continuidade do Fundef com ampliação de recursos, outras tratavam de criar três fundos que financiassem Educação Infantil, Ensino Fundamental e Ensino Médio, mas foi a proposta do Fundo de Manutenção e Desenvolvimento da Educação Básica e de Valorização dos Profissionais da Educação – Fundeb que ganhou maior atenção.

29. Percentual aproximado dos últimos anos de vigência do Fundef.
30. Boletins da Secretaria do Tesouro Nacional.
31. A taxa de escolarização líquida do Ensino Fundamental (Taxa obtida pela razão do número de matriculados no Ensino Fundamental da população de 7 a 14 anos pela população total de 7 a 14 anos, não se incluindo pessoas acima desta idade que não tenham realizado o ensino fundamental) aumentou de 88,5% em 1997 para 93,8% em 2003, de acordo com o Ministério da Educação. Na Educação Básica esta taxa era de 43,1% em 2003.
32. Em 2006 o valor mínimo por aluno ao ano em escolas urbanas de 1ª a 4ª séries foi de R$ 682,60, e de 5ª a 8ª, R$ 716,73 (Decreto nº 5.690, de 03/02/2006).
33. A rápida municipalização ocorreu em função de os Municípios sentirem que sem ela perderiam recursos; assim, muitos municipalizaram em um ritmo maior do que o permitido pela estrutura existente.
34. Entre outros autores, destacam-se sobre o assunto: Pinto, J. M. R. A política recente de fundos para o financiamento da educação e seus efeitos no pacto federativo. *Educação e Sociedade*, Campinas, v. 28, n. 100, p. 877-897, out. 2007; Davies, N. *Financiamento da educação*: novos ou velhos desafios? São Paulo: Xamã, 2004.

4. A EMENDA CONSTITUCIONAL Nº 53/2006: O FINANCIAMENTO DA EDUCAÇÃO BÁSICA

A Emenda Constitucional nº 53/2006 incorporou algumas das críticas apontadas no Fundef, outras não.

A Emenda Constitucional nº 53/2006 incluiu o § 5º no art. 211 da Constituição Federal, deixando claro que a prioridade pública é o ensino regular, isto é, todas as etapas da Educação Básica, mudança que expressa a necessidade de aumentar as séries escolares abrangidas pelo financiamento na forma de fundo, expandindo as demais etapas da Educação Básica, isto é, financiando a Educação Infantil e o Ensino Médio.

O texto foi alterado[35], substituindo-se a referência ao Ensino Fundamental pela Educação Básica no recebimento do salário-educação; também foi estabelecida a criação de piso salarial profissional nacional para os profissionais da educação escolar pública[36].

A vinculação de 60% dos recursos para o pagamento de profissionais em exercício na educação foi mantida.

O período de duração e a composição do fundo foram alterados[37]. Aqueles impostos que já faziam parte do Fundef tiveram seu percentual aumentado de 15% para 20% em três anos, 16,66% no primeiro, 18,33% no segundo, até atingir os 20% no terceiro ano[38]; outros foram incluídos com uma participação de 6,66% no primeiro ano, 13,33% no segundo, até atingir 20% no terceiro ano[39].

A complementação da União foi estabelecida em R$ 2 bilhões no primeiro ano, R$ 3 bilhões no segundo ano, R$ 4,5 bilhões no terceiro ano e 10% do valor total dos recursos do fundo a partir do quarto ano[40].

Assim como a complementação dos fundos, Educação Infantil, Ensino Médio e Educação de Jovens e Adultos – EJA, também seriam incorporadas gradativamente, sendo financiada um terço no primeiro ano, dois terços no segundo e a totalidade a partir do terceiro ano.

Ao se estabelecer primeiramente valores e, depois, percentual mínimo de participação da União, além do valor por aluno do Ensino Fundamental em cada Estado e no Distrito Federal não poder ser inferior ao praticado pelo Fundef em 2006, objetivava-se não se repetir o ocorrido com o Fundef, cuja participação em 2004 havia sido apenas de 0,81%.

Apesar das discussões sobre a participação da União, também ocorreu aumento na participação dos Estados, justificada pela inclusão do Ensino Médio.

Para que o Fundeb pudesse iniciar seu funcionamento em 2007, ano este em que a Emenda Constitucional nº 14/1996 já estaria sem validade, foi editada a Medida

35. Par. 5º, do art. 212.
36. Art. 206, inciso VIII; o piso foi estabelecido pela Lei nº 11.738, de 16 de julho de 2008, em R$ 950,00.
37. Art. 60 do ADCT.
38. São eles: art. 155, inciso II; art. 158, inciso IV, e art. 159, inciso I, alíneas *a* e *b* e inciso II.
39. São eles: art. 155, incisos I e III; inciso II do *caput* do art. 157; art. 158, incisos II e III.
40. Inciso VII do art. 60 do ADCT.

Provisória nº 339, em 28 de dezembro de 2006. Em 20 de junho de 2007 é aprovada na forma da Lei nº 11.494, regulamentando o Fundeb.

A lei criou a Comissão Intergovernamental de Financiamento para a Educação Básica de Qualidade - CIFEBQ e estabeleceu forma de distribuição, índice de ponderação entre as diversas etapas[41] da Educação Básica e acompanhamento dos recursos do Fundeb.

A nova sistemática permitiu que a complementação realizada pela União para apenas dois Estados em 2006 fosse ampliada para oito em 2007 e para nove em 2008 e 2009, permitiu também um aumento de 38,63% dos recursos para as séries iniciais do Ensino Fundamental urbano e de 45,23% nas séries finais, apesar de o valor ainda ser baixo, pois em 2007 o valor estabelecido ao ano por aluno nas séries iniciais foi de R$ 946,29; em 2009 este valor é de R$ 1.350,09[42], representando um aumento de 19,2% em relação ao valor de 2008.

Pelos fatores expostos, acredita-se que a Emenda Constitucional nº 53/2006 não resolverá os problemas existentes na educação básica brasileira, mas ampliará o financiamento, agindo no sentido de minimizar as diferenças regionais.

A Tabela 1 apresenta um comparativo da composição do Fundeb em 2008[43] e do Fundef em 2006, avaliando valores e percentuais:

Tabela 1: Distribuição por origem dos recursos de repasses para o Fundef (2006) e Fundeb (2008)

Origem	2008*		2006	
	R$ mi	%	R$ mi	%
FPE	6.665.941,00	14,10	5.193.286,80	14,46
FPM	6.369.680,00	13,47	4.973.102,90	13,85
IPI-Exp	507.806,00	1,07	412.901,10	1,15
LC 87/96	268.075,00	0,57	248.964,60	0,69
ITR	5.005,00	0,01		0,00
Complement. União	**2.221.920,00**	**4,70**	**292.139,00**	**0,81**
IPVA	9.102.055,00	19,25		0,00
ITCMD	135.435,00	0,29		0,00
ICMS	22.005.602,00	46,54	25.647.677,00	71,41
Total	47.281.524,00	100,00	35.915.789,20	100,00
Estados com Complementação	Maranhão e Pará		Maranhão, Pará, Alagoas, Amazonas, Bahia, Ceará, Paraíba, Pernambuco e Piauí	

*Até setembro de 2008.
Fonte: Secretaria do Tesouro Nacional. Boletim Fundef-Fundeb (anos de 2006 e 2008). Elaboração própria.

41. Arts. 10 e 32. Houve a divisão em 15 grupos, considerada positiva, apesar de divergências em relação às ponderações nas diferentes séries. Maior análise é apresentada em: Oliveira, C. de. Fundeb: Algumas considerações. In: Encontro de Pesquisa em Educação da Região Sudeste, 2007, *Anais...*, Vitória: Ufes; Anped, 2007.
42. Portaria nº 221, de 10 de março de 2009.
43. Dados disponíveis nos Boletins do Fundeb até setembro de 2008.

Pelos dados apresentados, verifica-se um aumento significativo da participação da União, apesar de os atuais 4,7% ainda estarem distantes dos 10% projetados para 2010, quarto ano do Fundeb, no qual há o estabelecimento deste percentual.

Na tabela os valores do Imposto sobre Propriedade de Veículos Automotores – IPVA, do Imposto de Transmissão Causa Mortis e Doação – ITCMD e do Imposto sobre Propriedade Territorial Rural – ITR, não podem ser comparados, pois não estavam na legislação do Fundef como componentes do Fundo.

Vale destacar que a grande participação na composição do fundo continua concentrada nos tributos estaduais, justificada do ponto de vista do comprometimento dos Estados estabelecido no texto constitucional, mas passível de crítica quando se tem, também no texto constitucional, o objetivo da redução das desigualdades regionais.

Não se pode deixar de observar que os dados para 2008 são apresentados até o mês de setembro, sendo mais oportuna, portanto, a análise dos percentuais.

5. CONSIDERAÇÕES FINAIS

A partir das análises apresentadas, verificou-se que a Constituição Federal de 1988 representou um avanço no federalismo brasileiro no que se refere à área educacional, atribuindo receitas e competências aos entes federados.

No mesmo sentido, pode-se afirmar que o estabelecimento da educação como direito fundamental social e o aumento dos recursos para essa área, considerando-se as legislações anteriores, foram positivos.

Ao criar um fundo de financiamento para o Ensino Fundamental, o Fundef, a Emenda Constitucional nº 14 procurou estabelecer de forma clara os recursos bem como garantir a universalização do Ensino Fundamental e a redução das desigualdades regionais.

Procurou-se demonstrar no decorrer deste artigo que houve a ampliação dos indicadores de efetividade da garantia deste Ensino Fundamental, apesar dos problemas verificados, entre eles a manutenção das diferenças regionais e o baixo comprometimento da União.

A Emenda Constitucional nº 53/2006 ampliou a abrangência do nível de ensino financiado, incluindo Educação Infantil e Ensino Médio. Além disto, procurou garantir que a participação da União não volte a se reduzir, ao estabelecer valores fixos para sua participação nos três primeiros anos e o percentual de 10% a partir do quarto ano.

Com esta participação da União, além das mudanças percentuais de alguns tributos, tem ocorrido o aumento real do valor por aluno ao ano, apesar de sabido que tal valor apresenta-se muito abaixo do necessário para garantir um ensino de qualidade.

Outro importante elemento no sentido de melhoria da Educação Básica no Brasil foi o estabelecimento de piso salarial, sendo também necessário pensar em seu aumento.

Portanto, entende-se que as duas emendas representaram ganhos na garantia do direito à educação, mas ainda há um longo caminho a se percorrer na garantia de Educação Básica de qualidade para todos.

14

Uma proposta de reflexão histórico-jurídica sobre a preservação ambiental na modernidade

EDUARDO HENRIQUE LOPES FIGUEIREDO*

Sumário: Introdução. 1. Pistas em um cenário histórico. 2. Desafios crônicos.

INTRODUÇÃO

> "*Tempo lento, espaço rápido, quanto mais penso, menos capto. Se não pego isso que me passa no íntimo, importa muito? Rapto o ritmo. Espaço-tempo ávido, lento espaço dentro, quando me aproximo, simplesmente me desfaço, apenas o mínimo em matéria de máximo.*"
>
> PAULO LEMINSKI[1].

A poesia de Leminski vale como escudo para esta inquietação. A inquietação pode se expressar de modo falho, sem o rigor científico que o tema exige. Ela é teórica e metodológica, pretendendo envolver-se com os motivos do desenvolvimento deste texto. Nele o objetivo é articular história do direito e noções de direito ambiental com dois importantes problemas de teoria do direito. Estes problemas estarão relacionados, ou melhor, a normatividade e a legitimidade, que absolutamente não são problemas redutíveis tão só ao tratamento teórico jurídico tradicional, poderão ser explorados a partir dele, se o objetivo é a intensificação dos contatos entre a teoria do direito e as suas dimensões sociais[2]. A dimensão histórica do direito envolve-se, por sua vez, não

* Mestre em direito das Relações Sociais pela UFPR e doutor em direito do Estado, também pela UFPR. É professor da graduação e do PPGD do Centro Universitário Marília – São Paulo, bem como professor adjunto do departamento de Direito Público da Universidade Estadual Londrina. Desenvolve, também, estudos de teoria do Direito junto à Pós-Graduação da Faculdade de Direito do Sul de Minas.

1. Leminski, Paulo. "*Distraídos Venceremos*", 5. ed., 3ª reimpr., São Paulo: Brasiliense, 1995.

2. Entende-se o "tratamento jurídico tradicional" com auxílio de Carlos Maria Cárcova, teórico argentino dedicado à filosofia do direito que se notabilizou pelos desenvolvimentos da crítica jurídica na América Latina. Tradicional para o autor são todas as variantes do normativismo jurídico, as quais orbitam a teoria jurídica moderna, privilegiando de tal modo as fontes jurídicas estatais assim como o Estado enquanto

sem alguns recortes, com a formação e caracterização do Estado e do direito modernos. A especificidade do direito ambiental, seu caráter científico ou não, se tematizado, o será apenas indiretamente. Para tanto, o problema das fontes dessa disciplina jurídica, compreendida no contexto do direito público e constitucional, são confrontadas com os problemas deste campo específico. Isso empresta elementos para estabilizar a reflexão aqui proposta, que pode ser explicitada nos seguintes termos: Capitalismo, Estado e Direito são configurações históricas profundamente relacionadas. Como então destacar, partindo desse relacionamento intrincado, o horizonte normativo protetor do meio ambiente? Como equilibrar esses fatores paradoxais? Como apartar e dissociar interesses, os quais não podem ser confundidos com aqueles que o capitalismo já solidificou e continua a perseguir junto ao Estado?[3] Essas premissas se prestam a esclarecimento de relevo. Insista-se: não se está diante da exploração do direito ambiental num sentido estrito, particularizante. O autor não traz consigo essa ousadia. Mas o desenvolvimento de algumas noções, de problemas de história e de teoria do direito parecem sugerir caminhos, pistas, elementos para refletir a dimensão fundamental de campo jurídico marcado pelas figuras da intergeracionalidade, da presença ativa do Estado, o que se dá por meio de políticas públicas e pelo regime de propriedade, este último, delimitador das características e dos mecanismos de preservação. Essa hipótese exploratória pode ser banal ou até repetitiva, mas é estudo inicial sobre o tema que pode ser desdobrado noutros escritos. Se não forem ultrapassadas as frustrações e o desapontamento dos lugares comuns, vale o esforço de enfrentar as difíceis relações entre história do direito moderno e suas características teórico-jurídicas, o Estado e os desafios socioambientais[4].

---

sancionador das normas para a regulação da vida social. Para maiores esclarecimentos, verificar: Cárcova, Carlos Maria. *Direito, Política e Magistratura*, tradução de Rogério Viola Coelho e Marcelo Ludwig Dorneles Coelho, São Paulo: LTr, 1996, especialmente o ensaio "Jusnaturalismo *versus* Positivismo Jurídico: um debate superado", p. 179 e s.

3. Nessa indagação, reforça-se o legado metodológico do materialismo histórico sugerido por autores que se dedicam à leitura da crise do direito e do Estado, bem como à reconstrução teórica do marxismo. O Estado é compreendido assim como a arena política na qual convergem interesses privados, muito embora reste configurada seu ângulo jurídico segundo o qual os interesses humanos são equacionados nos termos de um jogo em equilíbrio de forças.

4. O autor presta homenagem ao amigo e escritor Arnaldo Moraes Godoy, não sem alguma auto-penitência. Embora o que escrevo não possa ser nem mesmo longinquamente tido como produção teórica, o prolífico amigo não apenas só numa oportunidade lembrou-se de mim, fosse em prefácios, homenagens, bem como, indiretamente, em passagens de suas reflexões, fruto de nossos diálogos. Incomodado com a hipótese formulada na erudita tese defendida na PUC/SP no ano de 2002, a qual distinguiu-se com nota máxima e menção de louvor, já se punha a tomar notas de seus livros e tangenciar suas leituras historiográfico-jurídicas. Esse interesse não parece abandonado até hoje e o autor dá duas pistas em seu opúsculo publicado em 2004, pela editora Humanidades, com o título *Direito e História: uma relação equivocada*. A substância do equívoco e a apropriação equivocada que o direito fez da história e os sentidos que imprimiu à sua própria história é pródiga em hiatos, lacunas, sobressaltos e simplificações. Ela está a justificar a cada dia a atividade pacienciosa do historiador do direito, voltado para a correção desses atalhos, dada a dimensão cultural do direito e a sua sempre necessária descanonização. Nessas plagas latino-americanas, nessa terra de bacharéis, entre letrados e iniciantes, todos compartilhando não poucas incompreensões e tomados pelo tempo escasso, entre abotoaduras douradas, relógios importados, escritórios de advocacia que se assemelham a departamentos inteiros de universidades, interesses sinistros travestidos de justiça, tudo somado a mais de mil graduações em direito, o orçamento do Ministério da Cultura é o lanterninha.

Por que algumas noções de direito ambiental, e não são muitas, impõem-se inequivocamente? Para demonstrar a não existência de esferas distintas que a esquematização científico-iluminista edifica no tocante ao entendimento da realidade e essa mesma realidade. A modernidade jurídica construiu o plano do direito, as suas características, seus procedimentos e apartou-o da economia e do Estado. As relações que importam ao direito são as relações sociojurídicas por ele regidas. As que são indiferentes ao direito, ou mesmo menos importantes, são debilmente tratadas. Não menos importantes são, todavia, os desdobramentos sociais dessas relações. São essas as relações que sugerem preocupação aos olhares mais críticos. O apartamento entre sujeitos e objetos no quadro geral dos saberes científicos, enquanto resposta à complexificação das relações humanas não detém consequências inocentes relativamente ao plano de situações valorativas. É de notar que essa afirmação toca aspectos relevantíssimos na teorização sobre a modernidade. É de notar, também, que essa teorização não nasce de indagações aprioristicamente jurídicas. Em boa medida, o direito moderno caracteriza-se pela seleção e pelo relevo que empresta a determinadas relações humanas, o que não faz relativamente a outras. Trata-se de outro olhar lançado ao mesmo tempo que fundante sobre a totalidade histórica e suas interações. Essa seletividade amplia o hiato que apenas a sua artificial compreensão poderá sustentar. O entendimento do historiador do direito florentino Paolo Grossi é preciso quanto a esta etapa fundante do direito europeu continental, na qual a cultura jurídica brasileira colheu elementos para a sua modernização, legando-nos o rico e inexaurível manancial dos problemas fundamentais de teoria jurídica: "Não podemos esquecer que", – afirma Grossi –

> para a história jurídica continental, o século XVIII é momento de ruptura, de profunda descontinuidade – obstinadamente desejada – com o passado. Anteriormente nos referimos à secularização; as suas consequências são enormes e notórias, mas com um resultado estrategicamente negativo: as novas conquistas político-jurídicas pensavam na sua própria fragilidade sabendo não ter o tenaz apoio das metafísicas religiosas, que pediam, por sua vez, para não serem apoiadas sobre as areias movediças da história, mas, mais além, mais profundamente, ou, se quisermos, mais acima, onde os ventos históricos não chegam a sacudir e derrubar[5].

Levar a história do direito a sério mais parece esforço de algum *outsider* não domesticado pela burocracia. Vale aqui a advertência do ensaísta por ambos admirado, o genial José Guilherme Merquior, já nos idos de 1969: "Na maioria dos casos, esse tipo de gênio consiste no que o inglês chama de '*jumping to conclusions*', isto é, na alegre corridinha do espírito rumo às conclusões precipitadas, saltitando para a proclamação a-crítica de sedutoras ideias 'gerais', sem se dar ao incômodo de verificar nem qualificar coisa alguma. Que este ensaio possa servir de pretexto a esse frívolo esporte é uma de minhas esperanças". Nesse sentido: Merquior, José Guilherme. "Arte e Sociedade em Marcuse, Adorno e Benjamin" – Ensaio crítico sobre a Escola Neohegeliana de Frankfurt, 1. ed. Rio de Janeiro, Tempo brasileiro, 1969, p. 17.

5. Grossi, Paolo. *Mitologias jurídicas da modernidade*. Trad. de Arno Dal Ri Júnior, Florianópolis: Boiteaux, 2004, p. 57-8.

Num quadro puramente jurídico, quais os traços que podem identificar as características da normatividade ambiental? Como ela envolve e se vê envolvida com alguns desses problemas, os quais se limitarão neste texto aos seguintes: as debilidades do momento fundante, do distanciamento e peculiaridade do normativismo estatal e dos seus processos de legitimação. Qual a aproximação histórica e qual a leitura possível a partir dessa aproximação poderá ser desenvolvida, uma vez que as leituras históricas são múltiplas[6]. Ao derivarem para o campo normativo do direito ambiental, esses fatores se radicalizam. As fontes jurídicas ambientais constituem reserva, uma trincheira de proteção e de coordenação às relações exploratórias da natureza *hic et nunc* e também àquelas que podem materializar consequências futuras. Mas o processo histórico que soldou, juridicamente, o capitalismo e o poder político obteve, como já se fez alusão, meios de acomodação junto ao Estado. Note-se que a estrutura das normas ambientais opera segundo elementos que não se diferenciam, quanto à especificidade, de outras experiências normativas. As normas ambientais pressupõem exigências, coordenam ações e hetero-integram-se por meio de outros saberes. Para atingirem níveis mais elevados de efetividade a educação, o engajamento social crescente de grupos preservacionistas e a institucionalização de órgãos de proteção parecem também exigências que correspondem aos passos dados na direção de uma cultura ambiental. Essas considerações sugerem outro desdobramento, não menos significativo: o direito ambiental altera-se de forma distinta das demais disciplinas do direito. No seu importante estudo sobre a Constituição e a efetividade das normas ambientais[7], Vladimir Passos de Freitas afirma que o direito ambiental não é estável como o direito civil. As fontes normativas ambientais refletem orientações de técnicos e cientistas das mais distintas áreas. Seu aperfeiçoamento, portanto, está atrelado a áreas de conhecimento diversas que ampliam o horizonte da normatividade, porquanto essa, passa a absorver os resultados da exploração científica. Importante desenvolver ainda mais esse ponto de vista: se compreendermos a normatividade e a legitimidade do direito ambiental segundo os trilhos estreitos da positividade, confinando-as aos limites da legislação e dos mecanismos de aplicação reconhecidos pelos poderes estatais, não estarão sendo articulados elementos importantes para que sejam melhor enfrentados os problemas das relações ambientais. Estas ampliam-se segundo os esforços científicos que estabelecem parâmetros para a preservação, ainda que tímido seja seu lugar no direito do Estado, comparativamente às relações de ordem econômica, tributária, criminal, entre outras.

6. Sobre a multiplicidade metodológica, esclarece Antonio Pedro Barbas Homem, no seu *História do Pensamento Jurídico*, Lisboa: Coimbra Ed., 2003, p. 56-7: " *(...) a história do direito pressupõe um jurista dogmático, no sentido de conhecedor da ciência do direito, e prático, na medida em que deve ter consciência das finalidades visadas por cada uma das fontes histórico-jurídicas do passado. O conhecimento destas fontes exige também o cultivo dos critérios metodológicos próprios da história, nomeadamente de carácter heurístico. Compreende-se, assim, que a história do direito e, naturalmente, também a história do pensamento jurídico, tenha certas disciplinas auxiliares (...)*"
7. Freitas, Vladimir Passos de. *A Constituição Federal e a Efetividade das Normas Constitucionais Ambientais*, 1. ed. São Paulo: Revista dos Tribunais, 2000, p. 13.

A compreensão normativa do direito e a exploração de problemas institucionais pode colaborar para o entendimento da penetrabilidade social das normas jurídicas. O direito positivo também é fecundo na observação da fricção de campos do saber. Deixa-se, assim, de estudar o direito que opera a-historicamente. Precauções metodológicas esmeradas na aproximação da perspectiva histórica da formação do direito não prejudicam o texto, mas sinalizam como ela se dá. E se essas precauções são desenvolvidas num ritmo propositivo, quase elementar, é porque, a essa altura, das reflexões jurídicas, nota-se a diferença específica, a inexistência de sincronia entre a leitura jurídica das sociedades ocidentais relativamente à leitura histórica dessas mesmas sociedades. Pensadores sociais e historiadores se tocam pelas leituras que fazem sobre esses problemas comuns. Dialogam silenciosamente, se influenciam e buscam destacar os impasses de um bloco teórico de complexo manejo. Uma vez que é das características de seus elementos fundantes que emana boa parcela dos impasses jurídicos modernos, os quais minam intenções políticas e frustram expectativas sociais, a teoria do direito deve ocupar-se com a historicidade dessas características, pois são elas, para além de seu artificialismo e formalismo, que demonstram os limites do domínio do direito. A abordagem de campos investigativos diversos resultaria noutra opção exploratória, na opção técnico-formal do direito. O esforço, contudo, está na exploração dos processos de modernização, desenvolvida nos itens seguintes, que se articulam com objetivo de explicitar a tríade modernização jurídica-Estado-relações ambientais. Entre eles, o caráter científico e autônomo do direito singulariza-se partindo dos problemas que resultaram da sua modernização, isso com a finalidade de propor o confronto com a dimensão histórica desse mesmo direito, o que se buscou fazer por meio da aproximação entre Modernidade, racionalização econômica, racionalização jurídica e a cientifização das relações entre homem e natureza. Na sugestiva paisagem de Grossi, essa tensão é narrada quase poeticamente:[8]

> A paisagem histórica depõe confusão, desordem, mundanidade, complexidade, para reduzir-se a um simples desenho, nítido e linear. O historiador do direito, na sua formação primária de consciência crítica do jurista operador do direito positivo, pode somente desconfiar de paisagens muito simples, lembrando que a complexidade é a riqueza de cada clima histórico, lançando legitimamente o suspeito de que aquela geometria simples seja o fruto de um sapientíssimo artifício, resolve-se em uma construção artefata; e esta, já nos primeiros anos do século XX, nos anos da primeira fissura no conjunto das ideias jurídico pós-iluministas, a suspeita que os juristas mais conscientes terão assim que os olhos começarem a liberar-se do persuasivo véu formado por sugestões bisseculares. A engenhosidade e o esmero da paisagem também se revelavam na sua harmonia de construção geométrica, onde tudo aparece exato e preciso, contido, como é, no rigor de linhas, ângulos, círculos. O problema ineliminável e indissolúvel é o fato de não se discorrer sobre figuras abstratas, mas sobre criações e criaturas inconteníveis no rigor de um teorema. E trata-se de um verdadeiro teorema político-jurídico[9].

8. Grossi, Paolo. Ob. cit., p. 60-1.
9. Grossi, Paolo. Ob. cit., p. 60-1.

A teoria jurídica é compreendida, entre as várias crises que lhe abalam os alicerces, junto àquelas que colocam em xeque sua unidade e a abrangência de seu sistema. Essa crise expõe os limites que devem ser enfrentados na reconstrução dessa unidade e se isso é possível. Essa unidade, autêntico teorema segundo entendimento de Grossi, não admite fissuras e convive mal com fronteiras não bem estabelecidas. Importantes esforços teóricos curiosamente designam de plurais as fontes do direito, sejam elas expressivas da sociedade, ou ainda, da multiplicação das organizações transnacionais do capital, mas a ciência do direito aguardou, como destaca a passagem do autor italiano, dois séculos para deixar-se influenciar por essas perspectivas. As organizações transnacionais do capital seriam algo que retiraria o Estado do posicionamento central na arena de conflituosidade social mediada juridicamente. O Estado também deixaria de ser exclusivo produtor de normas[10]. Mas o debate científico que ainda se empenha face a tais problemas privilegia correntes de fundamentação do direito cujas matrizes são tradicionais. Opera-se relativamente a este debate a perda de

> (...) relevância e interesse porque nenhuma delas em estado paradigmático se sustenta. Produzem-se assim distinções e subdivisões, matizes e cruzamentos através dos quais, como assinala Ost, regressa-se a um modelo clássico que permita reconstruir a unidade ideal do direito em um ponto único e supremo. Se esse lugar ficcional é ocupado no modelo jusnaturalista pela ideia de Deus ou Razão, no juspositivista pelo de norma fundamental, desde o qual se declina a lei como operação dedutiva e linear, no de Dworkin, disse (*sic*) está reservado a Hércules (...).

O modo de ver esse quadro de crise, afirma Carlos Maria Cárcova, resultou em caminho promissor no qual está o aperfeiçoamento da compreensão do direito segundo "rede de comunicações especificadas"[11]. Por meio dela poderão ser desenvolvidas categorias analíticas mais abrangentes com vistas a dar conta da juridicidade em suas múltiplas formas de materialização[12]. Para os propósitos do texto, a crise da unidade enquanto diagnóstico da modernidade jurídica será desenvolvida segundo os problemas que esta contém. A normatividade e a legitimidade são problemas recorrentes, porquanto muito embora novas orientações provenientes da teoria jurídica esforcem-se em indicar caminhos para superação e realizabilidade dos direitos, o que se mira é a fusão, no direito, de alguns aspectos do projeto moderno, concebido como domínio da natureza, disjunção sujeito/objeto e racionalização econômica.

---

10. Nesse sentido o pluralismo contido nas reflexões de Antonio Carlos Wolkmer, que é, para esse autor, fundamento de uma nova cultura no direito. Obediente à metodologia diversa, o pluralismo de José Eduardo Faria busca retratar um direito reconfigurado face à re-estruturação capitalista.
11. Cárcova, Carlos Maria. Ob. cit., p. 193.
12. Id., Ibid., p. 206.

1. PISTAS EM UM CENÁRIO HISTÓRICO

Se a modernidade não se caracteriza unicamente por meio de uma experiência temporal, sendo detentora de dimensões científicas e de pilares regulatórios e emancipatórios, nela se incrementam também as relações entre o homem e a natureza. Em entrevista concedida a Maria Lúcia Palhares-Burke, o historiador inglês Keith Thomas afirmou que seu estado de espírito não estava "verde" ao escrever *The Man and the Natural World - Change Attitudes in England, 1500-1800*[13]. Ambientalistas e leitores que se deixam cativar pelo importante estudo de Thomas poderão ressentir-se da aparente frieza do historiador, pois não se trata de trabalho de ecologia, tampouco de história natural. Para Thomas, não foram questões ambientais os motivos relacionados com as suas preocupações, isto é, inicialmente motivadoras de seu esforço e que, uma vez dispostas e organizadas, resultaram no notável livro, que é vigoroso e substancial retrato de período histórico moderno no qual natureza passa a ser cenário da vida humana em constante mudança e é bem isso que chama a atenção do leitor atento. A tragédia da civilização é que a destruição do meio ambiente traduz-se no custo da sua existência. As pistas, – esclareceu o autor –, foram guardadas numa pasta intitulada *Animals*. O hábito de tudo anotar resultou no interesse de explorar algo que pudesse preceder às impressões registradas sobre os costumes e as atitudes dos ingleses relativamente à fauna e à flora, tanto quanto também, às flora e fauna de além-mar, trazidas para a Inglaterra, fruto das grandes navegações. No tocante à flora, Thomas se preocupou com as relações entre os seres humanos, o campo e a cidade, construindo quadro metodológico conhecido entre historiadores como *história sociocultural do passado*. Por meio dele, o crescimento das cidades, as mudanças no cultivo da terra e o domínio crescente sobre obstáculos da natureza relativamente às formas de vida humana são tematizadas na orientação historiográfica seguida por Thomas. Como historiador de Oxford, Thomas afirma que seu eixo não equivale à espécie de empirismo míope. Tampouco, há oportunidade para que se rendam homenagens ao pensamento europeu continental: Todo inglês, – compreenda-se bem –, possui dificuldade para digerir Descartes. Mas em qual horizonte, tenha-se em mente, pode ser visualizada *a história do ambiente, a história da natureza ou, ainda, como poderão ser construídas algumas articulações entre história da natureza e a história humana e destas com a história do direito, se partirmos da premissa segundo a qual a experiência normativa, induvidosamente, implica, também, regulação das relações dos homens com o meio no qual vivem e do qual extirpam a totalidade daquilo que necessitam, isso com a finalidade de viabilizar sua existência terrena?* Subjacente à riqueza da narração histórica, há variados problemas, os quais poderão desempenhar o papel de questões de método. O êxito de Thomas está no manejo das fontes. O estudo descreve

13. Nesse sentido: Thomas, Keith. *O homem e o mundo natural* – mudanças de atitudes em relação às plantas e aos animais (1500-1800). Trad. João Roberto Martins Filho, 3. reimpr. São Paulo: Cia. das Letras, 1996.

e envolve porquanto a narrativa está periodizada e livre de juizos de valor. Sociedade e natureza coexistem, mas para que isso dê, há diversas consequências. Admita-se que tais consequências não se limitam ao continente europeu, embora seja a Europa a primeira a se ressentir do choque entre cidade e campo, de civilizações com costumes diferentes e em confronto, além dos problemas de industrialização. Algo que pode resultar da leitura de Thomas é o referencial seguro para a percepção dos comportamentos dos seres humanos relativamente à natureza. Note-se bem: na consideração das variáveis eleitas, como que determinantes da agudização do problema, estão o crescimento populacional, a urbanização e a extinção, – no caso da fauna inglesa –, daqueles animais mais perigosos ao convívio do homem. São fixados assim alicerces a partir da modernidade e é nessa modernidade que emergem tão delicadas relações entre os seres humanos e o ambiente.

Francisco Carlos Teixeira da Silva anotou, em texto sobre a história das paisagens, no qual a preocupação mais incisiva e desenvolvida é a histórico-metodológica, o entendimento de Witold Kula. Para este historiador da economia política, cujo referencial marxista esforça-se em expandir o legado de Marx,

> O meio ambiente e o direito associados definem contornos precisos de paisagem – porém, mutáveis. Toda a atividade humana face à natureza é regida por um elemento básico: 'a atividade econômica do homem é sempre um processo de intercâmbio de energia com a natureza (...)[14].

A captura que o historiador da Universidade Federal Fluminense faz de Kula esclarece e reforça as implicações da tecnologia relativamente às suas incursões no meio natural. São elas, esquematicamente: a) Os primeiros estágios garantem a sobrevivência dos homens e, uma vez que eles se intensificam, há maior produção de energia, em seu volume, forma e propriedades; b) A transformação do meio natural, seguinte aos processos interventivos, não é uniforme e, a modificação da paisagem geográfica, resulta tanto da técnica, quanto da correção de problemas do solo. Isso, em grande medida, constituiu as extensas áreas férteis na Europa. Nesse sentido, a técnica é também mecanismo de adaptação do homem ao meio, e não apenas forma de criar instrumentos para exploração; c) Durante o Brasil-Colônia, ainda para esse autor, as técnicas estiveram e mesmo retrataram o âmago da economia política. A necessidade de lenha, exemplificadamente, implicou a conservação de ilhas de florestas e, uma vez que essa fonte de energia alimentava formas diversas de produção econômica (na hipótese a farinha de mandioca e o açúcar de cana), configurou-se

14. Silva, Francisco Carlos Teixeira da. História das Paisagens. In: Cardoso, Ciro Flamarion e Vainfas, Ronaldo. *Domínios da História* – Ensaios de Teoria e Metodologia, 7. tir. Rio de Janeiro: Campus, 1997, p. 213.

> (...) um dos vetores básicos dos conflitos coloniais: senhores de engenho contra roceiros de mandioca, a fornalha da casa de purgar contra o forno da casa de farinha. Neste caso, duas limitações técnicas na obtenção de energia e nos meios de transporte definiam a necessidade de conservação da floresta[15].

É relevantíssimo, no tocante à exploração de cunho histórico desenvolvida a respeito desses problemas de ocupação do espaço, a análise de Marc Bloch. Para o historiador francês, a inovação trazida pela tecnologia não pode ser associada à ideia de conquistas sociais, vez ser a inovação também introdução dela mesma por grupos específicos ou instituições em particular. O que antes pode ser algo sem maiores desdobramentos, resulta num aprofundamento de diferenças e no acirramento de antagonismos[16]. Essas observações levam ao abandono da aproximação da tecnologia com a concepção geral de progresso humano e, se a história, em certa medida, se vale da passagem do tempo, *"(...) é fundamental perceber, para além da visão funcionalista do progresso, as contradições e os efeitos aleatórios de alterações técnicas no progresso de trabalho e seus efeitos, desejados ou não sobre a paisagem"*[17]. No bojo dos elementos necessários à exploração histórica da civilização ocidental estão presentes os procedimentos que inviabilizam conclusões. Eles podem apenas sugerir a existência dos alicerces que transformaram a história da natureza e das relações que com ela mantêm os seres humanos. Isso se dá fruto da presença milenar do homem no velho continente e das distintas maneiras, que ao longo de séculos, serviram como vigas aos processos de colonização. Para o historiador britânico Keith Thomas, o dilema humano relativamente à natureza atravessou, na Inglaterra do início da Era Moderna, respectivamente, os desejos de seu pleno domínio, para, por volta do século XVIII, serem privilegiadas paisagens rústicas. Relativamente à fauna, as coisas tangenciaram da neurose coletiva, a incidir sobre o mundo animal, resultando de tais comportamentos o interesse pela conservação artificial de animais, insetos, pássaros, borboletas, seguindo espiral de prazer, necessidade, senso estético, *status* social, indicação de origem nobre. Segundo traços teológicos, antes dos científicos, se espalhou crença segundo a qual a natureza é detentora de cadeia e hierarquia, e daí o risco de serem alterados os contornos ou elos que dela fazem parte:

> A argumentação do desígnio continha forte implicação conservacionista, pois ensinava que mesmo as espécies aparentemente mais nocivas serviam a algum propósito humano indispensável. No século XVIII, a maior parte dos cientistas e teólogos defendia, coerentemente, que todas as espécies da criação tinham um papel necessário a desempenhar na economia da natureza. Ao mesmo tempo, alguns deles estavam se tornando mais e mais conscientes

15. Vainfas, Ronaldo, ob. cit., p 214.
16. Silva, Francisco Carlos Teixeira da. Ob. cit., p. 214.
17. Idem, ibidem.

> de que a perseguição do homem podia eliminar espécies particulares, possibilidade essa que as gerações anteriores sempre haviam negado. Desse modo, uma combinação de teologia e utilidade fundamentou a convicção, cada vez mais difusa, de que as criaturas selvagens deviam, dentro de certos limites, ser conservadas[18].

As relações dos ingleses com a natureza será, daí em diante, marcada por inúmeras restrições jurídicas, atingindo, *fruto da combinação entre teologia e utilidade*, tanto a caça quanto a proibição de exposição de animais em circos e zoológicos, atingindo até os hábitos alimentares, pois o consumo da carne está relacionado com o estado de espírito e com a digestão. Keith Thomas, entre os fatos pitorescos contidos em sua narrativa, conta que o filósofo político e teórico da sociedade civil Adam Ferguson recuperou a saúde após submeter-se a uma dieta pitagórica.

O que revela o teor normativo na apropriação da natureza? Para Francisco Carlos Teixeira da Silva, é a concatenação entre necessidades naturais e o nível técnico disponibilizado pelos grupos humanos. Ela viabiliza a possibilidade para que tal apropriação se dê. A exploração histórica não se limita à articulação interesse-tecnologia, mas irá se tornar dependente dela. Parece assim emprestar sentido a essa afirmação a metodologia da pesquisa de Thomas, porquanto no esteio de Marc Bloch, do choque entre regras conservacionistas e individualismo agrário emergiram ou "antagonismos de grupos econômicos" ou, sem exclusão um do outro, a "oposição de concepções eminentemente diferentes"[19]. Não há espaço, nesse conflito, para "idealismo de tipo ecológico"[20]. Se é certo que grupos econômicos privilegiados inclinam-se para a destruição ilimitada de recursos naturais ante a inexistência de mecanismos inibidores; do ponto de vista histórico, foram também esses grupos os quais preservaram, – isso no continente europeu –, extensos trechos de bosques contra tradições sucessórias e necessidades de trabalhadores. Com a queda do Antigo Regime, vários deles, outrora reservas senhoriais, foram revertidas ao Estado, e o Estado Moderno, ao longo dos séculos, vai assumir, sob diferentes colorações, os deveres de ser, inclusive, por meio de seus instrumentos e de sua política, expressão que se notabilize pela sensibilidade preservacionista.

No Brasil há notícia de que os textos legais que protegeram o pau-brasil, entre outras espécies de madeira, veicularam implicações econômicas e políticas, semeando contradições no âmago do processo colonizador. O governo da Colônia editou o Regimento dos Paus Reais, limitando a exploração das matas. Nos traços da narrativa de Francisco Carlos Teixeira da Silva, na década de 1790, surgem resistências de "*roceiros de mandioca*" contra a possibilidade de "*torar*" matas[21]. Os senhores de engenho

18. Thomas, Keith. *O homem e o mundo natural* – mudanças de atitudes em relação às plantas e aos animais (1500-1800). Tradução de João Roberto Martins Filho, 3. reimpr. São Paulo: Cia. das Letras, 1996, p. 329.
19. Silva, Francisco Carlos Teixeira da. Ob. cit., p.212.
20. *Idem, ibidem.*
21. Silva, Francisco Carlos Teixeira da. Ob. cit., p. 213.

construíram obstáculos à exploração do interior da Colônia, fazendo-o, inclusive, por meio de escrituras, isso nos séculos XVII e XVIII, concomitantemente à espécie de "*censo*" sobre o número de machados por propriedade titulada. Mas o panorama normativo, uma vez delineado pelas regras do apossamento das terras, trouxe em si as diferenças sociais, e eis que nessas diferenças sociais estava disposta a natureza das relações com a Coroa Portuguesa, onde tudo passaria a depender "(...) das regras admitidas ou impostas pelo/ao grupo"[22]. A posse das terras iria viabilizar que tais grupos fizessem suas próprias leis, compreendidas assim no código de sanções predispostas à sua aplicação efetiva, isso segundo traçado da ocupação colonial.

No entendimento de Boaventura de Sousa Santos, os aspectos do colonialismo português foram esforços peculiaríssimos empreendidos para apropriação da terra e sua exploração. Se as razões são econômicas, e há mesmo forte inclinação para se privilegiar esse perfil quanto à presença portuguesa nos trópicos, a exploração decorrente do colonialismo pode ser enriquecida com a finalidade de superar, ou melhor, de ir além da pressuposição segundo a qual apenas no período colonial vigeram intensamente os seus elementos caracterizadores. Ao instituir formas exploratórias de terra, de apropriação do trabalho, de dinâmica mercantilista e de domínio dos povos indígenas, isto sem que sejam negligenciados os meios de organização da vida política e religiosa, o colonialismo está naquela posição deflagradora de muitíssimas questões, que se traduziram em nossa cultura e que muito têm a contribuir para compreensão de nossas relações com a natureza. Seja como for, para Santos, o colonialismo português

> (...) assenta, pois, basicamente em razões de economia política – a sua condição semiperiférica –, o que não significa que esta [o autor trata da especificidade da ocupação colonial] se tenha manifestado apenas no plano econômico. Pelo contrário, se manifestou igualmente nos planos social, político, jurídico, cultural, no plano das práticas quotidianas de convivência e de sobrevivência, de opressão e de resistência, de proximidade e de distância, no plano dos discursos e narrativas, no plano do senso comum e dos outros saberes, das emoções e dos afectos, dos sentimentos e das ideologias. Cada um destes planos criou a sua materialidade própria, uma institucionalidade e uma lógica de desenvolvimento próprias, e estas retroagiram sobre a condição semiperiférica, conferindo-lhe espessura sociológica que ela não teria enquanto referida apenas a uma posição no sistema mundial. Com isto, a semiperiferia deixou de ser um elo de uma hierarquia global para se tornar num modo de ser e de estar na Europa de Além-Mar. A captação desta realidade sociológica, psicológica, intersubjetiva, emocional e das escalas em que se cristalizou (local, nacional, global) está por fazer[23].

Na leitura de Santos, o que menos parece ser relevante é a dissociação entre a razão da Colônia (e nisso podem ser consideradas as razões da Metrópole) e a extensa gama

22. Idem, ibidem.
23. Santos, Boaventura de Sousa. *A gramática do tempo* – para uma nova cultura política, 1. ed. São Paulo: Cortez, 2006, p. 231-2.

de características advindas da presença da Coroa Portuguesa. Não há nisso simples jogo de palavras. Pode-se afirmar a plenitude, diante da poderosa e sutil forma de dominação colonial, da submissão do meio natural, da apropriação das riquezas e dos povos indígenas e da adoção das técnicas para que essa ordem social se reproduza. O que é importante campo de pesquisa de historiadores revela as consequências da expansão civilizatória europeia, prenhe de contradições e de objetivos de conquista.

Não é casual portanto, segundo a percepção de Alfredo Bosi, a classificação extensível às formas de colonização e delas, ou melhor, da de simples povoamento comparativamente à de exploração de terras nas quais emergem características milenares que remontam à exploração romana. É a movimentação de pessoas, de animais e de instrumentos que deslocam modos de vida e também possibilidades de exploração de terras distantes. Mas dessa energia resulta a "potencialização" dos traços universais das sociedades humanas. Tanto os meios voltados para a manutenção da vida quanto as relações políticas nas quais o poder se acomoda, acabam por se modificar:

> (...) o novo processo não se esgota na reiteração dos esquemas originais: há um *plus* estrutural de domínio, há um acréscimo de forças que se investem no desígnio do conquistador emprestando-lhe às vezes um tônus épico e de aventura. A colonização dá um ar de recomeço e de arranque a culturas seculares[24].

Colonizar, desta maneira, é algo que detém formas diversas. Colonizar é tomar conta, cuidar e mandar. Envolvidos com a imagem de desbravadores e não apenas de conquistadores, os europeus ibéricos tensionaram, por meio de suas incursões em novas terras, os poderes da Coroa. Esta, para instrumentalizar mecanismos de domínio, teve que agigantar a dimensão do Estado.

> As tensões internas que se dão em uma determinada formação social resolvem-se, quando possível, em movimentos para fora dela enquanto desejo, busca e conquista de terra e povos colonizáveis. (...) E a necessidade de uma saída para o comércio, durante o árduo ascenso da burguesia, entrou como fator dinâmico do expansionismo português no século XV. Em ambos os exemplos, a colonização não pode ser tratada como simples corrente migratória: ela é a resolução de carências e conflitos da matriz e uma tentativa de retomar sob novas condições, o domínio sobre a natureza e o semelhante que tem acompanhado universalmente o chamado processo civilizatório[25].

Se o povoamento e a exploração são diferenciações as quais não se distanciam da interferência crescente com o meio, pode-se nelas observar o projeto totalizador do qual fala Bosi. As forças colonizadoras se empenharam na ocupação, na exploração e na submissão e o fizeram não apenas com instrumentos para o jogo econômico. Há

---

24. Bosi, Alfredo. *Dialética da Colonização*, 3. ed., 1. reimpr. São Paulo: Cia. das Letras, 1996, p. 12.
25. Bosi, Alfredo. Ob. cit., p. 12-13.

a fundação do novo que passa a ser preservado enquanto cultura, assim como transmitido enquanto "(...) conjunto das práticas, das técnicas, dos símbolos e dos valores que devem transmitir as novas gerações para garantir a reprodução de um estado de coexistência social"[26]. Aquilo que poderá ser explorado noutra oportunidade sob o manto da cultura colonial e suas implicações na natureza conduz o texto à etapa da leitura de Bosi a qual afirma ter a colonização "reinstaurado" e "dialetizado" as ordens da cultura, do culto e do cultivo. O que se dá na dialetização da ordem do cultivo é o recrudescimento do domínio sobre a natureza, e se por um lado, tal fator é indissociável das sociedades humanas, quando em novas paragens, os bens e as riquezas jamais conhecidas agudizam a força predatória e o interesse comercial. A intensidade com a qual passa a viver a economia da Coroa está voltada tanto para a acumulação quanto identificada com as trocas. A passagem do feudalismo para a economia industrial foi vincada pela circulação mercantil entre as colônias e as nações europeias ao longo dos séculos XVI, XVII e XVIII. Conquanto essa face das relações comerciais tenha configurado o cenário da Revolução Industrial, a colonização não é tão só a impulsionadora do capitalismo mercantil entre os continentes europeu e americano. É também partícipe de um cenário de transformações irreversíveis[27]. Na passagem de Karl Marx relembrada por Bosi reside a descrição das feições mais negativas da colonização. Essas feições, igualmente, não se limitaram às formas do trabalho, mas nas mais lamentáveis manifestações de destruição, tais como queimadas, genocídio, escravidão. Aspectos de projeto mais arrojado, é da leitura da economia política aliada à formação social e econômica do Brasil-Colônia que se poderá observar o predomínio não só das *plantations* da América, mas sua perpetuação no contexto de mercado mundial de trabalho assalariado. A continuidade de formas tão rudes de relacionamento com o meio ambiente não estão esquecidas num passado distante.

> A barbarização ecológica e populacional acompanham as marchas colonizadoras entre nós tanto na zona canavieira quanto no sertão bandeirante; daí as queimadas, a morte ou a preação dos nativos. Diz Gilberto Freire, insuspeito no caso porque apologista da colonização portuguesa no Brasil e no mundo: "O açúcar eliminou o índio". Hoje poderíamos dizer: o gado expulsa o posseiro; a soja, o sitiante; a cana, o morador. O projeto expansionista dos anos 70 e 80 foi e continua sendo uma reatualização em nada menos cruenta do que foram as incursões militares e econômicas dos tempos coloniais[28].

26. Bosi, Alfredo. Ob. cit., p. 16.
27. Para Max Weber os sentidos e os pressupostos do capitalismo moderno, segundo leitura empreendida no capítulo XXII de sua *História Econômica Geral*, residem onde se faz presente o fornecimento industrial de grupos humanos, o qual exige o método empresarial, conexo à natureza das necessidades. A dimensão racional plasmada no cálculo moderno de contabilidade e balanços e sua associação às necessidades diárias, que passam a ser supridas capitalisticamente, incrementa relações de apropriação dos meios físicos de produção. Por sua vez, a liberdade de mercado, a maquinaria produtiva, o trabalho livre e, mais tardiamente, a intensificação especulativa passam a ser mediadas por um direito calculável e previsível *(calculable adjudication and administration)*. Nesse sentido: Weber, Max. *General Economic History*, Dover: New York, 2003, p. 275-8.
28. Bosi, Alfredo. Ob. cit., p. 22.

2. DESAFIOS CRÔNICOS

Em nossos dias as novas demandas por espaço agrícola e pastoril são tidas como as maiores vilãs do desmatamento da Amazônia. Esta é a versão mais recente, ou pelo menos mais polêmica da destruição da natureza hoje no Brasil. Mesmo que não possam ser negadas as práticas criminosas, parece constituir profunda simplificação o afastamento de causas compensatórias. Contingentes populacionais cada vez maiores assumem o desafio de aventurar-se naquela região como alternativa à exclusão social e econômica, que é mais profunda nos estados federados da Região Norte-Nordeste. Os traços inóspitos, as endemias, a precariedade da vida humana funcionam como desafio que deve ser superado uma vez mais, em nova versão, seja para fins econômicos, seja para fins de manutenção da existência humana deixada a si mesma. Os desafios das estruturas normativas residem na inexistência de opções a problemas tão graves. A estes soma-se a insuficiência de recursos públicos[29]. A ausência do Estado, dessa forma, é tão negativa quanto a sua presença. Os séculos que aproximaram a Constituição política, econômica e jurídica das sociedades e dos seus meios técnicos, se por um lado expandiram as possibilidades de existência humana, por outro, de tal sorte unidos, ainda que esse esforço esteja voltado para preservação, restam as implicações da presença do homem. Em maior ou menor proporção, a natureza está a seu serviço e o paradoxo da presença do Estado é mais um elemento indicativo das forças que nele se aglutinaram, as forças do capitalismo, da tecnologia e os desafios do direito.

29. Segundo entrevista com o ambientalista Mário Mantovani, publicada na Revista *Istoé*, edição de 6 de maio de 2009, o orçamento do Ministério do Meio Ambiente só não é inferior ao do Ministério da Educação e Cultura.

15

O Bem comum na ordem constitucional brasileira: a Família, a Empresa e o Estado

CARLOS AURÉLIO MOTA DE SOUZA*

Sumário: Introdução. 1. Bem comum (do todo) x Bens particulares (das partes). 1.1. Que é função social?. 1.2. Os setores da sociedade. 1.2.1. Como os cidadãos (Partes) veem estes setores ou graus de sociedades?. 1.2.2. Como os três setores veem os cidadãos?. 2. A família e o Bem comum. 3. A propriedade e o Bem comum. 3.1. O meio ambiente, bem comum universal. 4. A Empresa como instância do Bem comum. 4.1. Uma nova visão sobre a Empresa. 4.2. Empresas socialmente responsáveis: um novo paradigma. 5. Considerações finais.

INTRODUÇÃO

Para o estudo do Princípio do Bem comum, tema multidisciplinar tão amplo, elejamos como paradigmas sociais a **Família**, a **Empresa** e o **Estado**, abrangendo os grupos intermédios, como associações, cooperativas, sindicatos e outras manifestações sociais.

Entre a Família e o Estado, as Empresas (e outros entes econômicos) constituem os setores produtivos ou centros aglutinadores das riquezas de um país, por gerarem empregos e tributos, e assegurarem diretamente a sustentabilidade econômica das Famílias e do Estado.

---

* Consultor jurídico e acadêmico. Professor e Orientador de Cursos de Pós-Graduação em Direito na Unesp (Franca/SP), Mackenzie, Centro Universitário Eurípedes de Marília – Univem, Unib – Universidade Ibirapuera (São Paulo/SP). Livre-docente em Teoria Geral e Filosofia do Direito pela Unesp, Mestre e Doutor pela USP. Membro do Tribunal de Ética da OAB – Seccional de São Paulo (1993-2007); do Instituto Jacques Maritain do Brasil (IJMB). Magistrado aposentado. Autor de *Segurança Jurídica e Jurisprudência*, LTr, 1996; *Poderes Éticos do Juiz*, Sérgio Antonio Fabris, 1987; *Direitos Humanos, Urgente!*, Oliveira Mendes, 1998 e *Ética Profissional da Advocacia. 10 Anos de Pareceres no Tribunal de Ética da OAB/SP*, Juarez de Oliveira, 2006. Administrador do Portal Jurídico "www.academus.pro.br".

Para compreensão do conceito de Bem Comum, lembremo-nos da lição de Parmênides sobre o Ser, que se apresenta ao mesmo tempo Uno (Todo ou Universal) e Múltiplo (Partes ou Particulares).

Em todos os organismos vivos uma célula é um Todo em si mesma, mas contendo partes menores, que a integram; um órgão vital é um Todo em si, mas parte de um ser maior, o corpo humano, por exemplo.

O próprio homem, dotado de vida física, psíquica e espiritual, é um ser completo, uma unidade ou individualidade por si mesmo, que não está só, mas frente a outros homens com os quais convive, e com eles forma outra entidade ou unidade, podendo consistir numa comunidade (singular) ou coletividade (a sociedade em geral). É um ser para outros seres.

Aqueles órgãos, células ou seres constituem, pois, Partes inseridas num Todo mais amplo, um Universo, como as Sociedades dos povos (o Universo político), o conjunto de planetas (o Universo planetário ou galático), e assim ao infinito.

Entre o Todo e as Partes existe uma tensão ou relação de complementaridade, uma dialética de vida, diríamos, pela qual as duas entidades convivem em estado natural, e necessariamente não podem deixar de conviver, sob pena de perecimento do ser em que subsistem (a falência de um órgão faz o corpo perecer).

Assim, o Todo tem deveres para com as Partes (como na Justiça distributiva), e as Partes em relação ao Todo (na Justiça Social), bem como as Partes têm deveres entre si (como se opera na Justiça comutativa), e ambas têm, reciprocamente, direitos entre si, segundo a perene teoria aristotélica sobre a Justiça (*Ética a Nicômaco*, L. V).

Portanto, o Bem comum se identifica com o Bem supremo, Bem geral, Bem de todos, Interesse público, e expressões correlatas. Está contraposto aos Bens das Partes, Bens ou interesses particulares, sem os anular, pois um dos fins últimos do Bem comum é garantir a cada um sua perfeição para servir à comunidade.

1. BEM COMUM (DO TODO) X BENS PARTICULARES (DAS PARTES)

A primeira consideração, pois, é que o Bem comum consiste no Bem supremo da comunidade, o fim mais elevado das ações sociais do homem, e constitui critério de elaboração das leis justas.

A seguinte é que o Bem comum, geral ou público, da cidade, *se contrapõe aos Bens particulares*, dos quais não é a soma,

> nem a simples coleção dos bens privados, nem o bem próprio de um todo... que somente diz respeito a si próprio e sacrifica as partes em seu proveito. ... o bem comum da cidade é sua comunhão no bem-viver; é pois comum ao todo e às partes ... sobre as quais ele transborda e as quais devem tirar proveito dele[1].

1. Maritain, Jacques, *A pessoa e o bem comum*. Lisboa: Livraria Morais Editora, 1962, p. 55.

A terceira é que os governantes devem guardar dois olhares, um para cima, em direção ao interesse geral (Bem comum), outro abaixo, voltado aos interesses particulares.

Platão advertiu que o Bem de todos (Interesse público ou Bem geral) conflita com os Bens particulares: enquanto estes separam os homens, aquele os aproxima; e que todos ganham quando o primeiro é assegurado (*Leis*, IX); o Bem comum é princípio de união se cada membro contribui a realizá-lo; já os Bens particulares (louvados pelos sofistas) desencadeiam desejos e paixões e fazem inimigos os homens.

Esse interesse dos particulares não é, para Aristóteles, necessariamente mau, mas, por natureza, é "*menos belo e menos divino que o interesse comum*" (*Ética*, I). Na *Política* (III), o Estagirita identifica Interesse comum com Interesse mútuo, por estar fundado na reciprocidade dos serviços prestados. Na *politeía*, governo da maioria, os homens agem em prol do Interesse comum, e as leis da Cidade são justas quando assumem como finalidade este Bem comum.

Cícero levantou o conceito de *utilitas rei publicae* como finalidade ética do político; a *utilitas comuni* é a justiça que aparece através da dignidade de cada um (*De officiis* ou *Dos Deveres*).

Portanto, em Platão, Aristóteles e Cícero, que trataram do Bem comum na Era Clássica, este não é o conjunto dos bens ou interesses particulares, mas um equilíbrio destinado a penetrar de justiça a vida social.

Para melhor distinguir bem comum de bem particular, Messner associa os conceitos de **ser** e **valor**, dizendo:

> o bem comum é uma realidade social com categoria supraindividual de ser e valor, em virtude da pluralidade dos membros da sociedade que dela dependem no seu ser humanamente perfeito; o bem particular é uma realidade com categoria de ser e valor suprassocial, própria da pessoa humana.

E conclui que "*o âmbito do bem comum é a cultura, e o do bem particular é a pessoa; e que as duas esferas de valores são ao mesmo tempo essencialmente diferentes e essencialmente dependentes uma da outra*"[2].

1.1. Que é função social?

Existe na Sociologia uma longa tradição de se recorrer à explicação funcional, por analogia às ciências biológicas: se um fato social tem uma causa, tem também uma função, a qual deve sempre ser pesquisada na relação que este fato mantém com qualquer **fim social**.

2. Messner, Johannes. *Ética Social* (O Direito Natural no Mundo Moderno). São Paulo: Quadrante/Edusp, s/d, p. 196/7.

Quais os traços característicos da função social no Bem comum? É uma **relação necessária** entre Partes-Todo-Partes. É uma finalidade, uma destinação para. É benefício, ajuda, serviço. É solidariedade. É subsidiariedade[3].

Entendemos que algo está em função da pessoa humana quando a beneficia: a gestante existe (porque está) em função do nascituro, que dela se beneficia; os pais existem (porque estão) em função dos filhos; a família, em função de uma comunidade de famílias; as comunidades, em função da cidade (como na *pólis* grega); as cidades, em função do Estado; os Estados, em função da comunidade internacional etc.

Discorrendo sobre o fim e missão da sociedade, Messner assim a define:

> A sociedade tem por fim aquela *ajuda* que todos necessitam para realizar sob sua própria responsabilidade as missões vitais baseadas nos fins existenciais. E, como esta ajuda, além de tornar possível a *unidade social* através da união de todos os membros, é também a todos *necessária*, denomina-se *bem-comum*, ou *interesse comum* ou *bem social*[4]. (Grifamos).

Em sentido recíproco, pelo Bem comum as instâncias superiores prestam serviços ou benefícios às inferiores. A função social varia de grau, portanto, conforme a relação que as partes mantêm com as instâncias sociais superiores ou inferiores. Como exemplo, o Estado, garantidor maior do bem comum coletivo, atua mediante leis, justiça e administração, assegurando a estabilidade das entidades sociais, como as comunidades, as Empresas, as Famílias.

Ainda é Messner quem nos socorre, para especificar:

> Ao tratar do bem-comum e das **ajudas** que lhe são essenciais, não basta pensar no Estado e na comunidade política; é necessário ter presente a família e a nação, a comunidade do município e a profissional, a comunidade de religião e a comunidade internacional[5].

As Partes exercitam uma função social entre si pelo Princípio da **Solidariedade** (de Justiça comutativa), que implica em **reciprocidade** (solidarizantes e solidarizados) no auxilio mútuo (como nos mutirões de trabalho, muito comuns no Brasil). Este princípio tanto se refere a indivíduos singulares como a comunidades mais amplas, como as famílias, associações e mesmo Estados entre si.

E entre o Todo e uma Parte a função social se funda no Princípio da **Subsidiariedade** (de Justiça distributiva) e consiste em auxilio ou benefício para grupos sociais necessitados de recursos (subsidiarizantes e subsidiarizados), para uma vida humana digna, assim na família, nas empresas e nas instâncias de governo.

---

3. Anotemos desde já algumas características que irão compor o conceito de bem comum: ajuda, serviço, benefício, partilha, necessidade, finalidade, unidade social, fraternidade etc.
4. Messner, p. 165.
5. Idem, p. 167.

1.2. Os setores da sociedade

Na vida social e política coexistem três grandes setores de atividades organizacionais: o Setor público (representado pelo Estado, em seus diversos graus ou instâncias administrativas); o Setor privado (manifestado nos segmentos produtivos ou empresariais); e o Setor civil ou Terceiro Setor (constituído pelas associações, sindicatos, Organizações não Governamentais, e outros grupos intermédios).

Em todos estes níveis existe um inter-relacionamento horizontal Partes-Todo e Todo-Partes, como **força interna** que mantém a unidade ou coesão do sistema; e um inter-relacionamento vertical das entidades menores com as superiores, como **força externa** que mantém a unidade máxima do bem comum, ou uma universalidade; é característica própria do Universo, que atrai os entes para si, e explica porque o Homem, os Povos, as Nações ou grupos de Nações tendem igualmente à Unidade: o Universal explica os Particulares, assim como explica que sem as Particularidades não haveria a Totalidade.

1.2.1. Como os cidadãos (Partes) veem estes setores ou graus de sociedades?

Os cidadãos integrantes dos setores públicos, investidos de autoridade governativa, enquanto tais têm o dever de zelar pelo bem comum geral, o que é inerente à Política, que exercem em função do bem estar da nação.

Em geral, os cidadãos acatam as autoridades legitimamente constituídas, porém não as que cometem usurpações e desvios de poder, que provocam convulsões sociais e dilapidam o patrimônio público, porque prejudicam o bem comum. Por outra parte, participam dos setores civis (Terceiro Setor), mediante grupos intermediários entre os Setores privado e o público.

1.2.2. Como os três setores veem os cidadãos?

A visão dos cidadãos em relação ao Setor público é de Justiça legal ou social, na medida em que são contribuintes do erário e mantenedores primários das prestações públicas de serviços.

O Setor privado encontra nos cidadãos a mão de obra qualificada para trabalhos agrícolas, comerciais, industriais e serviços. Valoriza os cidadãos como força empreendedora, inteligente, criativa, indispensável ao desenvolvimento dos projetos empresariais.

Sob o enfoque jurídico, dentro do Estado democrático de Direito, a *dignidade humana* foi erigida em categoria constitucional, e está protegida por normas objetivas do ordenamento; como o *trabalho com dignidade* exige efetivas condições de proteção da pessoa, o Setor produtivo tem relevante responsabilidade social na manutenção de pleno emprego e qualificação do trabalhador.

Ensina-nos Messner que é sobre esta lei da natureza humana que se assenta o nível atual do bem comum nas sociedades mais avançadas; e é por ela que esse nível se considera apenas uma etapa no caminho entre o mais imperfeito e o mais perfeito, advertindo:

> Todas as ciências e movimentos sociais que utilizam o conceito de dignidade humana operam pelo processo próprio da teoria do direito natural: vinculam o conceito de dignidade humana à natureza do homem; mas o que consideram sua missão, dentro ou fora do âmbito nacional, é realizar o ser humano perfeito, exigido pela dignidade humana[6].

Entendemos, a propósito de "pleno emprego", em sentido amplo, que não significa apenas permanência no serviço ou melhoria das condições laborais e qualificação do empregado, mas também ampliação dos postos de trabalho, como expressão objetiva de responsabilidade social empresarial, dentro dos conceitos de bem comum, solidariedade e subsidiariedade[7].

2. A FAMÍLIA E O BEM COMUM

Nos modelos que elegemos para análise, Família, Sociedade e Estado caracterizam instâncias ou graus crescentes do bem comum: a Família, enquanto reunião de membros (pai, mãe, filhos) é um bem comum primário, constitutivo da sociedade; já a congregação de famílias (comunidades ou mesmo cidades) é um bem comum intermédio; e o Estado, um bem comum superior, que deve atender a ambos em seus níveis.

Vige entre elas o **princípio da subsidiariedade**: o que carece à Família a Sociedade deve suprir, e o que faltar à Sociedade, cumpre ao Estado complementar. É princípio de ordem natural, pelo sentido de agregação próprio do homem, que não pode, por natureza, viver fora de uma comunidade.

A *dimensão social,* inerente à pessoa humana, não se limita à própria família, parentesco, local comum, região, nação, pois sua projeção mundial envolve por inteiro a humanidade.

A Família, célula fundamental da vida social, constitui-se pela aliança pessoal, livre e irrevogável de um homem e uma mulher, com base no amor recíproco, criadora de uma comunidade de vida, e à procriação e educação dos filhos.

Consideramos a Família como o primeiro círculo das relações humanas, por abrigar os casais e sua descendência, por isso denominada *célula mater* da Sociedade. Como conceito de Bem comum, a Família vem caracterizada em diversos preceitos da Constituição Federal: pelo art. 226, "*A família, base da sociedade, tem especial proteção do Estado*". "*Os direitos e deveres referentes à sociedade conjugal são exercidos igualmente pelo homem e pela mulher*" (§ 5º). "*O Estado assegurará a assistência à*

6. Idem, p. 186.
7. Souza, Carlos Aurélio Mota de. Responsabilidade da empresa no aperfeiçoamento dos empregados. In: *Responsabilidade Social nas Relações Laborais*, São Paulo: LTr, 2007, p. 36-52.

família na pessoa de cada um dos que a integram, criando mecanismos para coibir a violência no âmbito de suas relações" (§ 8º)[8].

Outro dispositivo definidor da função social do bem comum se lê no art. 227:

> *É dever da **família**, da **sociedade** e do **Estado** assegurar à criança e ao adolescente, com absoluta prioridade, o direito à vida, à saúde, à alimentação, à educação, ao lazer, à profissionalização, à cultura, à dignidade, ao respeito, à liberdade e à convivência familiar e comunitária, além de colocá-los a salvo de toda forma de negligência, discriminação, exploração, violência, crueldade e opressão*[9]. *(Grifos nossos).*

Em seus parágrafos esta norma define que o Estado e entidades não governamentais promoverão programas de assistência integral à saúde da criança e do adolescente, como: prevenção e atendimento especializado aos portadores de deficiência física, sensorial ou mental, integração social do adolescente portador de deficiência, mediante o treinamento para o trabalho e a convivência, e facilitação do acesso aos bens e serviços coletivos, com a eliminação de preconceitos e obstáculos arquitetônicos; construção dos logradouros e edifícios de uso público e de fabricação de veículos de transporte coletivo, adequados às pessoas portadoras de deficiência.

Também a Lei Civil define os contornos internos da família: "*Pelo casamento, homem e mulher assumem mutuamente a condição de consortes, companheiros e responsáveis pelos encargos da família*" (art. 1.565).

Aí se apresentam as condições básicas: homem e mulher, consórcio, companheirismo, responsabilidades pelos encargos comuns, que são os contornos visíveis dos deveres para a construção do bem familiar: fidelidade recíproca, vida em comum no domicílio conjugal, mútua assistência, sustento, guarda e educação dos filhos, respeito e consideração mútuos (art. 1.566).

A lei fala ainda em *colaboração* entre marido e mulher na *direção da sociedade conjugal*, no interesse do casal e dos filhos (art. 1.567), e que os cônjuges devem concorrer com seus *bens* e rendimentos do *trabalho* para o *sustento* da família e a *educação* dos filhos (art. 1.568).

Tais normas acentuam o caráter do bem comum, expresso no dever de *solidariedade* das Partes no interior do Todo familiar: o amor, a convivência, assistência, zelo material e moral.

Esta pauta normativa também oferece um conceito central sobre a Família que deve ser entendido como *"Somos todos irmãos"*, fundamento do conceito de *fraternidade* (de *frater, fratris,* irmão). Não é uma expressão sentimental ou religiosa, mas

8. Neste sentido foram editadas leis tratando do Estatuto do Idoso (Lei nº 10.741/2003), a Lei Maria da Penha, contra a violência à mulher (Lei nº 11.340/2006), e está em discussão no Congresso Nacional o Estatuto do Nascituro (PL nº 478/2007).
9. Estatuto da Criança e do Adolescente – ECA (Lei nº 8.069/1990).

uma categoria jurídica, consagrada desde a Declaração Universal dos Direitos do Homem e do Cidadão, de 1789, ao firmar que *os homens nascem e permanecem livres e iguais em direito.*

Renovou-se em 1948, com a Declaração Universal dos Direitos Humanos, na proclamação de que *Todos os homens nascem livres e iguais em dignidade e direitos. São dotados de razão e consciência e devem agir em relação uns aos outros com espírito de* ***fraternidade****.*

Em seu art. 29, item 1, outra importante disposição revela o bem comum: "*Toda pessoa tem* ***deveres para com a comunidade****, em que o livre e pleno desenvolvimento de sua personalidade é possível*" (Grifamos).

Este conceito da Fraternidade não escapou à sensibilidade social dos nossos Constituintes: já no Preâmbulo da Constituição instituíram um Estado democrático de Direito destinado a construir uma sociedade fundada em "*....valores supremos de uma sociedade* ***fraterna****, pluralista e sem preconceitos, fundada na* ***harmonia social****...*", e como objetivo fundamental da República Federativa, a construção de uma sociedade *solidária* (art. 3º, I). (Negritos nossos).

Significa que o Estado brasileiro, responsável institucional pelo bem comum da Nação, deve garantir o desenvolvimento, erradicar a pobreza e a marginalização, reduzir desigualdades sociais e regionais, promover o **bem de todos**, sem preconceitos de origem, raça, sexo, cor, idade e quaisquer outras formas de discriminação (art. 3º, II a IV). (Negrito nosso).

Afirma, a propósito, Daniel Sarmento:

> Na verdade, a solidariedade [*referida à fraternidade*] implica reconhecimento de que, embora cada um de nós componha uma individualidade, irredutível ao todo, estamos também juntos, de alguma forma irmanados por um destino comum. Ela significa que a sociedade não deve ser um *locus* da concorrência entre indivíduos isolados, perseguindo projetos pessoais antagônicos, mas sim um espaço de diálogo, cooperação e colaboração entre pessoas livres e iguais, que se reconheçam como tais[10].

Em síntese, confirma-se no ordenamento vigente *a fraternidade como categoria jurídica* constitucional. Após séculos de evolução política e social dos povos, completou-se o antigo lema da Revolução Francesa: *Liberdade, Igualdade e Fraternidade.*

3. A PROPRIEDADE E O BEM COMUM

Modelo excepcional de Bem comum encontramos nas **Empresas**, como atividades sociais, entidades econômicas fundadas em bens territoriais, e consideradas em sentido amplo como **propriedades**. De fato, sobre um terreno ou território se desenvolvem agronegócios, constroem-se casas e indústrias ou desenvolvem-se comércios e

10. Sarmento, Daniel. *Direitos Fundamentais e Relações Privadas*, Rio de Janeiro: Lumen Juris, 2006, p. 295.

serviços, que representam as principais atividades econômicas de produção de riquezas, sem as quais não se geram empregos para as Famílias e tributos para o Estado.

Toda a Terra, recordemos, foi dada aos homens para dela cuidarem, prosperarem e sobreviverem. Formaram-se povos diversos, distantes uns dos outros, e se expandiram por todos os confins, gerando conflitos nem sempre superados.

No Brasil, tomemos para análise a ocupação da Amazônia, vasta área de 3,5 milhões de km^2, rica em florestas naturais valiosas e abundância de rios navegáveis, um cenário convidativo a um desenvolvimento econômico sem precedentes. No entanto, graves violações às regras regulatórias quanto à exploração da floresta, os conflitos sobre a delimitação das áreas indígenas, a ocupação indiscriminada de áreas reservadas do Governo, a infiltração e cupidez de estrangeiros, geraram intensas discussões quanto aos direitos do homem sobre a natureza.

Vista como área de proteção ambiental pela comunidade internacional, pela grandiosidade e importância na manutenção e equilíbrio dos ecossistemas, locais e universais, a Amazônia se identifica como um ***bem comum*** diferenciado, causa de preocupações não só ecológicas, mas sociais, econômicas, políticas – nacional e internacionalmente.

Como *bem comum global*, é área que pertence responsavelmente a todos, não apenas a ocupantes eventuais ou definitivos, mas a cada um dos brasileiros que contribuem para sua preservação, quer ao pagar os impostos, quer ao utilizar produtos alimentícios ou de construção, mais especialmente os derivados das madeiras nobres, protegidas por fortes limitações à sua erradicação.

A Amazônia, como *bem comum total* é, no entanto, constituída de propriedades multiparceladas: de um lado os territórios dos grandes agronegócios, companhias de transformação de produtos ou exploração de minérios, enfim grandes empresas com fins econômicos. De outro, áreas de campesinato, lutando pela terra e pela reforma agrária. E ainda as propriedades indígenas, também exploradas, sem formas econômicas empresariais, por razões de qualificação profissional.

Destes problemas sobre a ocupação da Amazônia emerge a questão de responsabilidade ambiental: *por que preservar a natureza (e o meio ambiente) em que vivemos?* É demanda que se aplica a todos os tipos de propriedade, rural ou urbana, mas avulta em grandeza no caso amazônico, pelas repercussões a nível de cidadania, de dignidade e qualidade da vida humana, de representação política internacional, e, sobretudo, do *desenvolvimento sustentável* das atividades econômicas.

Ora, dentre os direitos naturais do homem, a *propriedade privada* é reconhecida e protegida pela Constituição, com limitações em seu uso pela exigência de uma *destinação social* (arts. 5º, incisos XXII e XXIII, e 170). A liberdade de iniciativa empresarial está, por isso, dirigida a finalidades comunitárias, visando garantir a dignidade das pessoas, de acordo com os ditames da justiça social, no caso a *defesa do meio ambiente* (inciso VI).

3.1. O meio ambiente, bem comum universal

Uma das mais belas e precisas expressões jurídicas da Constituição se encontra no Capítulo sobre o Meio Ambiente (art. 225), merecendo transcrição:

> ***Todos*** *têm direito ao meio ambiente ecologicamente equilibrado,* ***bem de uso comum do povo*** *e essencial à sadia* ***qualidade de vida,*** *impondo-se ao* ***Poder Público*** *e à* ***coletividade*** *o dever de defendê-lo e preservá-lo para* ***as presentes e futuras gerações.*** (Negritos nossos).

Este artigo da Constituição Federal conjuga princípios e valores dos mais bem elaborados pelo Constituinte de 1988, expressando com clareza e objetividade um direito natural do homem a um Estado de Direito Ambiental.

Ressaltamos ter sido este o único momento em que a expressão *bem comum* foi empregada explicitamente pelo Constituinte, e o foi para a proteção ambiental, sob tutela da coletividade e dos Poderes Públicos, para os cidadãos presentes e com previsão aos futuros.

Eis antiga lição de Johannes Messner, em sua *Ética Social*, tocante a esta visão do *bem comum ambiental*:

> Neste sentido, o bem comum é a realidade que encerra o rendimento da vida de gerações passadas e ao mesmo passo a base da vida das gerações futuras, *tal como as terras conservam o suor dos pais e avós, com a promessa dos frutos para os filhos e netos*[11]. (Grifos nossos).

Ensinam Canotilho e Leite que:

> Valores como a justiça e a equidade entre as gerações, a solidariedade, a proteção de estados ecológicos essenciais, a consideração jurídica de todas as demais formas de vida e a obrigação de proteção de funções ecológicas, gravando os atos de apropriação e o próprio significado econômico da propriedade, são desafios que delineiam a extensão das dificuldades de construção desse Estado de Direito Ambiental[12].

Estes princípios constitucionais fundam-se em uma Ordem Ética, ao se referirem ao *bem comum*, e a uma Ordem Jurídica, o direito social da propriedade, sobre o qual irá recair o dever de bom uso e preservação. Só se pode defender o que se possui, seja propriedade individual ou particular, seja em comunhão com toda a sociedade (uso comum do povo).

O conceito de *bem comum* comporta, como se vê, dupla compreensão: é todo bem de que podemos usufruir e gozar, sem que nos pertença individualmente; e mesmo não sendo próprio, temos um dever, a responsabilidade na sua defesa e preservação. Coincidem, aqui, tanto o direito de ordem pessoal ou individual (das Partes), como o direito de ordem social ou coletivo (do Todo).

---

11. Ob. cit., p. 174.
12. Canotilho, José Joaquim Gomes; Leite, José Rubens Morato (Orgs.). *Direito Constitucional Ambiental Brasileiro*, cit., p. 399.

Nesta análise, o Particular (o Homem) insere-se indissoluvelmente no Universal (a Natureza), como o meio ambiente, que é um conceito difuso ou metaindividual. Vimos que não há Todo sem Partes, como não há Parte excluída de uma Totalidade. O bem da comunidade e o bem dos seus membros guardam entre si uma reciprocidade intrínseca, embora sendo de espécies diferentes[13].

Para o Direito Ambiental, os bens da natureza constituem o "meio ambiente" ou "meio ecológico", desde o subsolo ao espaço aéreo, e qualquer alteração no seu equilíbrio afeta diretamente toda a cadeia de flora e de fauna, que sobrevivem umas graças às outras, inclusive os humanos.

Retoma-se aqui a controvérsia: é o homem quem domina a natureza ou é esta que determina o agir humano? O homem é sujeito a um determinismo natural, ou a um humanismo ético e espiritual? *O homem foi feito para o sábado, ou o sábado para o homem?*

Ora, entre o Múltiplo e o Uno não há contradições: o homem é superior à natureza, como conceito ontológico, devido à dignidade de sua pessoa, mas faz parte integrante e inafastável da ordem natural, devendo conviver pacífica e construtivamente com os "não-humanos"[14], para poder usufruir e gozar de seus bens, sem, contudo, arruiná-los, para si ou para as gerações vindouras.

Plauto Faraco de Azevedo nos adverte com senso realista que

> ... o limite do sistema econômico atual é ecológico. Para superar a crise civilizacional presente, urge mudar de rota, no sentido de uma ecocivilização, em que, respeitando-se os direitos humanos, o homem se reconheça como parte da natureza, e não como seu senhor, que dela pode dispor a seu bel prazer[15].

Vivemos uma cultura do risco, quando nossa sociedade deveria ser muito mais uma civilização da segurança ambiental, contexto em que se impôs o denominado *princípio de precaução* como nova referência para a ação política: ele reclama a prevenção sem esperar a realidade dos riscos e as consequentes responsabilidades ambientais.

4. A EMPRESA COMO INSTÂNCIA DO BEM COMUM

Os conceitos até aqui expostos expressam regras jurídicas estabelecidas pela sociedade brasileira, e inscritas em nosso ordenamento jurídico: O *direito à propriedade privada* é limitado pelo princípio da *função social* (Constituição Federal, art. 5º, XXII e XXIII, e no Código Civil, art. 1.228, § 1º).

A *destinação social das empresas* vem descrita no art. 170 da Constituição, que normatiza a economia. Trata-se de um conjunto coerente de princípios que vinculam

---

13. Messner, Ob. cit., p. 195.
14. Na feliz expressão de Bruno Latour, in: *Políticas da Natureza*. Como fazer ciência na democracia. Trad. Carlos Aurélio M. de Souza, Bauru: EDUSC, 2004, p. 295.
15. Azevedo, Plauto Faraco de. *Ecocivilização*. Ambiente e direito no limiar da vida, São Paulo: Revista dos Tribunais, 2005, p. 134.

a ordem econômica a fins sociais, visando a um bem superior às finalidades exclusivamente econômicas.

Assim, a liberdade de iniciativa (empresarial) está dirigida a finalidades comunitárias, para garantir a existência digna das pessoas, segundo ditames da justiça social, fundada em princípios objetivos: da soberania nacional (inciso I); da propriedade privada (inciso II); da função social da propriedade (inciso III); da livre concorrência (inciso IV); da defesa do consumidor (inciso V); da defesa do meio ambiente (inciso VI); da redução das desigualdades regionais e sociais (inciso VII); da busca do pleno emprego (inciso VIII); do favorecimento às empresas de pequeno porte (inciso IX).

Constitui norma modelar ou universal, pois contém um complexo de conceitos particulares, tutelando a empresa como forma associativa superior, e traçando-lhe os rumos ou as finalidades sociais que deve perseguir. Sendo entidade una, constitui-se, no entanto, de várias partes solidárias, ambas interessadas em comum no sucesso do empreendimento.

A ideia de Empresa é representativa do *bem comum*: o Todo (propriedade, capital, bens de produção) e as Partes (*stakeholders* em sentido lato), que atuam em recíproco benefício. Como comunidade humana, as Partes entre si e em relação ao Todo, e este em relação àquelas, interagem por interesses internos, mas sentem o dever de alargar seus benefícios econômicos a outros entes sociais externos.

Assim, os princípios constitucionais da ordem econômica e social enfatizam o dever empresarial de privilegiar a justiça social, que é o próprio *bem comum*, oferecendo oportunidades de satisfazer necessidades fundamentais das pessoas. Em uma ponta, gerar empregos com remuneração justa e benefícios adequados, garantindo condições dignas de vida; na outra, limitar o lucro arbitrário, ou os preços abusivos, como infrações à ordem econômica, aos direitos do consumidor, e às exigências sociais do consumidor e ao meio ambiente.

Referido artigo (170) fundamenta a ordem econômica na livre iniciativa (inciso II), em uma economia de mercado capitalista, cuja finalidade é garantir a todos existência digna. Significa que a função da atividade econômica é a satisfação das necessidades básicas dos indivíduos, tais como alimentação, vestuário, habitação, saúde, educação, transporte e lazer.

A função social das empresas modernas, construída sobre o princípio da função social da propriedade, é atender prioritariamente às necessidades mínimas das pessoas em termos de bens e serviços. Ademais, o inciso VIII, ao estabelecer o princípio da busca do pleno emprego, coloca a geração de postos de trabalho dentro da função social das empresas. A atividade econômica só se legitima quando cumpre sua finalidade maior de assegurar a todos existência digna[16].

16. Farah, Flávio. Dar lucro aos acionistas não é a missão da empresa. In: Whitaker, Maria do Carmo. *Ética na vida das Empresas*, São Paulo: DVS Editora, 2007, p. 172.

4.1. Uma nova visão sobre a Empresa

Muito antes da norma constitucional, a teoria da empresa como instituição ou corporação já fora traçada pela Lei das Sociedades por Ações (Lei nº 6.404/1976), aperfeiçoada pelo Código Civil (Cf. Título II, do Direito de Empresa). Esta lei veio contrariar, no sistema brasileiro, a teoria do acionista, e prenunciar a função social da empresa, com explícitas referências ao *bem público:*

1) o acionista deve exercer o direito a voto no interesse da companhia (art. 115 *caput*);
2) o acionista não poderá votar nas deliberações que puderem beneficiá-lo de modo particular, ou se tiver interesse conflitante com o da companhia (art. 115, § 1º);
3) o acionista controlador deve usar o poder com o fim de fazer a companhia realizar o seu objeto e cumprir sua *função social*, tendo *deveres* e responsabilidades para com os demais acionistas da empresa, os que nela trabalham e a comunidade em que atua (art. 116, parágrafo único);
4) o administrador deve exercer as atribuições que a lei e o estatuto lhe conferem para lograr os fins e no interesse da companhia, satisfeitas as exigências do *bem público* e da *função social* da empresa (art. 154). (Itálicos nossos).

Destas prescrições conclui-se que o dever dos administradores não é exclusivamente para com os acionistas, mas para com a empresa. Tanto os administradores quanto o próprio acionista controlador devem usar seu poder em benefício da empresa, para que esta cumpra sua *função social*.

Em oposição à teoria do acionista, atualmente tendem os empresários a enfocar seus objetivos para além dos interesses societários, patrocinando e incentivando ações sociais, interna ou externamente à empresa.

Inúmeras organizações não governamentais brasileiras (ADCE, Ethos, Akatu, Gife, Abrinq e outras), promovem atividades visando a defesa do consumidor, do meio ambiente, da educação, da saúde etc., reunindo empresários e dirigentes para incrementar políticas éticas de responsabilidade social.

O tempo é oportuno para se apresentarem modelos econômicos alternativos que permitam uma revisão dos antigos paradigmas das ações empresariais: deve-se oferecer um modelo alternativo que não reduza, mas aumente o bem-estar, a felicidade das pessoas e das comunidades.

A mudança de paradigma vem sendo estimada por empresas que privilegiam a primazia do homem e do trabalho sobre o capital, valorizando a dignidade humana no âmbito das organizações, e compromissadas exteriormente com a comunidade em que se inserem.

4.2. Empresas socialmente responsáveis: um novo paradigma

Em 1991 surgiu no Brasil o **Projeto da Economia de Comunhão**, e logo se difundiu por todo o mundo, sendo pesquisado em inúmeras Universidades[17]. Atualmente, inúmeras empresas, com fortes motivações humanistas, estão construindo este novo modelo de relacionamento entre economia e sociedade, pelos princípios da solidariedade e da fraternidade.

Esta *Economia de Comunhão*, ou *Comunhão na Economia*, entende a propriedade privada e o lucro de modo comunitário; as empresas que a adotam colocam os lucros em comum segundo três critérios básicos: investindo uma parte na própria empresa, para garantir e ampliar os postos de trabalho e suas atividades econômicas; outra parte para o aperfeiçoamento cultural e profissional dos funcionários da empresa; e aplicando a terceira parte dos lucros no atendimento às pessoas excluídas do mercado de trabalho, por meio de programas sociais de educação, saúde, defesa do meio ambiente, e muitos outros projetos[18].

Considerando-se a crise econômica global de 2008 como forte evidência do desacerto do sistema capitalista, crise refletida nas relações entre o capital, o trabalho, o Estado e as instituições financeiras mundiais, acreditamos que as práticas empresariais da Economia de Comunhão constituem um novo paradigma do Bem comum, para a construção de modelos empresariais em que predomine o capital sobre o trabalho, cumprindo-se as regras constitucionais de respeito à dignidade humana e da função da empresa-propriedade voltada às necessidades sociais.

5. CONSIDERAÇÕES FINAIS

1. Ao longo do texto focalizamos a Família, a Empresa e o Estado como modelos do Bem comum, presente em todas as atividades sociais humanas, nacionais e internacionais.

2. Ressaltamos o dever destas entidades operarem juntas nos setores essenciais à formação do Homem para a Cidadania: na família (art. 226 da CF), na educação (art. 227), na ordem econômica e financeira (art. 5º, incisos XXII e XXIII, e art. 170), no meio ambiente (art. 225) etc.

3. Destacamos os princípios fundamentais que devem reger a conduta humana nos diversos setores de atividades: dignidade da pessoa humana, primazia do bem comum, destinação universal dos bens, primazia do trabalho sobre o capital, princípio da subsidiariedade e princípio da solidariedade.

---

17. Bruni, Luigino. *Comunhão e as novas palavras em Economia*. São Paulo: Cidade Nova, 2007; Leite, Kelen Christina. *Economia de Comunhão*. A construção da reciprocidade nas relações entre capital, trabalho e Estado, São Paulo: Annablume, 2007; Pinto, Mário Couto Soares, Leitão, Sérgio Proença. *Economia de Comunhão: empresas para um capitalismo transformado*, Rio de Janeiro: Editora FGV, 2006; Costa, Rui et al. *Economia de Comunhão*. Projeto, reflexões e propostas para uma cultura da partilha, São Paulo: Cidade Nova, 1998; Lubich, Chiara. *Economia de Comunhão – história e profecia*, Vargem Grande Paulista: Editora Cidade Nova, 2004. As teses escritas em 26 países e em 13 línguas foram colocadas à disposição pelos respectivos autores e podem ser consultadas no site www.ecodicom.net. Atualmente consta catalogada uma listagem de 264 teses, destas, 204 podem ser consultadas.

18. Sites indicados para pesquisas sobre a Economia de Comunhão: <http://www.edc-online.org>.

4. Afirmamos que o Bem comum não é um simples conceito filosófico, pois sobressai como princípio constitucional, tornando-se paradigma na definição de meio ambiente como *bem de uso comum de todos.* Vemos, ademais, que a palavra "todos" se repete em vários dispositivos ao longo da Constituição, indicando qualquer ente ou atividade social que deva ser acolhida como um bem geral.

5. Referência especial apontou o modelo empresarial denominado Economia de Comunhão, crescente em diversos países, e objeto de centenas de estudos acadêmicos, segundo a qual o lucro pode ser tripartido, parte para suprir as necessidades internas da empresa, para o aperfeiçoamento profissional e cultural dos empregados, e para atendimento de necessidades das pessoas excluídas do mercado de trabalho, por meio de projetos sociais comunitários.

6. Constatou-se moderna transformação cultural nas teorias de política empresarial em busca de um equilíbrio entre capital e trabalho: privilegiar os acionistas ou investir na qualificação dos empregados e na manutenção e ampliação de empregos.

7. A teoria do acionista, clássica e tradicional entre os economistas e empresários americanos, ao atribuir a maximização dos lucros aos investidores de capitais, restringe a política de melhoria salarial e ampliação dos quadros de funcionários.

8. Em contrário, empresas internacionais, inspiradas nos princípios da *kyosei* (bem comum) e da *dignidade humana,* vêm adotando políticas voltadas a privilegiar o capital humano e o trabalho, apostando em igual crescimento qualitativo da produtividade e do lucro.

9. No Brasil, pela Lei das Sociedades por Ações (Lei nº 6.404/1976), revigorada pelos Princípios e Direitos Fundamentais da Constituição Federal, e seu art. 170 sobre a ordem econômica, a liberdade de iniciativa empresarial se orienta a finalidades comunitárias, para garantir a existência digna das pessoas, segundo os ditames da justiça social. Destacam-se na Constituição, como funções sociais da empresa, a redução das desigualdades, a manutenção do pleno emprego e a responsabilidade ambiental.

10. Enfim, concluímos que as normas constitucionais, ao organizarem o Estado democrático de Direito, se dirigem à formação integral do Homem, no respeito à sua dignidade essencial, visando a geração de cidadãos responsáveis. Como regime político na liberdade, é necessária a sustentação do Bem comum em todas as atividades humanas. É ele o aglutinador responsável, fomentador dos grupos sociais naturais, famílias, comunidades, sindicatos, associações, organizações não governamentais, e as empresas.

Qual(is) o(s) conteúdo(s) de seu interesse?

Jurídico - ☐ Livros Profissionais ☐ Livros Universitários ☐ OAB ☐ Teoria Geral e Filosofia do Direito

Educação & Referência - ☐ Comportamento ☐ Desenvolvimento Sustentável ☐ Dicionários e Enciclopédias ☐ Divulgação Científica ☐ Educação Familiar
☐ Finanças Pessoais ☐ Idiomas ☐ Interesse Geral ☐ Motivação ☐ Qualidade de Vida ☐ Sociedade e Política

Negócios - ☐ Administração/Gestão Empresarial ☐ Biografias ☐ Carreira e Liderança Empresariais ☐ E-Business
☐ Estratégia ☐ Light Business ☐ Marketing/Vendas ☐ RH/Gestão de Pessoas ☐ Tecnologia

Concursos - ☐ Administração Pública e Orçamento ☐ Ciências ☐ Contabilidade ☐ Dicas e Técnicas de Estudo
☐ Informática ☐ Jurídico Exatas ☐ Língua Estrangeira ☐ Língua Portuguesa ☐ Outros

Universitário - ☐ Administração ☐ Ciências Políticas ☐ Computação ☐ Comunicação ☐ Economia ☐ Engenharia
☐ Estatística ☐ Finanças ☐ Física ☐ História ☐ Psicologia ☐ Relações Internacionais ☐ Turismo

Áreas da Saúde - ☐ Anestesia ☐ Bioética ☐ Cardiologia ☐ Ciências Básicas ☐ Cirurgia ☐ Cirurgia Plástica ☐ Cirurgia Vascular e Endovascular
☐ Dermatologia ☐ Ecocardiologia ☐ Eletrocardiologia ☐ Emergência ☐ Enfermagem ☐ Fisioterapia ☐ Genética Médica
☐ Ginecologia e Obstetrícia ☐ Imunologia Clínica ☐ Medicina Baseada em Evidências ☐ Neurologia ☐ Odontologia ☐ Oftalmologia
☐ Ortopedia ☐ Pediatria ☐ Radiologia ☐ Terapia Intensiva ☐ Urologia ☐ Veterinária

Outras Áreas - ______________________________

Tem algum comentário sobre este livro que deseja compartilhar conosco?

____

* A informação que você está fornecendo será usada apenas pela Elsevier e não será vendida, alugada ou distribuída por terceiros sem permissão preliminar.
* Para obter mais informações sobre nossos catálogos e livros por favor acesse **www.elsevier.com.br** ou ligue para **0800 026 53 40.**

Este livro foi impresso nas oficinas gráficas da Editora Vozes Ltda.,
Rua Frei Luís, 100 – Petrópolis, RJ.